科学家学术成长资料采集工程

中国科学院院士传记丛书

一位"总总师"的航天人生

任新民传

韩连庆 田大山 章琰 ◎ 著

1915年	1949年	1956年	1965年	1976年	1980年	1999年	2017年
出生于安徽宁国	获得密歇根大学工程力学博士学位	参与筹建国防部导弹研究院	担任七机部第一研究院副院长兼液体火箭发动机研究所所长	担任"331工程"总设计师	当选中国科学院学部委员(院士)	荣获"两弹一星"功勋奖章	逝世

老科学家学术成长资料采集工程
中国科学院院士传记丛书

一位"总总师"的航天人生
任新民 传

韩连庆 田大山 章 琰 ◎ 著

中国科学技术出版社
·北京·

图书在版编目（CIP）数据

一位"总总师"的航天人生：任新民传/韩连庆，田大山，章琰著. -- 北京：中国科学技术出版社，2023.3

（老科学家学术成长资料采集工程丛书. 中国科学院院士传记丛书）

ISBN 978-7-5236-0000-9

Ⅰ.①一⋯ Ⅱ.①韩⋯ ②田⋯ ③章⋯ Ⅲ.①任新民 – 传记 Ⅳ.① K826.16

中国国家版本馆 CIP 数据核字（2023）第 036001 号

责任编辑	韩　颖
责任校对	焦　宁
责任印制	李晓霖
版式设计	中文天地

出　　版	中国科学技术出版社
发　　行	中国科学技术出版社有限公司发行部
地　　址	北京市海淀区中关村南大街 16 号
邮　　编	100081
发行电话	010-62173865
传　　真	010-62173081
网　　址	http://www.cspbooks.com.cn

开　　本	787mm×1092mm　1/16
字　　数	238 千字
印　　张	15.75
彩　　插	2
版　　次	2023 年 3 月第 1 版
印　　次	2023 年 3 月第 1 次印刷
印　　刷	北京顶佳世纪印刷有限公司
书　　号	ISBN 978-7-5236-0000-9 / K·351
定　　价	99.00 元

（凡购买本社图书，如有缺页、倒页、脱页者，本社发行部负责调换）

老科学家学术成长资料采集工程领导小组专家委员会

主　任：韩启德
委　员：（以姓氏拼音为序）
　　　　陈佳洱　方　新　傅志寰　李静海　刘　旭
　　　　齐　让　王礼恒　徐延豪　赵沁平

老科学家学术成长资料采集工程丛书组织机构

特邀顾问（以姓氏拼音为序）
　　　　樊洪业　方　新　谢克昌

编委会
主　编：老科学家学术成长资料采集工程领导小组办公室
编　委：（以姓氏拼音为序）
　　　　定宜庄　董庆九　郭　哲　胡化凯　胡宗刚
　　　　刘晓堪　吕瑞花　潘晓山　秦德继　申金升
　　　　王扬宗　吴善超　熊卫民　姚　力　张大庆
　　　　张　剑　张　藜　周德进

编委会办公室
主　任：孟令耘　杨志宏
副主任：宋维嘉　韩　颖
成　员：（以姓氏拼音为序）
　　　　高文静　李　梅　刘如溪　罗兴波　马　丽
　　　　王传超　余　君　张佳静

老科学家学术成长资料采集工程简介

老科学家学术成长资料采集工程（以下简称"采集工程"）是根据国务院领导同志的指示精神，由国家科教领导小组于 2010 年正式启动，中国科协牵头，联合中组部、教育部、科技部、工信部、财政部、文化部、国资委、解放军总政治部、中国科学院、中国工程院、国家自然科学基金委员会等 11 部委共同实施的一项抢救性工程，旨在通过实物采集、口述访谈、录音录像等方法，把反映老科学家学术成长历程的关键事件、重要节点、师承关系等各方面的资料保存下来，为深入研究科技人才成长规律，宣传优秀科技人物提供第一手资料和原始素材。

采集工程是一项开创性工作。为确保采集工作规范科学，启动之初即成立了由中国科协主要领导任组长、12 个部委分管领导任成员的领导小组，负责采集工程的宏观指导和重要政策措施制定，同时成立领导小组专家委员会负责采集原则确定、采集名单审定和学术咨询，委托科学史学者承担学术指导与组织工作，建立专门的馆藏基地确保采集资料的永久性收藏和提供使用，并研究制定了《采集工作流程》《采集工作规范》等一系列基础文件，作为采集人员的工作指南。截至 2021 年 8 月，采集工程已启动 592 位科学家的学术成长资料采集项目，获得实物原件资料 132922 件、数字化资料 318092 件、视频资料 443783 分钟、音频资料 527093 分钟，具有重要的史料价值。

采集工程的成果目前主要有三种体现形式,一是建设"中国科学家博物馆网络版",提供学术研究和弘扬科学精神、宣传科学家之用;二是编辑制作科学家专题资料片系列,以视频形式播出;三是研究撰写客观反映老科学家学术成长经历的研究报告,以学术传记的形式,与中国科学院、中国工程院联合出版。随着采集工程的不断拓展和深入,将有更多形式的采集成果问世,为社会公众了解老科学家的感人事迹,探索科技人才成长规律,研究中国科技事业的发展历程提供客观翔实的史料支撑。

总序一

中国科学技术协会主席 韩启德

老科学家是共和国建设的重要参与者，也是新中国科技发展历史的亲历者和见证者，他们的学术成长历程生动反映了近现代中国科技事业与科技教育的进展，本身就是新中国科技发展历史的重要组成部分。针对近年来老科学家相继辞世、学术成长资料大量散失的突出问题，中国科协于2009年向国务院提出抢救老科学家学术成长资料的建议，受到国务院领导同志的高度重视和充分肯定，并明确责成中国科协牵头，联合相关部门共同组织实施。根据国务院批复的《老科学家学术成长资料采集工程实施方案》，中国科协联合中组部、教育部、科技部、工业和信息化部、财政部、文化部、国资委、解放军总政治部、中国科学院、中国工程院、国家自然科学基金委员会等11部委共同组成领导小组，从2010年开始组织实施老科学家学术成长资料采集工程。

老科学家学术成长资料采集是一项系统工程，通过文献与口述资料的搜集和整理、录音录像、实物采集等形式，把反映老科学家求学历程、师承关系、科研活动、学术成就等学术成长中关键节点和重要事件的口述资料、实物资料和音像资料完整系统地保存下来，对于充实新中国科技发展的历史文献，理清我国科技界学术传承脉络，探索我国科技发展规律和科技人才成长规律，弘扬我国科技工作者求真务实、无私奉献的精神，在全社会营造爱科学、学科学、用科学的良好氛围，是一件很有意义的事情。采集工程把重点放在年龄在 80 岁以上、学术成长经历丰富的两院院士，以及虽然不是两院院士、但在我国科技事业发展中作出突出贡献的老科技工作者，充分体现了党和国家对老科学家的关心和爱护。

自 2010 年启动实施以来，采集工程以对历史负责、对国家负责、对科技事业负责的精神，开展了一系列工作，获得大量反映老科学家学术成长历程的文字资料、实物资料和音视频资料，其中有一些资料具有很高的史料价值和学术价值，弥足珍贵。

以传记丛书的形式把采集工程的成果展现给社会公众，是采集工程的目标之一，也是社会各界的共同期待。在我看来，这些传记丛书大都是在充分挖掘档案和书信等各种文献资料、与口述访谈相互印证校核、严密考证的基础之上形成的，内中还有许多很有价值的照片、手稿影印件等珍贵图片，基本做到了图文并茂，语言生动，既体现了历史的鲜活，又立体化地刻画了人物，较好地实现了真实性、专业性、可读性的有机统一。通过这套传记丛书，学者能够获得更加丰富扎实的文献依据，公众能够更加系统深入地了解老一辈科学家的成就、贡献、经历和品格，青少年可以更真实地了解科学家、了解科技活动，进而充分激发对科学家职业的浓厚兴趣。

借此机会，向所有接受采集的老科学家及其亲属朋友，向参与采集工程的工作人员和单位，表示衷心感谢。真诚希望这套丛书能够得到学术界的认可和读者的喜爱，希望采集工程能够得到更广泛的关注和支持。我期待并相信，随着时间的流逝，采集工程的成果将以更加丰富多样的形式呈现给社会公众，采集工程的意义也将越来越彰显于天下。

是为序。

总序二

中国科学院院长　白春礼

　　由国家科教领导小组直接启动，中国科学技术协会和中国科学院等12个部门和单位共同组织实施的老科学家学术成长资料采集工程，是国务院交办的一项重要任务，也是中国科技界的一件大事。值此采集工程传记丛书出版之际，我向采集工程的顺利实施表示热烈祝贺，向参与采集工程的老科学家和工作人员表示衷心感谢！

　　按照国务院批准实施的《老科学家学术成长资料采集工程实施方案》，开展这一工作的主要目的就是要通过录音录像、实物采集等多种方式，把反映老科学家学术成长历史的重要资料保存下来，丰富新中国科技发展的历史资料，推动形成新中国的学术传统，激发科技工作者的创新热情和创造活力，在全社会营造爱科学、学科学、用科学的良好氛围。通过实施采集工程，系统搜集、整理反映这些老科学家学术成长历程的关键事件、重要节点、学术传承关系等的各类文献、实物和音视频资料，并结合不同时期的社会发展和国际相关学科领域的发展背景加以梳理和研究，不仅有利于深入了解新中国科学发展的进程特别是老科学家所在学科的发展脉络，而且有利于发现老科学家成长成才中的关键人物、关键事件、关键因素，探索和把握高层次人才培养规律和创新人才成长规律，更有利于理清我国科技界学术传承脉络，深入了解我国科学传统的形成过程，在全社会范围内宣传弘扬老科学家的科学思想、卓越贡献和高尚品质，推动社会主义科学文化和创新文化建设。从这个意义上说，采集工程不仅是一项文化工程，更是一项严肃认真的学术建设工作。

中国科学院是科技事业的国家队，也是凝聚和团结广大院士的大家庭。早在1955年，中国科学院选举产生了第一批学部委员，1993年国务院决定中国科学院学部委员改称中国科学院院士。半个多世纪以来，从学部委员到院士，经历了一个艰难的制度化进程，在我国科学事业发展史上书写了浓墨重彩的一笔。在目前已接受采集的老科学家中，有很大一部分即是上个世纪80、90年代当选的中国科学院学部委员、院士，其中既有学科领域的奠基人和开拓者，也有作出过重大科学成就的著名科学家，更有毕生在专门学科领域默默耕耘的一流学者。作为声誉卓著的学术带头人，他们以发展科技、服务国家、造福人民为己任，求真务实、开拓创新，为我国经济建设、社会发展、科技进步和国家安全作出了重要贡献；作为杰出的科学教育家，他们着力培养、大力提携青年人才，在弘扬科学精神、倡树科学理念方面书写了可歌可泣的光辉篇章。他们的学术成就和成长经历既是新中国科技发展的一个缩影，也是国家和社会的宝贵财富。通过采集工程为老科学家树碑立传，不仅对老科学家们的成就和贡献是一份肯定和安慰，也使我们多年的夙愿得偿！

鲁迅说过，"跨过那站着的前人"。过去的辉煌历史是老一辈科学家铸就的，新的历史篇章需要我们来谱写。衷心希望广大科技工作者能够通过"采集工程"的这套老科学家传记丛书和院士丛书等类似著作，深入具体地了解和学习老一辈科学家学术成长历程中的感人事迹和优秀品质；继承和弘扬老一辈科学家求真务实、勇于创新的科学精神，不畏艰险、勇攀高峰的探索精神，团结协作、淡泊名利的团队精神，报效祖国、服务社会的奉献精神，在推动科技发展和创新型国家建设的广阔道路上取得更辉煌的成绩。

总序三

中国工程院院长 周 济

由中国科协联合相关部门共同组织实施的老科学家学术成长资料采集工程，是一项经国务院批准开展的弘扬老一辈科技专家崇高精神、加强科学道德建设的重要工作，也是我国科技界的共同责任。中国工程院作为采集工程领导小组的成员单位，能够直接参与此项工作，深感责任重大、意义非凡。

在新的历史时期，科学技术作为第一生产力，已经日益成为经济社会发展的主要驱动力。科技工作者作为先进生产力的开拓者和先进文化的传播者，在推动科学技术进步和科技事业发展方面发挥着关键的决定的作用。

新中国成立以来，特别是改革开放30多年来，我们国家的工程科技取得了伟大的历史性成就，为祖国的现代化事业作出了巨大的历史性贡献。两弹一星、三峡工程、高速铁路、载人航天、杂交水稻、载人深潜、超级计算机……一项项重大工程为社会主义事业的蓬勃发展和祖国富强书写了浓墨重彩的篇章。

这些伟大的重大工程成就，凝聚和倾注了以钱学森、朱光亚、周光召、侯祥麟、袁隆平等为代表的一代又一代科技专家们的心血和智慧。他们克服重重困难，攻克无数技术难关，潜心开展科技研究，致力推动创新发展，为实现我国工程科技水平大幅提升和国家综合实力显著增强作出了杰出贡献。他们热爱祖国，忠于人民，自觉把个人事业融入到国家建设大局之中，为实现国家富强而不断奋斗；他们求真务实，勇于创新，用科技为中华民族的伟大复兴铸就了辉煌；他们治学严谨，鞠躬尽瘁，具有崇高的科学精神和科学道德，是我们后代学习的楷模。科学家们的一生是一本珍贵的教科书，他们坚定的理想信念和淡泊名利的崇高品格是中华民族自强不息精神的宝贵财富，永远值得后人铭记和敬仰。

通过实施采集工程，把反映老科学家学术成长经历的重要文字资料、实物资料和音像资料保存下来，把他们卓越的技术成就和可贵的精神品质记录下来，并编辑出版他们的学术传记，对于进一步宣传他们为我国科技发展和民族进步作出的不朽功勋，引导青年科技工作者学习继承他们的可贵精神和优秀品质，不断攀登世界科技高峰，推动在全社会弘扬科学精神，营造爱科学、讲科学、学科学、用科学的良好氛围，无疑有着十分重要的意义。

中国工程院是我国工程科技界的最高荣誉性、咨询性学术机构，集中了一大批成就卓著、德高望重的老科技专家。以各种形式把他们的学术成长经历留存下来，为后人提供启迪，为社会提供借鉴，为共和国的科技发展留下一份珍贵资料。这是我们的愿望和责任，也是科技界和全社会的共同期待。

周济

任新民

2013年2月19日，采集小组负责人田大山（左）采访张贵田院士（右）

2013年5月23日，采集小组成员曹庆萍（左）在哈尔滨工程学院采访任新民的学生万俊华（右）

2013年12月29日，采集小组成员田大山（右一）、章琰（左一）采访任新民（右二）和他的夫人虞霜琴（左二）

序[①]

我生于 1915 年 12 月 5 日，安徽省宁国县人。1934 年 9 月入南京中央大学，化学工程系肄业。1937 年 9 月转入当时的军政部兵工学校，改学兵器制造。1940 年 6 月毕业，入重庆 21 兵工厂任技术员，参加仿制德国 98 式步枪并建立批量生产线的生产准备工作。之后，在中央工业学校（专科）任教员，在兵工学校大学部任助教、讲师。

1946 年年初，我入美国密歇根大学研究生院（工程力学系），1949 年 1 月获博士学位，被美国布法罗大学聘为讲师。

1949 年 8 月回国后，在南京华东军区军事科学研究室任研究员。1950 年与鲍廷玉、钟以文等试制以柏胶油为主、端面燃烧的复合药。用过氯酸钾作氧化剂，用废炮筒加工成试验燃烧室，遇到点火即爆的困难，通过摸索，对点火器的设计、药柱设计和火药加工工艺采取了一系列措施，终于取得了初步成果，达到了正常燃烧。

1952 年 8 月，我被调赴哈尔滨军事工程学院炮兵工程系，在苏联顾问的帮助下，筹建火箭武器教研室，学习苏联资料，培养教员，并建造了简陋的教学实验室。

[①] 本文是任新民的一篇自述，最初发表在《宁国文史资料》第六辑（内部资料，2001 年 11 月）第 1–3 页。

1955年冬,钱学森教授到哈军工参观,当时我是炮兵工程系副主任,陪同参观了系内的教学设备,并顺便向他请教了柏胶装药中的材料和工艺问题。此后,我萌生了中国该发展可控地地火箭和地空火箭的设想。我同教研室的其他两人写了一份研制火箭武器和发展火箭技术的建议,托陈赓院长转报中央军委。

　　1956年春,我到北京参加国家"十二年科学发展规划"的制订与讨论,我在航空和火箭组。8月,我被调到北京国防部第五研究院。尔后,第五研究院先后改组为第七机械工业部、航天工业部、航空航天工业部和中国航天工业总公司。我一直在此系统中工作,历时38年。

　　在华东军区研究室和哈军工的短暂经历,将我带入火箭推进技术行业。从此,我一直从事和热爱这个行业。自1958年6月开始仿制苏式P-2火箭主发动机,在此后的30多年中,我参与了各种航天活动,如研制更好性能的液体火箭发动机；研制中远程导弹；研制"长征一号"火箭,用它发射了我国第一颗人造地球卫星"东方红一号"；第一颗返回式遥感卫星的成功发射和回收；向太平洋预定海域发射运载火箭；实施中国试验卫星通讯工程("331工程")任务,即用"长征三号"火箭将"东方红二号"通信卫星发射到地球同步转移轨道,然后将卫星转轨并控制在对地静止轨道上,进行通信和电视广播；用"长征四号"火箭两次将"风云一号"试验气象卫星发射到太阳同步轨道,并进行卫星入轨后的运转试验；以及用"长征三号"火箭发射"亚洲一号"卫星的对外服务等。我在各个时期,由于职务不同,工作或多或少,但事情是大家干的,论个人贡献,委实是微不足道。

任新民

目 录

老科学家学术成长资料采集工程简介

总序一 ································ 韩启德

总序二 ································ 白春礼

总序三 ································ 周　济

序 ···································· 任新民

导　言 ································ 1

第一章　大道作新民 ·················· 11

　　从谷城到宁阳 ···················· 11
　　宁国才子 ························ 13
　　乡村教师 ························ 15

| 第二章 | 从中大到重庆兵工 | 18 |

中大三年 ………………………………………… 18
考入兵工学校 …………………………………… 20
重庆兵工三年 …………………………………… 22
入职 21 厂 ……………………………………… 25
结婚生子 ………………………………………… 27

| 第三章 | 留学美国 | 30 |

艰苦的留学生活 ………………………………… 30
归国遇险 ………………………………………… 33
加盟军政大学 …………………………………… 37

| 第四章 | 华东军事科学研究室时期 | 40 |

军事研究工作的开展 …………………………… 40
翻译《火箭发动机》…………………………… 43
"联名信事件" …………………………………… 45
军事科学研究室的贡献 ………………………… 47

| 第五章 | 哈军工时期 | 49 |

筹建哈军工 ……………………………………… 49
"两老"办院 ……………………………………… 51
初会钱学森 ……………………………………… 55
规划火箭和导弹技术的发展 …………………… 57

| 第六章 | 初入国防部五院 | 61 |

筹建五院 ………………………………………… 61

接收和测绘 P-1 导弹 ……………………………………… 63

　　仿制 P-2 导弹的"1059"任务 …………………………… 67

　　"1059"仿制中的技术攻关 ……………………………… 70

　　"1059"的成功发射 ……………………………………… 75

第七章　从"东风二号"到"两弹结合" …………………… 79

　　"东风二号"立项 ………………………………………… 79

　　研制 5D60 发动机 ……………………………………… 82

　　"东风二号"初射失败 …………………………………… 85

　　八发八中 ………………………………………………… 87

　　"八年四弹"规划 ………………………………………… 89

　　"两弹结合" ……………………………………………… 91

第八章　中程导弹"东风三号" ……………………………… 94

　　"东风三号"预研制 ……………………………………… 94

　　"东风三号"总体方案确定 ……………………………… 96

　　"东风三号"技术攻关 …………………………………… 97

　　沙漠寻弹 ………………………………………………… 100

　　南苑大武斗 ……………………………………………… 104

第九章　"东风四号"与卫星上天 …………………………… 108

　　"东风四号"定型 ………………………………………… 108

　　"东风四号"技术攻关 …………………………………… 111

　　"短程总体方案验证"试验 ……………………………… 114

　　从"东风四号"到"长征一号" ………………………… 116

　　过载开关问题 …………………………………………… 119

目　录　**III**

| 第十章 | 远程洲际导弹 · 124 |

　　"东风五号"的研制与推迟 · 124
　　"长征二号"首发失败 · 129
　　580 任务 · 132

| 第十一章 | "331 工程"的"总总师" · · · · · · · · · · · · · · · · · · · 136 |

　　氢氧发动机的探索性研究 · 136
　　"331 工程"的一字之差 · 139
　　氢氧发动机技术攻关 · 142
　　纵向耦合振动和低频振动环境问题 · · · · · · · · · · · · · · · · · · 146
　　450 工程 · 149
　　旁路增氢系统与发射地球同步轨道卫星 · · · · · · · · · · · · · 151
　　实用卫星通信工程 · 156

| 第十二章 | 卫星工程的"总总师" · 159 |

　　"长征四号 A"与"长征三号"之争 · · · · · · · · · · · · · · · · · 160
　　"风云一号"气象卫星 · 161
　　"风云一号"02 批次 · 164
　　返回式遥感卫星工程 · 168
　　发射"亚星"与国际商业发射服务 · · · · · · · · · · · · · · · · · · 170

| 第十三章 | 载人航天工程立项 · 176 |

　　我国载人航天的初步探索 · 176
　　载人飞船方案的形成 · 178
　　统一评审意见 · 180

载人飞船的三舱方案和三步走设想 ………………………… **183**

结语　实践、实践、再实践 ………………………………… **187**

附录一　任新民年表 ………………………………………… **194**

附录二　任新民主要论著目录 ……………………………… **219**

参考文献 ……………………………………………………… **220**

后　记 ………………………………………………………… **222**

图片目录

图 1-1　位于安徽省宁国市津河河畔翠竹公园内的任新民雕像 ············ 12
图 1-2　任新民在安徽宣城四中的学生证照片 ······························ 14
图 1-3　2000 年 7 月 30 日，任新民回母校宣城四中 ····················· 15
图 2-1　任新民在国立中央大学读书时的学籍表 ··························· 19
图 2-2　任新民在重庆兵工学校时的证件照片 ······························ 22
图 2-3　1940 年，任新民在重庆兵工学校与同学们合影 ·················· 25
图 2-4　1941 年任新民与虞霜琴的订婚照 ·································· 28
图 3-1　任新民在美国密歇根大学读书时期的成绩单 ······················ 31
图 3-2　1946 年 6 月 29 日—7 月 1 日，任新民在纽约参加中国工程师学会美国分部年会 ···································· 33
图 3-3　任新民在美国 ·· 35
图 4-1　华东军区军事科学研究室人员合影 ································· 42
图 4-2　任新民翻译的两版《火箭发动机》································· 44
图 5-1　2000 年 7 月，任新民与梁守槃在哈军工原空军工程系主楼前合影 ·· 54
图 5-2　1956 年全国规划会议火箭和喷气组合影 ·························· 57
图 6-1　1956 年 12 月 29 日，任新民在苏联援助的 P-1 导弹交接协议上签字 ··· 64
图 7-1　1960 年任新民全家合影 ··· 83
图 9-1　1995 年，任新民与张贵田、龙乐豪在海南三亚 ·················· 114
图 9-2　1995 年，"东方红一号"成功发射 25 年，当年参加的部分人员合影 ··· 123
图 10-1　1993 年，任新民在酒泉发射中心听取工作汇报 ················· 129
图 10-2　1998 年，任新民在 921 箭船基地 ································· 135
图 11-1　任新民与谢光选 ··· 148

图 11-2　任新民在太原卫星发射中心指挥发射任务……………………155
图 12-1　任新民在发射第二颗"风云一号"气象卫星指挥室等待卫星消息……………………………………………………………………164
图 13-1　任新民与杨利伟合影……………………………………………186

导　言

传主简介

任新民（1915—2017）是著名的导弹总体和液体发动机技术专家，我国导弹和航天技术的重要开拓者之一。

任新民于1915年12月5日生于安徽省宁国县（现宁国市），1928年2月考入皖南名校宣城省立第四中学（现安徽省宣城中学）。1931年9月，他进入南京钟英中学高中一年级试读，因学习成绩优异，一个月后转为正式学生。

1934年，任新民考入国立中央大学化学工程系，因不喜欢所学专业，三年后考入军政部兵工专门学校大学部造兵科，学习枪炮设计。1938年1月，该校迁到重庆。1940年从军政部兵工学校毕业后，任新民进入国民政府兵工署21厂，负责解决中正式步枪生产加工中的技术问题。1942年12月，任新民离开21厂，受聘到中央工业专科学校机械科任教，主讲机构学（机械原理）。半年后，重新回到母校重庆兵工任助教，后任讲师。1945年5月，任新民受国民政府选派到美国辛辛那提磨床铣床厂实习，实习结束后进入密歇根大学安娜堡校区工程学院学习，分别于1947年和1949年获得机械工程硕士学位、工程力学博士学位。在获得博士学位以前，任新民曾被美国布法罗大学聘为讲师。

1949年6月，任新民从旧金山启程回国探亲。8月，被南京华东军区军政大学军事科学研究室聘为研究员，再次投身军工事业。华东军区军事科学研究室在设备极其简陋、经费非常有限的情况下，开展了火箭、鱼雷、敌海防工事爆破等应用研究，为我国后来发展军工事业储备了人才。任新民在军事科学研究室主要研究用固体火箭推动鱼雷的方法，这是该室的八个主要课题之一。

1952年，任新民奉命到北京协助组建军事工程学院（哈军工），担任学院筹备委员会委员。在哈军工成立后，先后担任学院教育科学部教务处副处长、炮兵工程系教育副主任兼火箭教授会（即教研室）主任。其间，任新民继续研究固体战术火箭技术，编写和翻译火箭技术的教材，并组建火箭实验室。他与周曼殊、金家骏共同起草了《我国研制火箭武器和发展火箭技术的建议》并上报中央军委。1955年，他翻译的中国第一部液体火箭发动机教材《火箭发动机：基本原理和构造》在哈军工内部出版。实行军衔制后，任新民被授予技术上校军衔。

1958年10月，我国第一个导弹研究机构国防部第五研究院（简称"五院"）正式宣告成立。在此之前的两个月，任新民已经由钱学森举荐而奉调到北京参与筹建五院。进入五院是任新民火箭与航天生涯的真正开始。五院成立后，任新民最初担任总设计师室（即导弹总体技术研究室）主任，但很快改任液体火箭发动机研究室（四室）主任。四室改组为发动机设计部（三部）后，他又担任部主任。1961年9月任五院一分院副院长兼三部主任。七机部成立后，任一分院副院长兼液体火箭发动机研究所（十一所）所长。第一颗人造地球卫星发射成功后，任七机部生产领导小组副组长。1975年10月，任新民担任七机部副部长，主管生产和型号研制工作。改革开放后，任新民担任航天工业部科学技术委员会主任、航天科技集团和航天科工集团公司的高级技术顾问。

我国的导弹和航天事业开始于仿制苏联的P-1近程导弹。通过仿制P-1（中国型号为"1059"），我国导弹和航天事业的拓荒者们进行了大规模的、艰难的生产技术改造，初步掌握了制造加工技术。在"1059"基础上，他们着手研制改进型中近程导弹东风二号（单机），完全自主设计的中程导弹东风三号（四机并联）也开始方案设计和基础研究。东风三号成功后，又研制了二级火箭的中远程导弹东风四号。东风四号加上第三级固体火箭后，成为发射我国第一颗人造地球卫星的长征一号。与此同时，大喷管的发动机经多年努力，终于在20世纪60年代末取得突破，以此为基础发展的长征二号运载火箭和东风五号远程洲际导弹在70年代中期和80年代初取得成功。东风系列导弹的研制是一个充满曲折和艰辛的过程。通过这一过程，我国锻炼培养了自己的科研队伍，创造了自己的一系列研究设备和手段，摸索出一整套研究程序、方法以及相应的科研管理体制。

在东风系列导弹从仿制到改进、再到自行设计的发展中，任新民一直是液体火箭发动机的技术部门负责人，曾担任"1059"导弹液体火箭发动机（型号为5D52）总设计师（后称主任设计师），东风二号设计委员会副主任委员和发动机（型号为5D60）主任设计师，长征一号及其原型中远程导弹东风四号的总设计师。他实际上领导了每一个发动机型号的研制工作，不仅是研究工作的组织者，而且一直在科研一线与设计人员、工艺人员和工人们一起解决重大技术关键问题。他也是火箭发动机所有研制方案的决策者。

在我国建立第一个大型火箭发动机试车台期间，任新民担任试车台任务书编写组组长和验收委员会主任。他在施工阶段多次深入工程设计与施工现场，协调处理相关技术问题。试车台建成后，他一直在第一线组织试车，与科研人员一起分析失败原因直至成功。试车台的成功是我国火箭发动机研制中的重要成就。

1976年5月18日，任新民被国防科工委任命为我国第一颗地球同步通信卫星工程（"331工程"）总设计师。"331工程"是我国规模空前的科技工程，由五大系统（通信卫星、运载火箭、测控系统、发射场、地面站）组成，每个系统都有各自的总设计师，任新民由此也就有了"总总设计师"的称号。"331工程"涉及的科技知识涵盖了90%以上的二级学科，有上千个直接或间接参加的研究单位。组织这一工程所要解决的不单纯是科学技术问题，有时还会涉及复杂的利益关系，无论对于整个国家还是对任新民个人来说，这项工作都是一个很大的挑战。

在领导"331工程"的八年时间里，任新民展现了自己科学知识的博学与面对复杂环境和条件的判断力。在面对困难时，他表现出不屈不挠的精神和勇于担当风险的责任感，他务实的办事风格和高效的组织协调能力也被他的合作者普遍称道。他成功地协调了各个分系统的工作，为我国发展大型科学工程积累了宝贵经验。

在"331工程"中，任新民还多次到科研第一线解决不同领域出现的关键性问题，特别是在氢氧发动机、蓄压器（解决箭体的纵向偶合振动这一重大难题的关键）、微波统一测控系统大型设备和计算机平台的研制中，他都深入第一线，与科研人员共同研究解决问题的途径。

1984年1月，东方红二号第一次发射，氢氧发动机二次启动失败。作为氢氧发动机的支持者，他顶住巨大压力，在众多的反对声中说服国防科工委作出二次发射的决定。他与其他科研人员一起，在短短的七十天里确认了事故原因，提出并在工程上实现了改进措施（其中"增加液氢旁路系统"这项措施是任新民本人提出的）。1984年4月12日，长征三号运载火箭成功地将我国第一颗试验通信卫星东方红二号送入地球同步轨道。

继"331工程"后，任新民还担任实用通信卫星东方红二号甲、我国第一颗气象卫星风云一号、我国第一次对外发射卫星亚洲一号的总设计师，成为指挥大型工程最多的航天科学家。

除了东风系列火箭发动机和大型航天科学工程，任新民在推动当时我国航天事业及其未来发展的一系列重大决策中也发挥了重要作用。他在20世纪60年代和70年代参加了"八年四弹"和"三抓"的决策活动，他的意见对于领导决策有重要的帮助。80年代后，随着他的威信和影响力的增加，他在许多重大决策中的作用更加突出，特别是在"331工程"是否上马氢氧发动机、长征四号在"331工程"后是否下马、中国的气象卫星是否坚持研制下去等重大问题上，他的作用几乎是举足轻重的。很多人相信，没有他的努力，决策的结果会有很大不同，今天我国的航天事业和航天科研队伍也会有很大的不同。

1985年，任新民以航天部科技委的名义在秦皇岛组织并主持召开了

"太空站问题研讨会",开启了中国官方有组织的载人航天研讨活动。此后,他多次组织和积极参加这类活动。1990年12月,任新民被任命为航空航天部载人航天工程领导小组首席顾问。1991年3月15日,他与钱振业等一起到中南海向中央领导汇报载人飞船的立项准备工作。1992年1月8日,他参加中央专委第五次会议,用模型向专委说明载人飞船方案,并做工程立项的建议汇报。在担任载人航天工程论证评审组组长后,他为统一专家意见、实现工程立项付出了巨大的努力。可以说,任新民是我国载人航天事业的主要先驱者之一。

任新民在1980年当选中国科学院学部委员(院士),1985年当选国际宇航科学院院士,1988年被聘为国际宇航科学院理事会理事,1988年被聘为国务院学位委员会委员。他两次获得国家科技进步奖特等奖,是"两弹一星"功勋奖章获得者。

采集过程

2012年5月,任新民学术成长资料采集工程正式启动,采集工作主要由北京航空航天大学人文社会科学学院(公共管理学院)科技哲学和科技史学科的教师承担,同时参与工作的还有北京航空航天大学航空科学与工程的教师,以及中国航天科技集团、中国航空科技集团、航天档案馆、工信部等单位的相关人员。

任新民的一生经历了中国导弹和航天事业从无到有的全过程,或者用他的同事们的话来说,任新民解决了中国导弹和航天的前三十年的问题,安排了后三十年的事情。毫不夸张地说,整理和研究他的一生就是整理和研究中国的导弹和航天史。采集小组的负责人田大山老师曾说,任新民值得花十年时间来研究。

当采集工作启动时,任新民院士已经97岁高龄,两次发生脑血栓,但是他和他的家人都非常支持我们的工作。虽然年近期颐,但他头脑依然清晰,在2013年先后接受了采集小组的6次访谈,为我们留下了宝贵的资料。

在采集过程中,采集小组基本上按照任新民院士一生成长的足迹,将他一生学术成长的重要节点亲历了一遍，访谈了相关人士并获取了相关资料。在任新民的老家安徽省宁国市，我们采访了任新民的妹妹任新慧，详细考证了任新民早期生活和学习的情况，采集到了任新民在安徽宣城四中的学生证照片、《宁国文史资料》上刊登的任新民的自述和畅谈航天事业等方面的资料；在南京大学档案馆，采集到了任新民 1934 年就读国立中央大学化学工程系时的学籍卡、1935 年与中央大学同学的合影和 1937 年的学业成绩单等资料；在中国第二档案馆和重庆档案馆，采集到了任新民在 1939 年就读重庆兵工学校时的证件照、就职于国民政府兵工署 21 厂时任技术员的文件以及关于重庆兵工学校、国民政府兵工署 21 厂的一些相关资料；在美国密歇根大学，采集到了任新民读书期间的成绩单和博士论文；在哈尔滨工程学院，采访了任新民在哈尔滨军事工程学院时的学生万俊华，他为我们讲述了任新民在哈军工时的一些往事。

中国运载火箭技术研究院（前身是国防部五院一分院）作为任新民工作时间最久的单位，是这次采集工作的重点对象，我们先后采访了任新民不同时期的同事朱森元院士、张贵田院士、马作新、王桁、李伯勇、王之任、董文良、顾明初、胡平信等人，以及任新民的秘书谭邦治和邱明煜，还采访了中国航天科技集团的张履谦院士，并从航天档案馆等单位和个人手中获得了大量资料。

此外，我们还在上海航天局采访了孙敬良院士、孟执中院士和施金苗，深入了解了任新民支持和支援上海航天局的一些重要情况。

研究思路与写作框架

目前，已出版的任新民各类传记共有 7 本，分别是：任捷的《火箭在发射：任新民传》（河南人民出版社，1997 年）；肖嵘的《天路：著名航天专家任新民》（解放军出版社，1999 年）；吴树利、朱钰华的《情系太空：中国导弹、卫星、运载火箭和飞船的开拓者任新民》（人民出版社，2013 年）；石磊、陈大亚主编的《一生奋飞丈天高——火箭专家任新民》（安徽科学技术出版社，2020 年）；以及谭邦治所著的《任新民》（贵州人民出版社，2005 年），《任新民院士传记》（中国宇航出版社，2014 年），《任新民传》(中国青年出版社，2016年)。这些著作为本次采集工作打下了良好的基础，尤其是谭邦治所写的《任新民传》。任捷、肖嵘、吴树利和朱钰华所写的三部著作更像是长篇报告文学，如肖嵘所著的《天路：著名航天专家任新民》就属于"中国国防科技科学家文学传记"之一种，而吴树利和朱钰华所著的《情系太空：中国导弹、卫星、运载火箭和飞船的开拓者任新民》更像是电视纪录片的台本。《一生奋飞丈天高——火箭专家任新民》虽然是最新的一部关于任新民的传记，有一些新材料，但由于定位是一本青少年读物，所以内容相对简单。

谭邦治曾长期担任任新民的秘书，和任新民保持近距离接触和交流长达30余年，他所写的传记最为可靠。他所写的这三部传记实际上是一本书的不同修订版本。他在《任新民传》的后记中曾说，"由于任老总年事已高，很多往事已经记不清楚，靠任老总回忆、讲述自己的奋斗历程已不现实。笔者只好查阅、研究有关史料，重温有关航天型号工程与专业技术资料，求助于不同时期与任老总共事的老同志……在原来撰写的《任新民院士传记》基础上，经过多次的删减、修改,《任新民传》终于付梓出版了。"[①]

谭邦治1965年毕业于哈尔滨军事工程学院导弹系，曾从事导弹控制系统及总体设计工作，后来主要从事行政工作。他所写的《任新民传》在专业和史料方面都是最扎实的。本传记的写作受益于这部著作的地方很多，也有很多资料是直接取材于这部著作。围绕这部著作和有关任新民的话题，我们也对谭邦治进行了3次访谈。用谭邦治的话来说，他写的这部《任新民传》讲任新民后期的事情比较多，早期的一些事情（如上大学、美国留学等）都是根据任新民的一些零星记忆写的，很不完整。本次采集工作为了弥补这一缺陷，花了大量时间和精力收集和整理任新民早期的一些资料，由此形成了本传记的前五章内容。

本传记的前五章按照时间顺序讲述了任新民在调入五院正式从事导弹研究之前的学习和工作情况：第一章介绍他从出生到高中毕业的情况；第

---

① 谭邦治:《任新民传》。北京：中国青年出版社，2016年，第286页。

二章介绍他从考入中央大学到转入重庆兵工学校，再到入职国民政府兵工署21厂，及至结婚生子这一时期的情况；第三章介绍他在美国实习、留学的情况；第四章是他在华东军区军事科学研究室工作的情况；第五章是他在哈尔滨军事工程学院工作的情况。

关于任新民正式从事导弹和火箭研究后的生涯，谭邦治的《任新民传》描写得非常全面，但我们仔细研读后认为，这一部分内容还是有三个主要的问题：一是有些内容太专业，导弹和航天的术语太多，可读性不强；二是与很多同类著作一样，有很多宣传的成分在里面；三是不太符合科技史的写作规范，对一些问题没有详细考证。为此，本传记的第六到第十三章采取了以下六个写作原则。

第一，这八章按照年代顺序分别讲述任新民从仿制"1059"导弹开始，到东风系列导弹、长征系列火箭、试验和通信卫星，再到载人航天论证的整个过程中所发挥的技术和管理方面的重要作用。

第二，任新民的一生与中国导弹和火箭事业的整个发展息息相关，目前有大量相关的著作和材料。凡是别的著作中详细讲述过的内容，本书均不作为重点来描述，而是以本次访谈获得的口述资料和其他相关资料为主要写作素材，从而提供一些新的观点和材料。例如，20世纪50年代去苏联学习发动机的留学人员在回国时带回了大量的手抄资料，这对中苏交恶之后我国的导弹火箭事业能够迅速发展起来起到了非常重要的作用，而这些在以前的航天史中却很少提及。

第三，对于少量重要但有争议的内容，本书在大量考证的基础上会选取一种比较可靠的说法，同时在注释中将其他说法列出来。例如，任新民在"331工程"中主张上马氢氧发动机，但是当氢氧发动机的研制出问题后，决策层又将常规发动机列为"第一方案"，把氢氧发动机列为"另一方案"。最终还是任新民力排众议，将常规三级的方案作为"第一方案"的"第"字改为"另"字，最终确定了"331工程"的第三级动力装置为氢氧发动机。这个故事在航天界早已成了"传奇"。"传奇"虽然不一定是真的，但是却很能说明问题，那就是任新民很有远见，认为氢氧发动机才是未来的发展方向，这个关口迟早要过，早过总比晚过好。正是他的这一远见，使我国的航天发动机技术上了一个新的台阶。本书从众采用了这一说法，但同时在注释中也给出了另一个说法：任新民之所以坚持把氢氧发动机列为第一方案，是因为他知道"在我们国家只有第一方案，没有另一方案，另一方案就是说氢氧发动机搞不下去了"。

第四，导弹和航天技术是系统工程，是相关部门和人员共同劳动的成果。但是现在写航空史和人物传记，很容易写到哪个人，就把所有的功劳都归到哪个人头上，如某个人当时明明只是个研究室的副主任，写出来的传记却成了他主宰全局。为了避免这种情况，本书尽量根据口述访谈和资料，把任新民在不同阶段的实际贡献描述清楚。

第五，为了提高可读性，本书增加了一些说明性的内容，但是考虑到放在正文中会占用很大篇幅，所以这些内容都放在了注释中。对于一些导弹和航天领域的术语，我们也在对应的注释中尽量加以通俗化的解释。

第六，有些目前不适合写入书中的内容，如任新民与他同时代航天技术专家的关系，可参见相应的口述访谈。

任新民曾说，他们这代人的是非功过，等他们百年之后再由后人来评价。中国的史学理论讲究"隔代修史"，否则有些话不好说。能尽量系统地保留一些资料，由后人评说，也是本次采集工作和本传记努力达成的目的。

第一章
大道作新民

任新民的童年时期正处于中国时局动乱的年代。他自幼勤奋好学，成绩优异。中学时代受进步思想的影响，积极参加各种政治活动。由于当地共产党组织的"庙埠暴动"受挫，他也受到牵连。在担任乡村教师期间，他转变了想法，决心通过知识改变国家和个人命运。

从谷城到宁阳

1915年12月5日，任新民出生于宁国县（现安徽省宁国市），祖籍湖北省谷城县任家湾。

清朝同治年间，湖北襄阳、谷城等地连年大旱，灾荒频仍，饿殍遍野。谷城县任家湾一位朴实憨厚的农家少年任国霖的双亲都在这场大灾中饿死。临死之前，父亲叮嘱任国霖一定要想办法活下去。迫于生计，任国霖只身逃荒到了安徽，几经辗转，最后落脚在宁国县。

宁国古称"宁阳"，取自《周易·乾卦》"首出庶物、万国咸宁"，寓意邦宁国泰、长治久安。宁国县地处安徽东南部，东临杭州，西靠黄山，山清水秀，有大小河流四百多条，河道总长度1700多千米，其中10千米以上的河流有34条，著名的水阳江就流经宁国。

任国霖在乞讨的路上听说宁国山水交融、人少地多、水清田沃，只要肯下气力和吃苦耐劳，不愁养活不了自己。于是，他最终决定在此安身。在宁国，任国霖初来乍到、举目无亲，生活非常艰难。所幸他为人忠厚、生性勤快，从帮人干农活和杂活开始，慢慢在当地立住了脚，逐渐有了砖瓦房和田地，生活渐渐步入正轨。任国霖40多岁成家立业，49岁的时候喜得贵子，取名任海清。

任国霖虽然识字不多，但从自己半生的经历中总结出，人生在世必须读书识字、能写会算，有一技之长方能养家糊口、安身立命。因此，他从小就叮嘱任海清诚实做人、用功读书。任海清五岁时，任国霖送他到私塾开蒙。他没有辜负期望，一直读完高中。按照任海清的想法，他还想出去继续读书，但任国霖认为他是家中独子，应该继承家业，不让他出去读书。为此，父子俩产生了矛盾，任海清跟父亲怄气，甚至在家搞绝食，但最终还是顺从了父亲的意志。

图1-1 位于安徽省宁国市津河河畔翠竹公园内的任新民雕像

毕业之后，任海清入职宁国县宁阳小学，成了一名教师。经过多年努力，又当上了这所小学的校长。后来，他又先后担任宁国县的教育局局长、银行行长、粮食局局长等职。任家也渐渐成了当地的名门望族，在县城也有了自己的宅院。

任海清在17岁时娶妻刘淑兰。此后不久，任家的长子长孙任新民出生，为全家人带来了新的希望。祖父任国霖给他取名"大道"，寓意大道前程似锦、富足安康。

宁 国 才 子

任新民出生那天，恰好袁世凯发布文告，下令将1916年改为"中华帝国"洪宪元年，准备在次年元旦正式登基加冕。这最终引发了全国性的"讨袁护法"运动和此后连年的军阀混战。

时局混乱，前途未卜。在这种局面下，任海清望子成龙，希望儿子也能好好读书，超过自己。虽然平时公务繁忙，但只要一有时间，他就给年幼的儿子讲故事、读古诗，进行启蒙教育。由于自己没有机会出去读书，任海清希望孩子能完成自己的心愿。

在上小学前，任海清又根据自己的一句诗"大道作新民"，给儿子取了一个新名字——任新民。①"新民"还有另一层意思，即《大学》中的那句"大学之道，在明明德"。这个新名字也得到了任国霖的赞同。

任国霖对孙子也寄予厚望。小时候，任新民曾经问祖父为什么小鸟有翅膀，而自己却没有。祖父对他说，"你也有翅膀，只不过这翅膀长在你的心里"。任新民不解何意，祖父解释道："读书识字就是你的翅膀，等你长大了，读好了书，有了学问，就能'飞'起来了。"任新民四岁那年，有一次母亲要去邻居家借秤，为了磨炼孙子，任国霖执意让任新民去借。任新民成功借来了秤，但在进家门的时候却被绊倒了。任国霖不但不去扶他，还训斥道"小事做不好，大事也就干不了"，执意让他自己爬起来。

1922年春，任新民入读父亲就职的宁阳小学读书。他聪明好学，不负祖父和父亲的期望，成绩一直名列前茅。小学二年级时，他的语文成绩非常出色，作业经常被当作范文在全校各年级之间传阅。有一次，一位高年级的学生对任新民不服气，跟他约定来一场比赛，当场各自写一篇作文，由老师们来评判，看看到底谁写得更好。结果，任新民完胜这位学长，并赢得了"宁国才子"的美誉。

---

① 这是很多关于任新民的传记中的说法，但在我们的采访中，任新民说对此并不清楚。任新民访谈，2013年4月28日，北京。资料存于采集工程数据库。

1927年，任新民小学毕业，并考取了位于宣城的安徽省立第四中学（今安徽省宣城中学）①。进入宣城四中后，任新民依然勤奋学习，成绩优异，深受老师和同学的喜爱。当时学校有位叫杨师道的语文老师，非常赏识任新民，师生二人经常在办公室和宿舍里畅谈历史、时局和人生。杨师道思想进步，倾向革命，他经常向任新民推荐和介绍一些进步作家的作品，如鲁迅的杂文、柔石和叶紫的小说、殷夫的诗歌，以及一些翻译过来的苏联小说，如《母亲》《毁灭》《铁流》等。通过阅读这些进步书籍，任新民增加了见识，明白了读书学习不仅仅是个人的事情，更是事关国家民族命运和未来的事。他思考国家和社会的出路，逐渐萌生了中国需要变革和革命的信念。任新民非常敬重杨师道，在晚年时还经常提起杨老师，认为他的语言知识基本上是在初中打下的基础，而杨师道对他的帮助最大。杨师道还经常劝诫他要"多看、多听、少说"，后来的任新民也一直谨遵杨老师的这一教诲。

图1-2　任新民在安徽宣城四中的学生证照片（资料来源：安徽宣城中学）

---

①　宣城第四中学创立于1906年，当时名叫"宁国府中学堂"，这也是宣城建立的第一个新式学校。1913年，该学堂停办，改为"安徽省立第四师范学校"，招收本科生和预科生。1928年3月，该校与安徽省立第八中学合并为"安徽省立第四中学"，中学内设高中部和初中部。

乡 村 教 师

1930年11月中旬，中共芜湖党委特派员张宅中在宣城北郊庙埠附近的双塔寺召开宣城党团组织会议，决定在庙埠镇举行起义。作为共青团员的任新民也积极报名参加。但不巧的是，这时他得了重感冒，同时感染肺炎，连续多日高烧不退，只好返回宁国的家中修养。12月9日凌晨3时许，庙埠起义的枪声正式打响。由于事发突然，尚在宁国家中养病的任新民没有接到通知，错过了这次起义。起义由于没有后援、敌我力量悬殊，彻底失败。

"庙埠暴动"失败后，在被捕的数十人中，大多数人都惨遭杀害。此外，国民党当局还继续追查与暴动有关的人员。杨师道因为思想一贯激进，被捕入狱，任新民也受到牵连。好在这期间他一直在宁国家中养病，没有参加暴动，也没有直接的证据证明他是共青团员和与这次暴动有关，加上父亲任海清在宁国素有威望，最终被认定为年幼无知、误入歧途，未

图1-3　2000年7月30日，任新民（坐者）回母校宣城四中

被抓捕。随后，宣城当局和宣城四中为了严防共产党活动，对进步和革命思想予以惩戒，将四中的104名学生予以开除或勒令退学。由于父亲从中斡旋，任新民虽然也在名单中，但最后并没有被开除。面对当局的屠杀、搜捕和镇压，年幼的任新民陷入了痛苦和迷茫，仿佛找不到生路。

为防止当局事后继续追查此事，任海清利用自己的各种关系把任新民送到离宁国县20多千米的四都湾的一所山区小学做小学老师。这所山区小学地处偏僻，正是躲避风头、免遭横祸的好去处。任海清对任新民说，这所小学条件很艰苦，不比城里和家中，但环境艰苦可以锻炼人，还可以趁这个机会反思一下自己，为自己的将来谋划一条出路。革命是为了救国图强，富国强民最终还要靠科学和技术。父亲的开导多少驱散了多日来萦绕在任新民心头的痛苦和疑虑。

任海清亲自把任新民送到了山区，见过校长和老师们之后，把15岁的任新民托付给了他们。临行前，父亲反复叮嘱他，一定要安心在这里好好教书，未经许可不能擅自离开这里回宁国，更不能回宣城。

人生总有一些奇妙的转折。昨天还是学生，今天却变成了老师。想到祖父、父亲和杨师道等长辈们多年的教诲，他决定从安心教好书这件事出发来磨炼自己。上课时，他是传道授业解惑的老师，课下又变成了个孩子，跟学生们一起游戏。业余时间，他抓紧时间自修初中没有学完的课程，复习学过的功课。

1931年暑假，任海清来探望儿子。得知任新民能够尽职尽责地完成教书工作，感到很欣慰。任新民告诉父亲，经过这半年的经历和思考，他明白了革命不是光喊口号，他决定继续读书，用知识改变国家和个人的命运。他还告诉父亲说，这半年来，自己一直在自修和复习，并没有荒废学业。任海清听后非常欣慰，十分赞同任新民的想法和决定。

任新民随父亲回到了家中。他还想回宣城四中继续读书，但是经过这场风暴之后，宣城四中已今非昔比。任海清认为儿子已经不适合再在宣城四中读书了。后来，他们听说此前在宣城四中任教的一位姓张的老师调到了南京的钟英中学，在那里当训导主任。任海清提议去找这位张老师，看能不能入读钟英中学。

钟英中学始建于 1904 年，由当时的"金陵第一富商"蒋长洛出资创立，是南京近代史上第一所私立中学。学校最初的校址在镇江，初名"承志中学"，迁到南京后更名为"钟英中学"，寓意"钟山脚下、哺育英才"。任海清父子都觉得如果能在钟英中学读书也是不错的选择。

任新民赶到南京时，入学考试已过。考虑到以前在宣城中学时，任新民的成绩一直非常优秀，张老师决定让任新民先在学校试读一段时间，如果成绩优秀，学校就可以考虑把他转为正式的学生。就这样，任新民作为一名高中一年级的试读生进入了钟英中学。一个月后，任新民顺利"转正"。

高中三年期间，任新民始终遵守父亲和杨师道的教诲，以"多看、多想、少说"为行为准则，把此前受到的创伤深埋心里，抱定科技救国的决心，全身心地投入学习。1934 年夏，任新民以优异的成绩从高中毕业。

第二章
从中大到重庆兵工

中学毕业后，任新民考取了中央大学化学工程系。卢沟桥事变之后，完成大学三年级学业的任新民考取了国民政府兵工署下属的兵工学校，实现了学习武器制造、抵御外敌的梦想。以优异的成绩毕业后，他被分配到国民政府兵工署第21厂从事武器制造工作。在这期间，他结婚生子，并被选派到美国深造。

中 大 三 年

1934年夏，任新民以优异的成绩完成了高中学业，同时考取了位于南京的中央大学化学工程系，成了任家的第一个大学生。

当时中央大学的入学考试共有9科，任新民的考试分数分别为：党义45分，国文17分，算学54分，英文49分，史地59分，理化60.8分，生物36分，代数解析几何56分，总评47.10分。此外，还有一门军事教育64分。[①]

[①] DA-001-013，任新民在国立中央大学的学籍表。资料存于采集工程数据库。

按照最初的想法，任新民最想学的是机械专业，学习武器制造，他认为这才是最直接的强国之路，只有具备了先进的武器，才能抵御外敌。但是由于报考时的失误，最终进入了化学工程专业。大学期间，任新民像每一个有志向、有想法的年轻学子一样，内心充满了矛盾和彷徨，而由于早年的那段经历，这种矛盾和彷徨在他身上体现得更加明显。专心致志读书学习，将来能用所学到的科学技术救国图强，就成了任新民唯一的希望和寄托。从 1934 年 9 月进入国立中央大学开始，任新民全身心投入学习，课堂上认真听课，课余时间都待在图书馆里，除了复习课堂上学过的课程，还尽可能地广泛阅读各类书籍和期刊，拓展自己的知识面。

在中大的第一学年，任新民主要学习了一些理工科的基础课程，包括个体文选、基本英文、投影几何、微积分、普通物理、普通无机化学、机械画、锻工、党义、普通体育、军事教育。第二学年的课程主要是一些专业基础课，包括基本德文（当时的国民政府因为与德国在军事上的联系比较密切，所以大学生基本上都要学习德语）、初等微分方程（甲）、应用力学、机动学、热工学、机械工程大意、工程材料、材料力学、金工、化工试验、无机化学、普通体育、学生壮丁增进训练。第三学年的课程主要

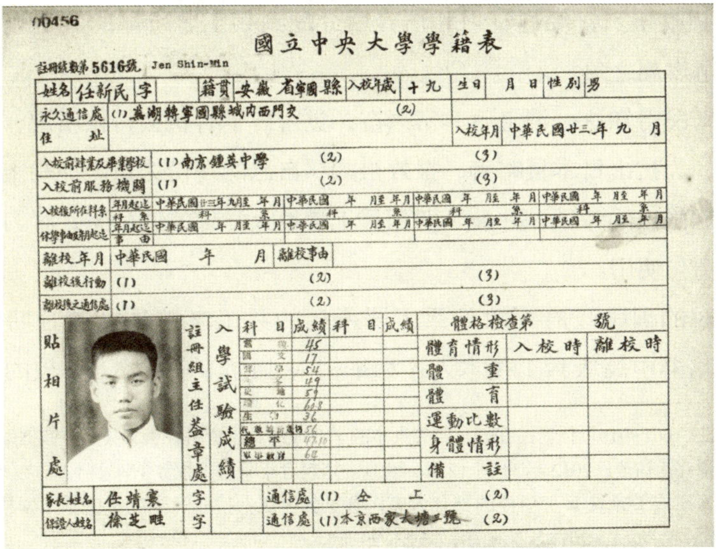
00456

國立中央大學學籍表

註冊號數第5616號 Jen Shin-Min

姓名 任新民 字 籍貫 安徽省寧國縣 入校年歲 十九 生日 月 日 性別 男

永久通信處 (1) 蕪湖轉寧國縣城内西門交 (2)

住址 入校年月 中華民國廿三年九月

入校前肄業及畢業學校 (1) 南京鍾英中學 (2) (3)

入校前服務機關 (1) (2) (3)

入校後所在科系 年月起迄 中華民國廿三年九月至 年 月 中華民國 年 月至 年 月 中華民國 年 月至 年 月 中華民國 年 月至 年 月

科系 科 系 科 系 科 系 科 系

休學事由及期起迄 年月起迄 中華民國 年 月至 年 月 中華民國 年 月至 年 月 中華民國 年 月至 年 月 中華民國 年 月至 年 月

事由

離校年月 中華民國 年 月 離校事由

離校後行動 (1) (2) (3)

離校後之通信處 (1) (2) (3)

貼相片處

註冊組主任簽章處

入學試驗成績

科目 成績 科目 成績

45

17

54

49

59

60.8

36

56

總平 47.10

68

體格檢查第 號

體育情形 入校時 離校時

體重

體育

運動比數

身體情形

備註

家長姓名 任靖寰 字 通信處 (1) 仝上 (2)

保證人姓名 徐芝畦 字 通信處 (1) 本京西家大塘二號 (2)

图2–1 任新民在国立中央大学读书时的学籍表（资料来源：南京大学档案馆）

是一些专业课，包括科学德文、定性分析（甲）、定量分析（甲）、热工学、热工实验、电工学、材料试验、工业化学、工业化学计算、有机化学（子）、有机化学实验（子）、化学工程原理（子）、制纸工业、普通体育、国术。①

任新民上大学时所学的专业"化学工程"跟现在的"化学工程"还不太一样。当时的化学工程只是研究染料、印刷造纸之类的，直到他读到大学三年级时，也只是学了一些比较基础的化学知识，所以他对这个专业的兴趣并不是很大。②

考入兵工学校③

在任新民刚完成大学第三学年的学习时，爆发了卢沟桥事变，这不仅改变了中国的命运，也改变了任新民的命运。

卢沟桥事变发生后，当时的国民政府军政部兵工署为配合抗战、缓解兵器制造人才极度匮乏的状况，决定从大学理工科院校的二、三年级在校学生中招收学员，经过学习和培养后分配到兵工署所属的兵工企业中工作，以解燃眉之急。

任新民得知这一消息后非常兴奋，觉得终于有机会得偿所愿，学习武器制造，为抗击日本侵略者、报效祖国尽自己的一份力量。他马上报名参加了兵工学校的考试，并被录取到兵工学校大学部的造兵系，学习枪炮设计、制造与使用。④

当时的国民政府军政部兵工署所属的兵工学校是民国时期全国唯一一所培养中高级兵工技术人才和军械人才的高等院校，学校的前身是

---

① DA-001-016，任新民在国立中央大学的学业成绩单。资料存于采集工程数据库。
② 谭邦治访谈，2012年11月12日，北京。资料存于采集工程数据库。
③ 本章有关重庆兵工学校的部分内容，参见韩连庆：抗战时期的重庆兵工学校大学部。《洛阳师范学院学报》，2017年第1期，第23-29页。
④ 军政部兵工学校招收学生简章，重庆市档案馆。

1916年1月成立的"汉阳兵工专门学校",校址位于武汉的汉阳兵工厂内,从1917年开始招生。由于经费原因,学校只招收了两期共18名学生就停办了。1926年9月,国民革命军抵达武汉后,该校隶属于国民政府,定名为"军政部汉阳兵工专门学校",并颁布了新的学校章程。1932年9月,学校迁往南京,更名为"军政部兵工专门学校",设立造兵和制药两科。

卢沟桥事变后,军政部兵工专门学校于1937年11月迁往湖南株洲,后又迁至湘潭,最终在1938年1月迁至重庆,因此学校通称也就成了"重庆兵工学校"。1939年12月,军政部兵工专门学校更名为"军政部兵工学校",同时设立大学部。为了解决战时军工人才日益短缺的问题,兵工学校修改了学校章程,缩短了学制,更加倾向于培养短期技能人才,形成了大学部、专修科和训练班三个教育层次,注重专业分类,力求毕业学生能尽快满足战时部队的需求。

兵工学校为公费学校,不收学杂费和书本费,吃穿住全部免费,每个月还有津贴。更重要的是,学校免费发放昂贵的外国教科书。入读条件是学生毕业后要在兵工署有关的学校和兵工企业服务三年,三年之后方能离开。当时兵工学校的条例规定:"本校学生及学员在修业期间,除图书、制图用品及各种文具自备外,并按规定发给服装,供给住宿,依左列规定,发给饷项:(一)造兵系及应用化学系:每月发给饷项十一元二角(伙食在内)。"[①] 由于这个原因,当时很多家境贫困、但素质比较好的学生都选择入读该校。兵工学校每期只录取40名左右的学生,但报考人数往往多达2000多名,学校经过严格选拔,录取的往往都是"精英中的精英"。

任新民考取的是兵工学校第五期。那一期本来准备在北平和南京招生,后因发生卢沟桥事变,北平没法招生,只在南京招生,而且由于时间紧急,只招到了9个人。

任新民报名的时候,担心考不上,便没有把这件事告诉父亲任海清,

---

① 中国第二历史档案馆,重庆市档案馆,中国兵器工业总公司西南兵工局:《中国近代兵器工业档案史料(第三册)》。北京:兵器工业出版社,1993年,第995页。

图 2-2 任新民在重庆兵工学校时的证件照片（资料来源：中国第二历史档案馆）

直到收到兵工学校的录取通知书，才写信告诉家里。1937 年 8 月考取兵工学校后，学校开始内迁，任新民也一路跟随学校来到重庆。

重庆兵工三年

兵工学校迁往重庆之后的校址位于沙坪坝和磁器口一带的杨公桥附近，这一带也简称"沙磁区"。沙磁区位于重庆城区二三十千米之外的郊区，在没有划归重庆市管辖之前，是四川省巴县第一区龙隐镇（瓷器口）的辖地。卢沟桥事变后，该地区得到了迅速发展。

据统计，在抗日战争期间迁入重庆的高校共计 25 所，其中迁入沙磁区的就有 16 所，占迁渝高校总数的 68%，占迁川高校总数的 1/3，其中包括国立中央大学、国立药学专科学校、国立中央工业专科职业学校、上海的大公职业学校、天津的南开大学经济研究所等。①内迁高校和本地原有

---

① 唐润明：重庆沙磁文化区是如何形成的.《红岩春秋》，2013 第 4 期，第 67-72 页.

或后来创办的总计有20多所大中院校，这就使得沙磁区成了全国高等教育的大本营，也成为抗战时期中国西部的文化中心。①迁入重庆或在重庆新成立的军事院校除了兵工学校，还有陆军大学、陆军军乐学校、海军学校、兵工署第八技工学校和工兵学校。②这些内迁高校推动了当地教育文化事业的发展，为西部工业经济的现代化提供了人才资源。③

兵工学校大学部下设造兵学系和应用化学系。造兵学系专攻兵器设计和制造，应用化学系专攻火药毒气、酸碱、炼焦等国防化学工业。兵工学校的学校课程参考德国兵工大学与东京帝国大学造兵科和火药科的课程设置。前四个学期注重基础科目和兵工基础理论的学习，课程包括大学物理、大学化学、微积分和微分方程、应用力学、材料力学、机械学、电机工程、金属材料、金工实习、德文等。其中，属于计算类的课程，学生需要交习题；属于实验性的课程，学生需要交报告。此外，还要学习工业簿记、工厂管理和工厂建筑等课程。第五和第六学期为专业课程的学习。造兵学系的学生要学习航空学、化学兵器、造船学、电器工学、摄影学等课程，应用化学系的学生要学习火药学、爆破学、炸药学、电气化学、化学工业机械等课程。

由于基础课程科目较多、学校教师人数少，大部分请外校的老师兼任，另外再请专任的助教改卷子和看报告。专业课程的老师由各个兵工厂的工程师、主任和兵工署各研究所的研究人员担任，如毗邻兵工学校的弹道研究所所长汪源讲授"弹道实验"和"弹道和弹丸设计"，火药处处长华祖芳讲授"工业分析"和"火药学"。④该校的学生也可以很容易地到兵工署的各工厂、弹道研究所、材料试验场等处实习，可以接触到成品的枪

---

① 张建中：《重庆沙磁文化区创建史》。成都：四川人民出版社，2005年，第176页。关于抗战时期内地迁渝高等院校的数量有不同的说法和统计。据张成明和张国镛在《抗战时期迁渝高等院校的考证》（载《抗日战争研究》2005年第1期）一文中的结论，在战前南京国民政府教育部管辖的108所正规院校中，迁渝高校为14所（如把分校算在内为21所），占内迁58所高校的21.14%。

② 同①，第211页。

③ 张亚斌，闫峰，王兆辉：抗战时期兵工内迁重庆的经济影响。《重庆工商大学学报（社会科学版）》，2015年第2期，第106-111页。

④ 王虹铈：民国时期的兵工署弹道研究所。《钟山风雨》，2006年第5期，第55-57页。

支弹药，获得实践知识。只要学生愿意，学生在寒假、暑假拿着公函、介绍信就可以去工厂实习。例如，国民政府兵工署第21厂（现长安机器厂）就在学校附近，学校经常组织学生到该厂实习，这些后方的兵工厂实际上就成了兵工学校的实习工厂。当时有毕业的学生说："中国的兵工虽然比外国的规模小，但有七十年的历史和十余万的职工，也就够兵大的学生去参观研究了。"[1]

当时，中国兵工方面的人才很少，适值抗战，兵工厂的工程师也各自都有任务，不能专力讲学。由于战时的重庆物质匮乏，而该校是军队院校，可以搞到一些没有掺沙子的大米和平价布；而兵工学校所在的沙坪坝杨公桥附近有中央大学、重庆大学、交通大学、四川教育学院等众多高校，于是，兵工学校就以此为"诱饵"，吸引附近高校的知名学者和教授来兵工学校兼课，讲授国外最新的科学知识。例如，聘请重庆大学的丁观海[2]讲授"弹性理论"、中央大学的张述祖[3]讲授"弹道学"、中央大学的陆志鸿[4]讲授"金相学"等。

兵工学校不仅给学生讲授最新的理论知识，而且还讲授很多实践技能。例如当时的锅炉压力大，不用焊接，而用铆钉铆，这种技能只有国外的工人具备，而该校的老师们就给学生传授这些技能。

兵工学校还有一个规模完备的印刷所。学校主要科目的课本有30多种都可以自己铅印，如《枪炮构造及理论》《金属材料》《金属组织》《高等应用力学》等。课本印出来后，不仅能供兵工学校使用，而且还供给中

---

[1] 陈培川：抗战后公开招生的兵工大学部。见：张建中等，《抗战时期重庆沙磁文化区档案史料选编（教育文化）》。北京：民国档案杂志社，2011年，第366页。

[2] 丁观海（1911-1991）是诺贝尔物理学奖获得者丁肇中的父亲，曾留学美国，是当时世界上弹性理论的权威、美籍俄裔力学专家铁木辛柯（Timoshenko）的学生。时任重庆大学教授。

[3] 张述祖（1900-1973）早年毕业于中央大学，曾留学德国，先在柏林大学物理研究所师从著名物理学家、诺贝尔奖得主纳恩斯特，获得物理学博士学位。后改学军事科学，进入柏林工业大学工程物理研究所，师从德国著名弹道学家克朗兹，从事内外弹道方面的研究，获得导弹学博士学位。回国后任教中央大学。

[4] 陆志鸿（1897-1973）早年留学东京帝国大学工学部，研究金属采矿。回国后任教于中央大学土木系。

央大学航空系和机械系使用。

学校还设有图书馆、理化实验室和实习工厂,教学和实习设施齐备,师资力量雄厚,教学质量好,学生功课很扎实。优越的学习和生活条件正是抗战时期好学上进的流亡学生们求之不得的。所以,这个学校培养出来的学生素质并不比北大、清华的学生差。[①]

图2-3 1940年,任新民在重庆兵工学校与同学们合影(第二排右四为任新民,资料来源:重庆档案馆)

从重庆兵工学校毕业后,学生所获文凭会得到教育部的承认,可以报考"庚子赔款"留学。另外,学生也会奉军工部的命令,被派到外国的兵工厂作驻厂监造和验收军火,这实际上就是赴厂实习,也算是一条留学渠道。任新民后来赴美深造走的就是后面这条路。

入职21厂

在重庆兵工学校学习的三年期间,任新民充分利用学校提供的条件,

---

① 谢光选访谈,2012年2月21日,北京。资料存于采集工程数据库。

第二章 从中大到重庆兵工

尽力排除各种干扰，将战时的影响和过去的阴影暂时忘记，一心扑在学习上。1940年6月，任新民从重庆兵工学校大学部造兵系毕业。当时学生毕业不需要写论文，只要修完课程，然后在工厂实习，写一个实习报告即可。任新民是在一个钢铁厂实习的。

任新民属于兵工学校第五期毕业生。这一期的毕业生共有16人，造兵系和应用化学系各8人。① 从1934年考入中央大学，到1940年从重庆兵工学校大学部毕业，任新民前后在大学学习了六年，不仅打下了深厚的理论基础，而且具备了扎实的化学、机械、枪炮制造方面的专业知识和机能，这为他后来从事相关工作打下了良好基础。

1940年6月，任新民入职兵工署21厂，担任七级技术员。1942年3月12日晋升为五级技术员。

当时的兵工署21厂主要生产"中正式步枪"。这种步枪是德国标准型毛瑟步枪的中国改造版本，最早是在1935年由兵工署11厂组织生产的，用于取代当时的国民革命军所装备的汉阳"八八式"步枪，到1936年年底已经生产了近六万支。这款步枪首次参战是在1937年的淞沪会战中。由于该步枪弹道性能好、有效射程可达1000米，而且杀伤力大，并不逊于日军的"三八式"步枪，显示出中正式步枪操作简单、结实耐用、火力强大、战术机动性好等优点。

1940年，内迁重庆的兵工署21厂奉命筹备生产中正式步枪。21厂参考了德制98式步枪的两万多张工作图，并重新绘制图纸、改造机具，采用了一些简化生产、提高产量的措施，于1943年10月10日开始批量生产。到抗战结束前，中正式步枪已成为国民革命军陆军的重要装备。

任新民刚到21厂时，就参与了设计和制造中正式步枪的任务，他和一些同事的主要工作是改进步枪枪栓下面的零部件。② 限于当时战时的艰苦条件，机器和材料都比较紧缺，设计和制造这些零部件并不容易，需要

---

① 中国第二历史档案馆，重庆市档案馆，中国兵器工业总公司西南兵工局：《中国近代兵器工业档案史料（第三册）》。北京：兵器工业出版社，1993年，第1002-1003页。

② 任新民档案中写的工作单位是轻机枪厂，但他说那只是名义上的，他的工作实际上是在21厂。刚进厂的时候在工程师室，一两个月之后去了步枪厂。

用到车床、铣床等机械设备。这一阶段的经历对任新民后来的工作影响深远,在他担任各种导弹、火箭总设计师甚至"总总师"的时候,他往往亲临研制一线,与工人们一道解决具体的技术问题,这种习惯正是他在重庆兵工的求学和实习过程中培养起来的。

当时的 21 厂还负责一批迫击炮的制造任务。太平洋战争爆发后,日军切断了缅甸通往中国云南的公路,中国武器弹药生产急需的无烟火药无法运进来。任新民和同事们经过反复研究和试验,用黑火药代替无烟火药来装填迫击炮弹并取得成功,解决了燃眉之急。这期间完成的这些工作也终于实现了任新民制造武器、打击侵略者的初衷。

由于工作关系,1942 年 12 月,任新民从兵工署 21 厂调往重庆中央工校机械科,担任了几个月的教员工作。1943 年 4 月起,他又任教于自己的母校重庆兵工学校,直到 1945 年 4 月赴美深造。①

结 婚 生 子

1940 年夏,任新民和几个同事到重庆附近的江津县的火炮实弹试验场试验黑火药装填的迫击炮。正当他们为寻找住宿的地方着急时,任新民在跟人闲谈时得知江津县一所学校的校长也是安徽宁国人,跟任新民是老乡,名叫虞焕宗。任新民一听非常激动,因为任新民的父亲任海清担任过宁国县教育局局长,与虞焕宗共事过,任新民还曾见过虞焕宗。正所谓"他乡遇故知",任新民决定趁机去拜访一下虞焕宗。但当他找到虞焕宗任职的学校时,却被告知虞焕宗已于前一年(1939 年)的夏天不幸谢世。

虞焕宗是宁国本地人,早年毕业于南京高等师范学校,先后担任过颖上县中学校长、宁国县教育局长等职。抗战爆发后,虞焕宗抛家舍业,只身带着长女和一些学生踏上流亡之路,最后来到四川江津县,担任国立九

---

① DA-001-038,干部升调报告表:任新民(1)。资料存于采集工程数据库。

中师范分校的校长。不久,虞焕宗染上肺病去世,只留下长女虞霜琴一人在江津。

虞焕宗去世时,虞霜琴刚满18岁,就在这所学校读高中,正准备考大学。任新民找到虞霜琴的时候,虞霜琴正要打篮球,她对任新民说了声"对不起,我要打球"后就上场了。等打完球,她发现任新民没走,一直在赛场外看着她打球。虞霜琴虽然没有见过任新民,但父亲曾经跟她谈起过任新民,说任家的大公子很聪明,学习成绩拔尖,先是考上了中央大学,后来又考入兵工学校。

两人互相介绍后,加上乡音乡情,顿感熟悉了许多。任新民说明来意,虞霜琴听后,张罗着在学校的男生宿舍给他们安排了住宿。实习结束返回兵工学校后,任新民给虞霜琴写信感谢她提供的帮助。两人由此开始了鸿雁传书。

彼时,虞霜琴的表哥、也是任新民在宁国时的同学胡为灿恰好从安徽到重庆出差。离开安徽之前,虞霜琴的母亲嘱咐胡为灿,到重庆后关照一下虞霜琴的婚事。胡为灿到重庆后想起了任新民,想撮合任新民和虞霜琴,不想两人早就认识,他们的结合就成了水到渠成的事。在胡为灿离开重庆前,任新民和虞霜琴正式订婚,并在《中央日报》广告版上刊登了订婚消息。

图2-4 1941年任新民与虞霜琴的订婚照

虞霜琴高中毕业后,面临着继续读大学还是就业的抉择。由于经济上比较拮据,她一度陷入了矛盾。任新民支持她继续读大学,他会想办法解决学费问题。最终,虞霜琴报考了大学,先后被迁渝的上海交通大学电机系和中央大学数学系录取,并最后选择了中央大学数学系。

1944年,任新民通过兵工署选派人员去美国实习的考试,有机会到美国辛辛那提磨床铣床厂实习半年,这对于他来说是一个增长知识、开阔眼界的大好机会。当时的虞霜琴正在读大学二年级，何去何从成了两人的一次抉择。经过考虑，虞霜琴决定在任新民赴美之前举办婚礼，这样也方便她在国内照顾双方的老人。

1944年8月10日，任新民和虞霜琴正式举行了婚礼。此前，他们连续三天在《中央日报》广告版上刊登敬告亲友的结婚启事。他们在重庆兵工学校食堂举行了简朴的婚礼，摆了三桌酒席招待双方的亲友、老师和同学。两人由此正式结为伉俪，开始了相濡以沫七十多年的生活。

虽然任新民被选派到美国实习半年，但具体什么时候动身却没有定下来。他只能一边继续工作，一边补习英语，做好随时出发的准备。结婚后不久，虞霜琴怀孕了，她努力克服身体上的不适，坚持完成了大学三年级上学期的课程。

最终，任新民接到了赴美的具体日期是1945年5月24日下午。当他忙着收拾行囊准备启程时，虞霜琴却在5月23日提前临产。任新民连忙将妻子送到歌乐山医院。5月24日凌晨，虞霜琴产下一名男婴。时值抗日战争即将胜利，任新民的父亲任海清为孙子起名为任光庆，意思是"世界光明、普天同庆"。这时的任新民又面临一次重大抉择：面对妻子和刚出生的儿子，他走还是不走？但虞霜琴态度坚决，坚持让任新民如期赴美。

5月24日下午2点，任新民带着无限的眷恋惜别自己的妻儿和祖国，与一同赴美的人员登上了美军"飞虎队"的军用飞机。他们先是飞抵印度，本来计划在印度要待两个月，但只待了18天就从印度换乘海轮，又经过数十个日夜的颠簸，最后抵达美国，开始了远在异乡的工作和生活。

第三章
留学美国

1946年，任新民实习结束后，又在密歇根大学攻读机械工程的硕士和博士学位，并在毕业之后受聘于布法罗大学。上海解放后，他辗转回到祖国，进入华东军政大学军事科学研究室，开始献身国防科技事业。

艰苦的留学生活

任新民在美国实习的工厂是辛辛那提磨床铣床厂。该厂位于美国中部俄亥俄州西南部的辛辛那提市。19世纪中叶，由于运河和铁路的兴建，辛辛那提市逐渐成为美国中西部的重要的工业和交通中心，尤其是机器制造工业发达，主要生产机床、汽车和汽车部件、飞机部件、农业机械等，至今仍是美国机床制造中心之一。

辛辛那提磨床铣床厂由一位德国后裔创办，从最初的铁匠铺起家，经过几代人的苦心经营，逐渐发展壮大成为一家规模巨大、技术可靠的机床厂，至今仍然在业界非常有名。这也是当时国民政府兵工署选派人员到这家工厂实习的原因。

任新民非常珍惜来美国学习的机会。在实习的几个月时间里，他全身心地投入实习，不仅学到了机械设计、工艺和生产方面的技能，而且也了解了这家著名企业在经营和管理方面的运作机制。他不由得叹服美国制造业的发达和完善，逐渐萌生了在美国继续深造、攻读学位的念头。他写信告知远方的妻子，虞霜琴也很支持他的想法。

1946年3月，任新民在辛辛那提磨床铣床厂实习结束后，被推荐到密歇根大学研究生院机械工程专业攻读硕士研究生，从此以新的身份开启了在美国的新生活。

密歇根大学坐落在美国密歇根州的安娜堡，是美国著名的公立研究型大学，在国际上享有很高的声誉，素有"公立大学典范"之称。

此时，第二次世界大战刚刚结束，有大批移民来到美国，美国社会也比较动荡，物资比较匮乏。读硕士研究生时，由于学校只提供一年的奖学金，任新民必须靠在外打工来交学费和维持生活，这期间他干过的杂活包括在餐馆洗盘子、削土豆、当搬运工、锄草、摘水果、烤面包，等等。

任新民租住在学校附近一位丹麦老太太的家中，每天骑自行车上学和打工。当时与任新民同租一个住处的是在密歇根大学留学的兄弟俩，分别叫李勋与李宓。李勋后来成为我国著名的冶金技术专家，曾担任东北工学院（今东北大学）院长，被人尊称为中国的"钢铁大王"；而李宓后来成为无线电技术专家，先后任教于哈尔滨军事工程学院、中国科学技术大学、中国科学院电子所等单位。晚年时提到当年的任新民，他们都称赞任新民在美国读书时学习用功，对学业达到了痴迷的程度，除了打工，几乎把所有的课余时间全部用到学习和钻

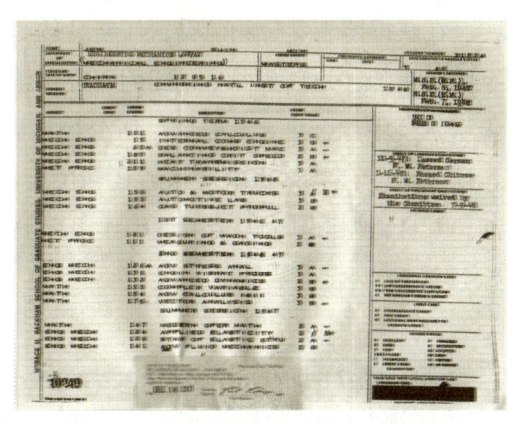

图 3-1 任新民在美国密歇根大学读书时期的成绩单（资料来源：密歇根大学图书馆）

研功课上。①

这段时间的读书生活既紧张又艰苦，但在学习上却收获颇丰，生活中也不时充满乐趣。任新民虽然看似文弱书生，但在课余时间喜欢参加体育运动，是学校橄榄球球队的队员。他的个头虽然不如当地同学高大，但却具有较好的灵活性和韧性，往往能出奇制胜。他非常喜欢橄榄球运动，认为打橄榄球不仅可锻炼体魄、培育吃苦耐劳的精神，更重要的是还可增强团队合作能力和凝聚力，这无疑对他后来的学习和工作产生了积极影响。②

1947年1月，任新民通过硕士论文答辩，获得机械工程硕士学位。他还想继续深造，并得到虞霜琴一如既往的支持。1月27日，任新民注册了博士生学籍，开始攻读博士学位。此后，他兼作助教，经济情况大有好转，可以有更多的时间投入学习。

从1947年1月到1949年2月，任新民只用了两年多的时间就完成了博士阶段的课程和论文，通过了博士论文答辩，获得工程力学博士学位。他的博士论文题目是《环形板的弯曲》(*Bending of Circular Plates*)，属于弹性力学方向的研究。从1946年3月到1949年2月任新民在密歇根大学攻读硕士和博士学位阶段的成绩单来看，他大部分课程的成绩都是A或者B，在如此短的时间里取得这么好的成绩，并且顺利拿到硕士和博士学位，足见任新民在美求学期间的努力和优秀，这也为他日后的工作打下了坚实的知识基础。③

在获得博士学位的前夕，任新民被纽约州立大学布法罗分校机械工程系聘为讲师，并且获得了相应的研究课题和经费。布法罗大学是纽约州立大学系统中综合排名最强的一所分校，被誉为"公立常春藤"。如果能在布法罗大学任教，也就意味着任新民会在美国获得一份稳定的工作和生活，并且将在自己的专业领域中作出突出贡献。

---

① 谭邦治：《任新民传》。北京：中国青年出版社，2016年，第21-22页。
② 吴树利，朱钰华：《情系太空：中国导弹、卫星、运载火箭和飞船的开拓者任新民》。北京：人民出版社，2013年，第44页。
③ DA-001-036，任新民在美国密执安大学学习期间的成绩单。资料存于采集工程数据库。

图 3-2　1946 年 6 月 29 日—7 月 1 日，任新民在纽约参加中国工程师学会美国分部年会
（第三排右一为任新民）

归国遇险

在美国求学的这段时间里，任新民无时无刻不思念自己的亲人和祖国，尤其是在夜深人静之时。在这期间，他和妻子只靠鸿雁传书，能收到妻子的来信，对于远在异国他乡的任新民来说是最大的欣喜和安慰。虞霜琴在给任新民的信中，通常是"报喜不报忧"，因为她知道，即使把家里的情况如实告诉任新民，也只会让他分心和苦恼，依然"远水解不了近渴"。她把家中的事情一个人扛下来，不让任新民有后顾之忧，只希望他安心学业、早日学成回国。

任新民在 1945 年 5 月 24 日赴美后，虞霜琴独自一人在重庆，承担起了抚养儿子任光庆的重任。她无法继续读书，只好从中央大学数学系肄业，在当地的岳庐小学担任数学老师。学校领导知道她的家庭情况后，对她很照顾，分给她一间住房，解决了她的一大难题。由于战时后方物价飞涨，那份小学教师的微薄薪水也无法维持家庭开支，她只好又在附近的沙坪坝中学找了份兼职，教初中一年级数学以补贴家用。这两所学校相距大概20多分钟的路程，她每天都奔波于这两所学校之间，日子过得非常辛苦。

虞霜琴外出上课时，襁褓中的孩子无人看管，她只好把儿子放在床上，周围堆上被子，反锁在家中。有一次她跑回家给孩子喂奶，大老远就听到儿子的啼哭声。她连忙加快脚步跑回家中，发现儿子已经从床上摔在地上。她急忙抱起儿子，儿子止住了哭声，而她却忍不住哭起来。想起自己长时期以来的劳累和无助，忍不住想把这一切写信告诉丈夫。可是等冷静下来一想，为了让任新民早日完成学业，她只好"打落牙齿和血吞"，照例写的还是平安信。

任新民几乎每周都会给虞霜琴写一封家信。当时的邮政通路还算顺畅，一封信来回大约需要20多天。每周按时收到丈夫的来信，这对独自一人艰难度日的虞霜琴来说是极大的慰藉。这期间两人的"两地书"一直保存得相当完整，直到"文化大革命"期间，虞霜琴生怕节外生枝，才将这些宝贵的书信付之一炬。

抗日战争胜利后，虞霜琴决定带着儿子回任新民在安徽宁国的父母家中。她打点好行装，告别在重庆的同事和朋友，带着儿子辗转回到了宁国。回到家乡，有了公婆的帮助和照顾，母子俩的生活终于安定下来。

虞霜琴是位现代知识女性，不想在家一直闲待着，任海清就安排她在宁国中学当数学老师。她一边工作，一边操持家务，日子过得倒也平静舒心。

1947年3月，任新民的父亲任海清因患肺病去世，年仅49岁。到了7月，安徽宁国流行脑膜炎，儿子任光庆不幸感染夭折。这对虞霜琴来说是致命的打击，几乎把她逼到了崩溃的边缘。她想赶紧把这些变故告诉任新民，诉说自己的伤痛。可一旦从伤痛中清醒过来，理智又战胜了感情，没有将这些变故告诉任新民。

为了走出丧子之痛、重新振作起来，虞霜琴跟家人商议，希望能重回中央大学数学系完成未竟的学业，家人都很支持。此时的中央大学已经从重庆迁回南京。她只身前往南京，找到中央大学数学系。但由于学校几经迁移，时局动荡，昔日的老师都已调离，找不到熟人，况且她还惦念着远在宁国的母亲和婆婆，最终只好返回宁国，继续做一名中学教师。这件事成了虞霜琴终身的遗憾，也成了任新民对妻子永远无法弥补的亏欠。

1949年年初，在美国拿到博士学位的任新民有了稳定的工作和收入，工作和生活的条件都得到极大改善。生活安定下来了，但他的思家思国之情反而更加强烈。他时刻关注着国内局势的变化，但他在美国得到不同的消息，说法不一。他担心如果国内的战事持续下去，自己的研究还没有展开，贸然回国可能没有用武之地，这样的话，可以考虑把家人接来美国；而如果国内战事结束，也可以考虑回国工作。于是，他决定先回国看看，视情况再作定夺。

1949年6月，任新民乘坐英国邮轮从美国旧金山出发，经香港驶向上海，历时18天，于6月21日抵达上海。行前，他把自己的行程写信告诉了家人。此时，任新民的弟弟任新知也已经从重庆兵工学校毕业，正好在上海工作。虞霜琴此前接到中央大学的通知，到南京领取补发的肄业证书，之后取道上海去探望任新知，恰好得知任新民即将回国的消息，于是就留在上海等候任新民。

6月21日，任新民乘坐的邮轮如期抵达上海吴淞口码头。码头外人头

图3-3　任新民在美国（约1946年）

攒动，虞霜琴夹杂在人群中，焦急地等待客轮。可是轮船还没靠岸，码头却响起了警报声，几架国民党空军战机从远处的上空呼啸飞过，扔下一颗颗炸弹。伴随着一声声巨响，码头上火光冲天，江面上水柱四起。当时的上海虽然已经解放，可周边的海岛上还驻扎着国民党的一些残余部队，不时对上海港口进行轰炸和破坏。

待硝烟散尽，码头上的人却发现那艘轮船消失不见了。人群中有传言

说轮船被炸毁沉没了，这可急坏了虞霜琴。她赶紧跑到附近的港务局询问，结果被告知轮船因为无法靠岸已经原路返回香港。虽然人没接到，可总算万幸没有人员伤亡。此时在船上的任新民更是焦急万分。亲人故土近在咫尺，可就是这一步之遥却如同相隔万里、难以跨越。

虞霜琴决定继续在上海等候任新民的消息。她看到上海刚刚解放，百废待兴，急需各类人才，很多留学回来的人都留在了上海。她觉得如果丈夫回来，很可能也会留在上海工作，于是她决定在等候任新民归来期间，先行在上海找份工作。眼看着日子一天天过去，任新民还没有消息，虞霜琴开始犯难，不知丈夫什么时候才能回来，更不知能不能留在上海，而她也担心留在老家的双亲，最后决定还是先回宁国老家。

此时的任新民独自一人滞留在香港，船务公司拖了快一个月也没说什么时候离开香港去上海。这时，他突然想起在美国的一位同学有个亲戚在香港经商，于是通过这位同学找到他的亲戚，看能不能帮上忙。几天之后，这位同学的亲戚说可以安排任新民乘坐一条走私船去天津。任新民回家心切，不管用什么渠道，决定先回国再说。

任新民搭乘走私船从香港绕道韩国仁川，于8月2日抵达天津塘沽。然后从天津取道北京，搭乘火车来到上海。等他赶到弟弟家中，虞霜琴已经回宁国老家了。任新民虽然有些失望，但能平安回国、见到亲人，总算令人欣喜。

第二天一大早，任新民给妻子发电报，让妻子赶紧来上海。按照他的想法，他想先在上海逗留一些日子，了解一下上海解放后的局势，为将来谋划一下出路。可虞霜琴接到电报后却又犯难，暗自埋怨丈夫，自己连回封电报的钱都没有，怎么有钱再回上海？最后还是任新民的母亲出钱，虞霜琴才给任新民回了电报："新民君，电报收到，我在宁国等你，望速归。"

任新民接到回电，没有体会到妻子的苦衷和难处，以为家人只是盼望他能早日回家。既然已经跟家人取得了联系，彼此都平安，他也就放心了，并没有马上回宁国，而是赶赴朋友为自己举办的接风宴会，准备参加完这些活动再回老家。

加盟军政大学

解放初期的上海聚集了各类人才，归国侨胞以及学子们大多也选择在这里转栈；而百废待兴的新中国也急需人才，从全国各地来上海招聘的单位很多，这也是任新民没有急于回老家的一个重要原因。

任新民在重庆兵工学校时期的老师和同事张述祖当时也在上海。抗战胜利后，张述祖来到上海，受聘于交通大学，讲授工程物理，同时还在同济大学和复旦大学兼课。

兵工学校在1947年5月迁往南京，后来又迁到上海吴淞口，校名也改为"吴淞兵工专门学校"。随着国内战事吃紧，兵工学校找到张述祖，让他承担教学领导的职务。1949年5月初，兵工学校停课，教职员工各自回家等候消息。虽然兵工署多次来电催促张述祖赶紧乘船去台湾，但他早已打定主意留下来。

上海刚刚解放，陈毅就指示三野司令部联络上海各界著名专家和教授，主动登门拜访，希望他们能够留下来一起建设新中国。张述祖也是拜访的对象之一。张述祖很兴奋，仿佛找到了自己的用武之地。

1949年6月的一天，在位于上海提篮桥海门路的张述祖家中聚集了十位来自兵工学校和交通大学的兵工专家，他们共同商讨兵工学校复校事宜。当时的上海人最痛恨蒋介石指派飞机轰炸上海，都希望为发展新中国国防技术和教育略尽绵薄之力。后来张述祖还召开了一次聚会，又联络和扩充了一些人员。这些与会的人员后来大多成为哈尔滨军事工程学院的第一批教师。

这次的"海门路会议"还起草了一份报告，内容只有五六百字，主要表达了这些留下的知识分子希望以平生所学奉献新中国军队建设的愿望，同时还提议兴建一个类似兵工学校那样的军事技术学校，为军队培养技术人才。陈毅收到这份报告后，非常重视。当时的陈毅除了担任上海市市长和解放军华东三野司令员，还担任华东军政大学的校长。他想为留在上海的知识分子和归国学者、专家们报效祖国搭建一个平台，于是批准在华东军区军政大学筹办一个华东军区军事科学研究室，地址设在南京。张述祖得到消息后，非常高兴，当即表态愿意去南京，并答应尽量协调其他人员到南京。

任新民到上海时，恰好沈阳兵工总厂的厂长陈修和来上海，任新民在兵工学校的同学张禄康请客为任新民和陈修和接风。① 兵工学校的 20 多位老友们欢聚一堂，开怀畅饮，除了叙旧，都在展望和期待未来的发展。席间，张禄康说及张述祖等人组织在南京成立军事科学研究室，并同陈修和等人成功说服任新民去南京。

1949 年 9 月初，任新民跟随张述祖等十多位专家来到南京军政大学。最早决定加盟军政大学的有 15 位高级知识分子和专家，除了张述祖和任新民，还有马明德、赵子立、沈正功、张禄康、鲍廷钰、钟以文、张宇健、何乃民、岳劼毅、周祖同、金家骏、朱正、何承坚等人。② 华东军政大学专门为他们组建了军事科学研究室。

因为正式报到时间定在 9 月下旬，这期间还有点空闲，任新民便请了假，打算回老家探亲和安排家眷的迁移。回到阔别多年的家乡，与家人团聚，得知父亲和儿子去世的消息，任新民不由得失声痛哭。

当时的宁国县也是刚刚解放，为了防止骚乱，民兵站岗放哨，检查非常严格。当民兵们得知任家的大儿子刚刚从美国回来时非常惊慌，怀疑任新民是特务，立刻把他带到宁国县公安局看管起来。无论任新民作何解释，公安局就是不放人。虞霜琴到公安局交涉，陈述了任新民的留学经历。公安局的人将信将疑，叫虞霜琴找个担保人，人可以先保释出去，然后再详细核查他的来历和背景。虞霜琴找到任新民儿时的好朋友彭一诚作保，任新民当晚被释放回家。但是，县公安局做了严格的规定，人可以回家，但不允许四处走动，只能待在家里。

无奈之下，虞霜琴只身前往南京寻求华东军政大学的帮助，见到了后

---

① 陈修和（1897—1998）是陈毅的堂兄，黄埔五期毕业，长期在国民政府兵工署工作。抗战胜利后，任位于沈阳的第九十兵工厂厂长。

② 滕叙兖：《名将名师：哈军工"两老"传记》。北京：当代中国出版社，2013 年，第 9 页。

来成为军事科学研究室的政委胡翔九。她讲明来意，胡翔九立即给宁国县公安局发了电报说明情况。但这仍然无法消除宁国县公安局对任新民身份的怀疑。

这时，任新民偶然间从一张上海的《解放日报》上面看到了一则关于陈毅招募科技人员创建华东军政大学军事科学研究室的消息，同时还附有所聘请的研究人员的全部名单，其中就有任新民的名字。他拿报纸给公安局的人看，这些人才相信了任新民的话，将他彻底释放。

此时，华东军事科学研究室已经成立，专家们陆续赶往南京，任新民也匆匆踏上了赶往南京的旅途，与等在南京的虞霜琴汇合。1949年9月下旬，任新民被任命为华东军区军事科学研究室研究员，由此拉开了他一生献身国防科技事业的序幕。

第四章
华东军事科学研究室时期

任新民在华东军事科学研究室工作期间，主要从事两方面的工作，一是参与我国最早的水平发射固体火箭的研制，二是翻译萨登的《火箭发动机》一书。这些工作从理论和实践两个方面为他后来从事的工作打下了基础。1952年，随着军事科学研究室整体划归哈军工，任新民也从南京调到了哈尔滨。

军事研究工作的开展

1949年9月，刚成立不久的华东军区军政大学军事科学研究室划归华东军区司令部领导，改称华东军区军事科学研究室。华东军区作战处处长王德担任研究室主任，张述祖担任主管业务的副主任，军训科副科长胡翔九担任主管后勤和行政的副主任。这个研究室汇聚了众多曾经留学德国、法国和美国的专家学者。研究室成立后，随即开展了相应的军事科学技术研究。

研究室经过多次讨论，决定成立三个研究组，即火箭飞轮、无线电控制和小舟。后来，根据解放舟山群岛的战役时遇到的复杂情况和部队需要，研究室又将三个研究组调整为火箭、车辆、化学和无线电控制四个小组，共有八个课题同时展开，如任新民和鲍廷钰负责的"用火箭发动机来推动鱼雷"，沈正功和周祖同负责的"炸药船爆破敌海防工事"，马明德负责的"惯性动力鱼雷"，赵子立、金家骏和许哨子等人负责的"102火箭弹爆炸原因研究"等。①

1949年年底，华东人民解放军奉命解放浙江的舟山群岛，但国民党军队在舟山群岛设置了重重障碍，埋下大量地雷负隅抵抗，试图阻止解放军的舰船靠岸。为解放舟山群岛，军事科学研究室的专家们积极商议破敌之策，几经研究，最终确定启用"火箭"的方式。经上级批准，军事科学研究室奉命研制水平发射的固体火箭，用固体火箭运载炸药，以引爆前进路上的障碍物，为我军的舰船开路。

这是我国首次开展固体火箭研究。军事科学研究室的专家们集思广益、全力以赴，充分调动一切力量来完成这项研究任务。但当时的资料、设备和实验条件都非常有限，技术上也落后，再加上资金困难和研制时间紧迫，使得整个研究进程困难重重、步履维艰。

由任新民和鲍廷钰共同负责的"用火箭发动机来推动鱼雷"项目，实际上是一种固体复合推进剂的新型火箭。任新民与鲍廷钰一起试制以柏胶油为主、端面燃烧的复合火药。他们想用过氯酸钾作氧化剂，但由于在南京没有找到，任新民只好去上海采购。

任新民到上海后听说，上海火柴厂制作火柴用的是氯酸钾，但是却错误地购买了一批过氯酸钾。对于上海火柴厂来说，这些过氯酸钾等于是闲置的废品，但对任新民等研制固体火箭的人来说，却是求之不得的必需品。于是，任新民前往上海火柴厂接洽，商议购置过氯酸钾的事宜。火柴厂的领导正为此事发愁，当得知任新民的来意后，便痛快地答应了。任新民用比较便宜的价格购得了这批过氯酸钾，为研究室节省了大量资金。

---

① 滕叙兖:《名将名师：哈军工"两老"传记》。北京：当代中国出版社，2013年，第10页。

当时研制、生产和试验的条件都很简陋，任新民等人就用碾子碾、罐子装等土办法制成了中国第一种以过氯酸钾为氧化剂、沥青为燃烧剂的固体复合推进剂，并在此基础上研究成功了固体发动机和火箭。

研制固体火箭，首先要研制火箭发动机。为此，任新民亲自动手，在金陵兵工厂用废炮筒加工成试验燃烧室，装配完成了一台火箭发动机，但是马上又遇到了点火即爆的困难。经过多次摸索和试验，他们对点火器的设计、药柱设计和火药加工工艺采取了一系列措施，最终取得初步成功，能够正常燃烧。

经过研究室同人们的共同努力，中国第一台水平发射的固体火箭发动机诞生了。他们在长江水面进行发射试验并获得成功。固体火箭也随之研制成功。

图 4-1　华东军区军事科学研究室人员合影（左起：沈正功、周祖同、马明德、何乃民、钟以文、张述祖、金家骏、鲍廷钰、任新民、江潮西、岳劼毅、赵子李、张禄康，摄于约 1950 年，资料来源：哈尔滨工程学院）

由于各种原因，在解放舟山群岛的战斗中并没有使用这种固体火箭，但这一研究的意义却是重大的，因为虽然"在今天看来，当初的工作只能算是个雏形，而且安全措施也不够，带有很大的危险性。但就固体复合推进剂和固体火箭发动机技术而言，这确实是一项开创性的技术工作，也称得上是我国第一种固体复合推进剂。"[①]

1952 年 8 月，华东军区军事科学研究室整体划归哈尔滨军事工程科学院。

翻译《火箭发动机》

抗战时期，任新民虽然在重庆有一些兵工经验，但主要是改进和制造"中正式步枪"等工作。即使后来去美国学习机械工程专业，火箭发动机对他来说也是新的课题。为了完成任务，他想尽一切办法攻克难关。在此之前，任新民对火箭发动机的了解仅限于浏览过一些相关书籍，其中一本是萨顿（George Paul Sutton）所著的《火箭发动机》[②]。

萨顿曾先后任教于麻省理工学院和加州理工学院。从 1943 年开始，他一直参与火箭推进的设计、研究、开发、测试、教学、安装和管理，并亲自参与了几台早期的液体火箭发动机和固定火箭发动机项目。萨顿所著的《火箭发动机》最早出版于 1949 年。该书是航天推进领域的入门书籍，以通俗易懂的语言全面详细地介绍了航天推进领域的相关内容。

《火箭发动机》一书的特点是重视理论和实际的联系，每一章都有例题、习题、数据表和插图。由于专门讨论火箭发动机的著作较少，萨顿在书中对火箭各方面的理论和实际都加以说明，并将重点放在液体火箭而不

[①] 谭邦治：《任新民传》。北京：中国青年出版社，2016 年，第 32 页。
[②] 目前该书最新的版本为第九版，中译本名为《火箭发动机基础》（*Rocket Propulsion Elements*, 9th Edition），作者为乔治·萨顿（George P. Sutton）和奥斯卡·比布拉兹（Oscar Biblarz），由谢侃等人翻译，北京理工大学出版社 2019 年出版。

是固体火箭（或者火药火箭）上，因为当时液体火箭的应用最广泛。但是书中讨论的热力学、热化学和弹道学对液体火箭和固体火箭均可适用，并在该书的最后一章专门讨论固体火箭的一般问题。按说书中还应该给出一些试验和计算数据，但由于保密的原因，这些数据不能公开，所以未能列入。

任新民从1952年开始翻译英文版《火箭发动机》，1955年由哈军工出版。《火箭发动机》一书对于任新民在华东军区军事科学研究室研制固体火箭时发挥了重要作用。在该书的第十章"固体火箭（火药火箭）"中，萨顿在讲到火箭火药的化学成分时曾提到GALCIT[①]火药，也就是俗称

图4-2 任新民翻译的两版《火箭发动机》

的"柏胶药"。这种火药用过氯酸钾作氧化剂，用柏油和油类的混合物作燃料。早期的柏胶药成分为75%过氯酸钾和25%柏油。"在柏油融化时将过氯酸钾掺入混合，然后将此黑胶状的流体浇注成药柱，或直接浇注到燃烧室内。经过冷却和凝固以后，装药是黑色、固体和柔软的，与铺路柏油相似。用柏胶药所喷出的气体有很多黑烟，因而限制了它的使用，一般性能很好，喷气速度为1500~1700公尺/秒。"[②]任新民研制的固体火箭火药就是依此方法制成的。

萨顿在1956年又出版了该书的第二版。他在第二版的序言中说，由于近几年火箭技术发展迅速，因此对第一版进行了重写，使得第二版"包括了火箭技术上更广泛的基础知识和一些技术问题，并对火箭发动机

---

① CALCIT是美国加州理工学院古根海姆航空研究所的缩写，全称是Guggenheim Aeronautical Lab, Cali Inst Techn. 该研究所曾经进行过很多火箭方面的研究工作，发明了一系列的火箭火药。

② Sutton：《火箭发动机：基本理论和构造》，任新民译。哈尔滨：中国人民解放军军事工程学院，1955年，第280页。

的工作原理、应用和设计作了更丰富和更全面的叙述""在新版中企图包括到目前为止的火箭技术的最新内容。对有些技术上的特点和基本原理作了进一步的澄清。在原书中添加了新材料、新数据、新图表,每一章中都有概念和补充,还另写了三章,因而使得这本书比第一版增多了将近百分之六十。"[①]《火箭发动机》的第二版由三部分组成。重写的几章专门讨论液体推进剂火箭、液体推进剂和液体火箭的设计。第二部分是新增加的三章,包括固体推进剂火箭的基础、工作物质和固体火箭的设计。第三部分是通用的,既可以用于液体火箭,也可以用于固体火箭。由于这些内容上的改进,该书不仅可以用作大学教科书,更适用于工程师的训练。

任新民在1957年5月完成了《火箭发动机》第二版的翻译,并于1958年由国防工业出版社公开出版。

《火箭发动机》自1949年首次出版以来,一直是火箭推进领域的权威著作。该书的早期版本就已被翻译成俄文、中文和日文,目前更是被翻译成多种语言,在至少35个国家出版发行,大约被55所大学选作研究生和本科生课程的教材。目前该书已经出版到第9版,连续印刷67年,同时被美国航空航天研究所的两项享有盛誉的专业奖项所引用。任新民在该书出版早期就意识到其价值,书中的内容对于他和他的同事们在早期开展固体火箭研制产生了重要作用,而他的翻译工作也为后来中国早期火箭研制探索发挥了作用。

"联名信事件"

军事科学研究室成立后,上级领导非常重视,不仅从研究经费上给予大力支持,还在个人生活方面为研究人员尽可能创造优越的条件,把他们

---

① 萨顿:《火箭发动机:基本理论和构造》,任新民译。北京:国防工业出版社,1958年,第Ⅶ页。

和他们的家属安排到南京白子亭。这里原来是美军的一个招待所，设施齐全，大部分研究室人员都住在这里。任新民被安排到白子亭41号，安顿下来后，任新民又把虞霜琴和母亲接来同住。

虞霜琴刚到南京时，一时还没有找到工作，先是在家里料理家务。1950年年初，南京招考中学教师。虞霖琴有中央大学数学系的肄业证书，此前也在宁国做过教师，于是决定报名应考并最终顺利通过了考试。按照当时的要求，她应该先到师范学院进修学习，但此时的她已有身孕，考虑到这种特殊情况，师范学院允许她先生完孩子，然后由教育局直接分配到南京东方中学教书。虞霜琴很高兴自己有了一份工作，儿子任之中的出生也使她对生活充满了热情和希望，一直颠沛流离的一家人好不容易享受到了一段安宁的生活。

然而，这份安宁很快就被打破了。

1951年，全国掀起"三反""五反"运动，由于隶属华东军区，当时的军事科学研究室还算相对平静。研究室里有一个叫何乃民的研究员，曾在国民党政府交通部任职，在这期间曾有过贪污腐败行为。由于运动声势浩大，风声鹤唳，何乃民唯恐自己过去的贪腐行为被揭发出来，于是想出了一个转移视线的办法，就说研究室的军代表胡翔九有贪污行为。

胡翔九从华东军事科学研究室成立以来就担任军代表，在单位里有一定的威信。何乃民心里清楚，造谣说其他专家有贪污行为很难令人信服，因为这些专家们一来没有实权，二来是些埋头专攻业务的知识分子，只有胡翔九是最合适造谣中伤的人选。为此，何乃民还动员联络研究室的七名研究人员，联名写信揭发胡翔九的渎职贪污。任新民、马明德等人都被忽悠着在揭发信上签了名。联名信很快被送到南京军区。

上级领导很重视，立即采取行动，下令胡翔九停职反省，随即对他展开调查。半个月后，审查结果出来了，胡翔九根本没有贪污行为，属于被人诬告陷害。这种诬告罪名很严重，任新民和其他在揭发信上签名的研究人员全部被停职审查，这时，他们才知道自己被人愚弄了。任新民、马明德等七人被扣押在办公室里接受审查不准许回家，也不许家属探望。家属们不明就里，都很着急。

一直埋头钻研业务的任新民也被这件事情的严重程度震惊了。他反思自己，一直以来在技术问题上原则性都很强，但在这次联名事件上为什么就丧失了原则、听凭别人的一面之词呢？他的初衷只是想挽救一个同志，但恰恰是这种单纯，不仅害了别人，也害了自己。

七个人前后被隔离了17天，考虑到他们只是被人利用，并没有其他目的，上级领导决定只在行政上给予处分，其中任新民被警告处分，其他六人都是记大过处分。这些处分只是领导在口头上宣布了一下，并没有正式记入档案，所以这些处分也随着时光的流逝和人事的变迁不了了之。但是此后，任新民却一直在简历表上的"何时何地受过何种处分"一栏里填上"1951年在华东军事科学研究所受警告处分一次"。这一方面说明他为人朴实、做事认真的风格，另一方面说明这次的"政治事件"对于他来说教训太深刻、也太难忘了。此后，他对此类"政治活动"都避而远之。

军事科学研究室的贡献

1952年，中央军委授命陈赓等人组建中国人民解放军军事工程学院，校址选在哈尔滨，学校简称为"哈军工"，隶属华东军区司令部的军事科学研究室被整体建制划归哈军工，研究室的专家们也成为哈军工创建初期的重要师资的一部分。据档案记载，哈军工筹建委员会10人小组中，有5位来自军事科学研究室，分别是张述祖、任新民、赵子立、沈正功、胡翔九。

在成立的三年期间，军事科学研究室开展了众多项目和课题的研究。"今天来看，他们的工作或许相当简单和粗糙。但是，历史不应该忘记他们，张述祖、任新民、马明德、周祖同等20余位专家是新中国军事高科技事业的开拓者，特别是固体火箭工程的开路先锋，在中国航天科技的发展历程中，南京的华东军区司令部军事科学研究室是鲜为人知的点燃圣火的地方之一。"[1] 固体火箭研制的成功为后来火箭导弹的研制奠定了基础，也开启了中国航天之门的预备阶段。任新民正是在这一过程中与火箭结下了不解之缘。

---

[1] 滕叙兖：《名将名师：哈军工"两老"传记》。北京：当代中国出版社，2013年，第11页。

第五章
哈军工时期

1952年,任新民受命参加筹建哈军工,在从全国选调各类专门人才方面进行了大量工作,为在短时期内建立比较完备的科研和教学体系作出了贡献。哈军工初见成效后,他重返教学和科研一线,会同周曼殊、金家骏向中央提出了《对我国研制火箭武器和发展火箭技术的建议》的报告,并参与了"十二年科学规划"的制订工作。

筹建哈军工

抗美援朝战争中,由于志愿军武器装备比较落后,战争伤亡较大。基于迅速发展我国武器装备的考虑,中央决定组建一所专门培养武器装备研究和使用人才的军事院校。学校全称为"中国人民解放军军事工程学院",由于校址选在哈尔滨,所以又叫哈尔滨军事工程学院(简称"哈军工")。

在此之前,我国也陆续建立了一些专门的技术学校,如炮兵学校、步兵学校、通讯学校、防空学校、坦克学校等。这些专门学校培养了一些技术干部和指挥员,但由于这些学校大多是中专,培养的人才不仅数量不多，而且质量也不高，无法适应现代化战争的需要。

为了办好这所军事工程学院，中央军委从全军挑选出基础最好的第二高级步兵学校作为基础。1953年，该校奉调到哈尔滨，组建中国人民解放军军事工程学院。鉴于该步兵学校缺少精通高级军事技术的专家，于是中央决定把华东军区的军事科学研究室整体划归哈军工。

1952年8月22日，中央批准成立了以陈赓为主任委员的哈尔滨军事工程学院筹备委员会，徐立行、张述祖、李懋之三人为副主任委员，任新民为筹备委员会成员。筹委会的办公地点设在北京地安门恭俭胡同59号（原为1号）。

1952年8月，任新民奉调来到北京，开始参与哈军工的筹建工作。他后来回忆说："我在华东军区军事科学研究室担任研究员。突然有一天，一封电报通知我去北京。到了北京，陈赓将军接见了我，希望我参与哈尔滨军事工程学院的筹建工作。当时我从美国回国不到三年，这让我感到很意外。于是，我留在北京参加了建院的筹备工作。"[①]

陈赓在接见任新民时说，希望他负责选调科技人员、解决师资等方面的问题。这大概是筹建工作中最重要的、同时也是最麻烦的事情，因为这既需要深入了解全国各大学和相关科研机构的科技人员的情况，为上级确定选调人员提供参考意见，而且一旦确定了人员，还需要解决人员调动、家属安排等工作。新中国刚刚成立，建设工作初步展开，各地都需要各种人才，要想让其他单位放人也不是容易的事情。

任新民常说，各单位都不放人，如果没有陈赓院长坐镇，事情很难办成。除了推荐人员，他还要负责接待从中南地区和华东地区来的专家，甚至连从北京和天津中转火车去哈尔滨的事情都要一手操办。在这期间，任新民还负责到各大高校搜集学术期刊和科技资料，为哈军工成立后的教学和科研做准备。当时，他们和教育部达成协议，首都高校凡是有两套的科技杂志，都要分给哈军工一套。这一待遇非常高，但实际上哪个单位都不愿意白送。

[①] 石磊，陈大亚：《一生奋飞丈天高——火箭专家任新民》。合肥：安徽科学技术出版社，2020年，第29-30页。

"两老"办院

在北京筹备哈军工期间,陈赓几乎每天都去恭俭胡同59号,张述祖、任新民等从南京过来的专家们住在这个四合院的九间房内。当时,任新民他们和陈赓几乎天天在一起工作和聊天。

陈赓生性豁达,既有军人的豪爽,又有儒将的风度。中央让他来办大学,与知识分子共事,这对陈赓来说也是个重大的变化。他历来器重知识分子,即使在战争期间,也把引进知识分子当作提高部队素质、克服草莽习气的重要工作。陈赓的儿子陈智飞后来说,陈赓特别在乎哈军工院长的职务,他要以哈军工为依托,把中国的军事武器现代化。①

在恭俭胡同吃饭时,陈赓经常一边端着饭碗吃饭,一边跟专家教授们聊天。为了照顾好这些专家,陈赓还叮嘱身边的工作人员,知识分子是脑力劳动者,要安排好他们的生活,每天搞些鸡鸭,炊事员要提前制订出一周的菜谱。他在恭俭胡同吃了几次饭,感觉不满意,立即让参谋去找更好的厨师。

有一天晚上,在跟陈赓聊天时,任新民说起几个月前在南京军事科学研究室的"联名信事件"。如今说起这些事情虽然像笑话,但任新民还是心有余悸。陈赓听完后,也跟大家一样哈哈大笑,随后认真地说,这件事要是在他这里,绝不会这么处理,怎么能把教授专家们关起来?

这时,旁边的周祖同又追问了一句,军事工程学院要设很多军事机密专业,像他们这种出身于剥削阶级家庭的人能不能接触机密?陈赓从这个问题中看出这些知识分子还是有顾虑,担心得不到党和政府的信任。当时土地改革刚刚结束,这些高级知识分子大都出身殷实之家,很多家庭被划为资本家和地主富农,有此一问也不奇怪,反而说明他们信任陈赓。于是,陈赓开导他们说,他们在南京时研究的就是机密的军事技术,当然也可以接触军工学院的机密专业。至于说到剥削阶级家庭出身,陈赓自己就

---

① 马作新访谈,2013年9月25日,北京。资料存于采集工程数据库。

出身大地主家庭，他的经历更复杂。虽然出身不能选择，但革命道路可以选择，党还是相信他们这些知识分子的。陈赓的这番话在一定程度上打消了他们的疑虑。

为了尽量网罗人才，陈赓也经常做出一些"出格"的事。在"三反"运动中，民航局资金大出大进，成了国家机关"铺张浪费"的典型。当时的民航局在"三反"运动中揪出了一个叫沈毅的局级领导，被指贪污公款，被判死刑，但是这些款项却都是民航局党委批准的。① 陈赓知道沈毅是个炮兵专家，曾留学法国，延安时期曾任八路军炮兵团参谋长和炮兵教导营的主教官，带领炮兵团参加过"百团大战"，新中国成立后沈毅在民航局主管财务。陈赓心知沈毅是"三反"运动极端化的牺牲品，为救出沈毅，他不惜先把沈毅保护下来，再通过各种渠道做工作，并最终将其调入哈军工从事搜集和翻译技术资料的工作。

有一年冬天，陈赓去探望沈毅，看到沈毅住在一间平房里，既是办公室又是宿舍。屋里没有生火，反倒摆满了酒瓶。陈赓问沈毅大冬天为什么不生火，沈毅指着满屋的书籍资料说，万一失火，那可是罪加一等。陈赓又问，天这么冷怎么受得了？沈毅指着酒瓶说，冷了就喝两口取暖。陈赓知道情况后很生气，责令学院办公室、政治部办公室全部搬到没有暖气的平房，教授、副教授的办公室全部搬到有暖气的楼房，并限期二天搬完。

1952年12月9日，陈赓在哈军工党员干部会议上说："我们的口号是'两老'办院，就是依靠老干部、老教师，上上下下团结得像一个人，齐心协力、共同完成党交给我们的光荣任务，这就是我们'团结建院'的指导方针。"12月11日，陈赓又主持召开老教师座谈会，说道："在我们学院建设中，你们是一根柱子，军队来的老干部也是一根柱子，只有依靠这两根支柱，学院才能办好。"1953年7月1日，陈赓在老干部、老教师座谈会上又提出："既要承认二万五，也要承认十年寒窗苦。""老教师的知识来之不易，在科学技术上奋斗了几十年，也是老资格，要办好军事工程学

---

① 另一说是沈毅贪污一亿旧币（相当于后来的一百万元），因为他痴迷弹道研究，用这笔钱私自购买了用于弹道研究的仪器设备。参见石磊、陈大亚：《一生奋飞丈天高——火箭专家任新民》。合肥：安徽科学技术出版社，2020年，第31-32页。

院，首先要依靠老教师，不能光靠二万五。"①

陈赓在不同场合反复强调指出的就是他的"两老"办院的思想方针。所谓的"两老"，就是指军队的老干部和师资队伍中的老教师。依靠"两老"办院，就是要发挥老干部、老教师的骨干作用，老干部、老教师以身作则，由此带动全员办好学院。陈赓在筹办哈军工的过程中意识到，有些干过革命的老干部对这些知识分子心怀不满，认为这些读书人对革命没有贡献，在他们浴血奋战的时候，知识分子要么留洋，要么躲在大学里教书，但现在却享受跟他们一样的甚至比他们还要高的福利待遇。但陈赓心里明白，这些知识分子当年都是抱着科学救国的梦想学习自己的专业，他们所能起到的作用绝不是仅仅在战场上冲锋陷阵所能相比的，哈军工的发展乃至整个国防事业的发展都需要依靠这些知识分子。"两老"办院指导方针的提出也是为了化解两方面的冲突。事实证明，陈赓是很有远见的。

对于任新民这些经历过民国、又在国外留学和工作过的知识分子来说，陈赓的"两老"办院方针和在不同场合的讲话增加了他们的使命感，提升了他们的工作动力。

在哈军工筹建过程中，任新民在陈赓的领导和支持下，顺利完成了选调科研专家和教师的任务，使国内众多的知名教授和青年才俊云集哈尔滨，迅速在哈军工组建起了一支以老教授为骨干力量的教师队伍。这支队伍不仅为哈军工的发展作出了贡献，同时也为我国国防科技工业的各个部门（如航天、航空、舰船、核技术、兵器、军用无线电电子学等领域）的创建和发展输送了技术骨干和人才。

在与陈赓一起工作的过程中，任新民也切身体会到陈赓将军那种"要干的事就非办成不可，而且要干快、干好"的精神，这种认真负责、雷厉风行的工作作风也感染了任新民。在他此后从事航天事业的半个世纪中，他也始终秉承着这种精神。

1953年4月25日，哈军工基建破土动工，同年9月1日举行了第一期开学典礼，标志着新中国历史上第一所多军种综合性的军事工程学院

---

① 谭邦治：《任新民传》。北京：中国青年出版社，2016年，第36-37页。

正式成立。到 1955 年时，哈军工已经初具规模，设有五个系和一个预科：一系为空军工程系、二系为炮兵工程系、三系为海军工程系、四系为装甲兵工程系、五系为工兵工程系和预科，1960 年又增设了防化系。

1953 年哈军工成立之初，任新民被任命为院教务处副处长，具体抓教学工作，负责教学业务管理，包括制订教学计划、安排课程、负责教材的选用及编写等。由于主管学校教务，任新民在工作中也与陈赓有了更多的接触。陈赓指出，工作中既要兼顾当时苏联顾问团的意见，又要结合国家和军队的实际。苏联顾问团当时已经来到哈军工，带来了苏联五个军事院校的教学计划。由于这些顾问都强调自己的意见重要，而哈军工又有自己统一的教学计划，因此负责教学工作的任新民经常与这些苏联顾问发生冲突。例如，空军工程系（一系）的苏联顾问要求设立热力学教授会[①]，但任新民认为热力学课时少，没有必要单独设个机构。[②]陈赓等学院领导在这些问题上倾向支持任新民，认为即使向苏联学习，也要保持自己的独立。

1954 年，哈军工的教学工作步入正轨，任新民很想到教学一线。于是，他做好可以随时交接工作的准备之后，便向院里的领导提出去系里从

图 5-1　2000 年 7 月，任新民（左）与梁守槃（右）在哈军工原空军工程系主楼前合影

[①] "教授会"是苏联叫法，即教研室。
[②] 滕叙兖：《名将名师：哈军工"两老"传记》。北京：当代中国出版社，2013 年，第 249 页。

事教学工作的想法。没过多久,他便被任命为炮兵工程系副主任兼火箭武器教授会主任。任新民当时在炮兵工程系仍然负责教务工作,并不直接给学生上课,而是给助教们上课、指导助教,然后由助教们给学生上课。当时给学生们上课的助教主要有周曼殊、金家骏、赵保康等人。除此之外,任新民还会在每个学期初给学生们开一次会,具体讲讲教学方面的任务和事情。①

在这期间,任新民全力以赴从事教务和教学工作,不仅把系里的教务和教学工作做得井井有条,而且还亲自编写了《火箭武器》等讲义。1955年,任新民被评为教授并被授予技术上校军衔。

初会钱学森

1955年10月,钱学森辗转回国,本想马上投入工作,但是中国科学院副院长吴有训建议他先到外地参观,熟悉一下国内的情况。鉴于东北地区是新中国的重工业基地,所以提议他可以先去东北看看,第一站是哈尔滨。钱学森本来提出想见周明鸂②、罗时均和庄逢甘,结果被告知三个人现在恰好都在哈军工任教。

由于军事院校属于保密单位,最初并没有打算让钱学森参观哈军工。后来中共黑龙江省委知道了钱学森的想法,立即告知陈赓。陈赓当时正在北京,听说钱学森想参观哈军工,非常高兴,得到中央批准后立即飞回哈尔滨,安排接待钱学森。

11月25日上午,钱学森一行来到哈军工,陈赓率领全院领导接待钱学森,这让钱学森大感意外。陈赓却开玩笑地说:"对钱先生来说,哈军工

---

① 万俊华访谈,2013年5月23日,哈尔滨。资料存于采集工程数据库。

② 周明鸂在1934年毕业于上海交通大学土木工程学院,1935年与钱学森同船赴美留学,先后在密歇根大学和伊利诺伊大学获得结构工程硕士和理论与应用力学硕士,1940年在密歇根大学获得应用力学博士学位。毕业之后,他担任了密歇根大学工学院航空工程系讲师兼研究员。不久,他应钱学森的导师冯·卡门的邀请,到加州理工学院古根海姆航空实验室担任客座研究员。1947年8月,他回国后在武汉大学任教。1952年年底调任哈军工,担任材料力学教授会主任。

没有什么秘密要保的。"钱学森也如愿见到了周明鸂等老友和学生。在参观哈军工校园时，钱学森非常激动，他没想到在一年多的时间里，哈军工能够取得这么大的成就。

时任炮兵工程系副主任的任新民还带领钱学森参观了火箭教授会的几个实验室，也看到了任新民等人当年在南京军事科学研究室试制的固体火箭发动机。任新民向钱学森介绍了室外固体燃料火箭点火试车的试验，引起了钱学森的极大兴趣。钱学森针对试验装置的欠妥之处，与正在进行安装的研究人员谈了看法。有人回应说，这是苏联专家的意见，不能改动，钱学森听后却不以为然。任新民趁机拿出一份美国空军的训练教材[①]，就固体火箭燃料配方、柏胶装药中的材料和工艺等问题向钱学森请教，而这些问题正是钱学森的专长。两人相谈甚欢。钱学森离开实验室时握着任新民的手说，希望不久的将来还能深入探讨火箭问题。这是任新民与钱学森的初次相识。

当晚，陈赓在大和旅馆宴请钱学森，哈军工的主要领导、老教授们和钱学森的学生悉数出席。席间又一次谈到火箭和导弹问题。陈赓也想借这次机会请教一下钱学森目前中国能不能发展尖端武器。钱学森对中国制造导弹的实际操作问题做了分析，认为中国研制导弹的关键问题是自动控制技术，射程为300~500千米的短程火箭、导弹和燃料两年时间内有望解决，80%的工作量在于自动控制，这一技术恐怕短时间内难以突破。随后，钱学森问坐在他对面的任新民有什么看法。任新民点头称是，同时又把当天哈军工的专家们与钱学森讨论的结论简单地陈述了一遍。陈赓听后很兴奋，当即表态，只要我国搞火箭导弹技术，哈军工全力以赴支持，要人出人，要物给物。

后来的历史学家在评价这次聚会时曾说道："这是中国科学史上意义非同凡响的聚会，中国航天事业的第一个誓师会是在哪里举行的？实际上是在哈尔滨市、在哈军工、在陈赓为钱学森举行的这个小型欢迎晚宴上。"[②]

陈赓第二天还要回北京，他请钱学森在哈军工再考察一天，希望他对

---

① 这本教材很可能就是任新民正在翻译的《火箭发动机》。
② 滕叙兖：《陈赓大将与哈军工》。北京：当代中国出版社，2013年，第286页。

当时中国的军事技术和装备有进一步的了解，能够与任新民等人进行更深入的探讨。

图 5-2　1956 年全国规划会议火箭和喷气组合影（一排左二为钱学森，二排右三为任新民。资料来源：航天档案馆）

规划火箭和导弹技术的发展

自从担任哈军工炮兵工程系教育副主任兼火箭武器教授会主任，任新民把工作重点主要放在教学上。他不仅要负责组织管理全系的教学工作、给助教团队的教员们授课，还要组织全系专业教研室编写专业课教材，并亲自编写了《火箭武器》讲义。当时他们的教研室只有六七个人，却没有一个人是专业搞火箭的，知识储备不够，只能边学边摸索。

在这期间，任新民还有意识地搜集国外关于火箭与导弹武器的资料，特别在第二次世界大战中德国袭击英国时所用的 V-2 导弹的资料，同时还调查研究未来战争的态势和武器装备的发展趋势，尤其是美苏等国家在第二次世界大战后发展火箭与导弹武器装备的有关报道。

在任新民的带领和主持下,周曼殊和金家骏两位教员同任新民一起开始了关于我国研制火箭的技术可行性研究。三人首先详细研究了德、美、苏等国研制导弹武器的必要性、可行性及实现途径等问题。经过详细论证,进一步提出我国应加速发展火箭与导弹武器的建议,并对如何发展提出了较具体的建议措施。最终,由周曼殊作为主要执笔人,三人共同完成了《对我国研制火箭武器和发展火箭技术的建议》的报告[①],并恰好在钱学森参观哈军工之前将这份报告提交给了陈赓。这也就是为什么当钱学森来访时,陈赓等人都在不同场合讨论火箭和导弹问题。

任新民后来回忆说:"那个时候还没叫导弹,就是火箭加控制系统这么个想法。因为当时我们了解到德国人有 V-2 导弹,其他的国家也有一些地空导弹,所以建议中国也应该发展这东西。实际上,那个时候我们懂得也不多。"[②] 当时所说的"火箭武器"其实就是导弹。"导弹"在当时有不同的中译名,有的翻译成"可控火箭",有的翻译成"飞弹",而钱学森主张翻译成"导弹"。"可控火箭"只是说明可以控制飞行的火箭,并没有说明火箭上装有爆炸的弹头。"飞弹"只说明"弹"会"飞",并没有表达可控的意思。钱学森提出的"导弹"一词有两层含义,既可以表达可控的意思,又表明是一枚炸弹。钱学森对这些科学名词的中译总是反复推敲,非常严谨。此后,"导弹"一词逐渐被普遍接受。

陈赓等哈军工的领导非常重视任新民等人提交的《对我国研制火箭武器和发展火箭技术的建议》,经过院系领导和专家的讨论、建议、补充和修改,几易其稿,最终在 1955 年年底由哈军工转报中央军委。主持中央军委日常工作的彭德怀告诉陈赓,建议书已经批给总参谋长黄克诚和总参谋部装备计划部部长万毅阅办,还要求万毅征询钱学森的意见。不久,彭德怀也约见钱学森,向钱学森详细咨询研制导弹的相关知识和问题。1956 年年初,叶剑英、陈赓和钱学森一起去见周恩来。听了钱学森和陈赓的汇报后,周恩来非常支持他们的想法,并请钱学森就如何具体实施形成书面意见,重点是如何组织专门机构、如何抽调专家等,以便提交中央讨论。万

---

① 任新民访谈,2013 年 12 月 1 日,北京。资料存于采集工程数据库。
② 吴树利,朱钰华:《情系太空》。北京:人民出版社,2013 年,第 80 页。

毅与钱学森会同有关人员进行了大量的调查研究,最终形成了《关于研究与制造火箭武器的报告》。1956年1月20日,彭德怀主持召开中央军委扩大会议,专题讨论该报告,由此开启了中国发展导弹技术的序幕。[①]

后来,有一次陈赓请任新民吃饭时开玩笑地说,任新民教授如今在全军可是名声大振。任新民不解其意,陈赓说:"你们三个人的报告登载在中央军委的简报上了。"

晚年的任新民在回忆提交这份报告的来龙去脉时曾说,当时这一想法主要是基于对中华民族百年来的屈辱和忧患的切身体会,也来源于陈赓对我军武器装备落后的切肤之痛。陈赓不止一次地讲,在抗美援朝前线,敌军的士气、指挥艺术等方面远不及我们志愿军,唯独武器装备比我们先进,面对敌人的狂轰滥炸,我军不得不构筑工事,凭借阵地坑道化才能杀伤敌人、保全自己。落后就要挨打,就会牺牲更多的中华优秀儿女。炮兵工程系无疑应该有这个使命感和责任感。任新民一到炮兵工程系,就同金家骏、周曼殊等人讨论这件事,最后形成了这个发展火箭武器的建议。如今看来,这份报告具有极强的前瞻性,对创建和发展我国导弹航天事业具有开拓意义。[②]

1956年,为了改变我国在经济和科学文化上的落后状况,中央提出应该有一个远大的规划,"向现代科学技术大进军"。3月,科学技术规划委员会编制了《1956—1967年科学技术发展远景规划刚要》(简称"十二年科学规划"),确定了13个领域57项国家重点科技任务,特别强调了原子能技术、喷气与火箭技术、电子计算机技术、半导体技术、自动化技术等。

此前,钱学森向国务院提交了《关于建立我国国防航空工业的意见书》,提出了我国火箭与导弹事业的组织结构草案、发展计划和实施步骤等内容。为了保密,意见书中将火箭、导弹这些敏感名词一律用"航空工业"代替。意见书的大部分内容被列入"十二年科学规划"第37项"喷气和火箭技术的建立"。钱学森还拟列了一批参加这一项目的21名高级专

---

① 谭邦治访谈,2012年11月12日,北京。资料存于采集工程数据库。
② 谭邦治:《任新民传》。北京:中国青年出版社,2016年,第42-43页。

家，首位就是任新民，还有梁守槃、庄逢甘、罗时钧等哈军工的专家。

任新民作为哈军工的代表，应邀参加了《1956—1967年科学技术发展远景规划刚要》的研究、讨论和制定工作。其中，第37项"喷气与火箭技术的建立"就是在钱学森的主持下，由任新民、沈元、王弼等人合作制订的。任新民特别提出开展地对空、空对空各种防御性战术导弹的研究。这个项目把火箭、导弹和喷气技术纳入国家中长期科技规划，对推动未来国防科技事业的发展起到了奠基作用。

1956年，我国先后成立了航空工业委员会和国防部第五研究院，由此开启了中国航天事业的新纪元。任新民也从哈军工奉调到五院，成为中国导弹和航天事业的重要开拓者之一。他后来在回忆这一人生转折时曾谦虚地说：

我的机遇好，我若在哈军工干下去，也只是做一个教授就到头了，恐怕也接触不到航天技术。所以不要宣传我这个人如何如何，把谁弄到这个总设计师的位置上来……国家领导重视，全国八方支援，谁都能搞出成果来。人家给我提供了舞台，我才能演这出戏，如果说所有成就，并不能说我这个人有什么特殊本事，我只是比较认真而已。①

---

① 石磊，陈大亚：《一生奋飞丈天高——火箭专家任新民》。合肥：安徽科学技术出版社，2020年，第45页。

第六章
初入国防部五院

1956年，根据"十二年科学规划"，中央决定成立国防部五院，工作重点确定为研制导弹和火箭。任新民从哈尔滨调入北京，参加国防部五院的筹建工作，从此正式参与建设我国导弹和航天事业。这一时期，任新民负责接收和拆装测绘了苏制 P-1 导弹，领导仿制了 P-2 导弹，并在我国自行研制的第一颗"1059"导弹过程中成为技术带头人。

筹 建 五 院

1956 年 4 月 13 日，航空工业委员会（简称"航委"）成立，统一领导我国的航空与导弹事业，由时任国务院副总理聂荣臻担任主任。在 5 月 26 日的中央军委会议上，责成航委负责组建国防部导弹管理局（对外称"国防部第五局"）和国防部导弹研究院（对外称"国防部第五研究院"[①]），同

[①] 国防部第五研究院就是现今的中国运载火箭技术研究院的前身。1964 年，我国成立导弹工业部（第七工业机械部），国防部第五研究院改为七机部第一研究院，1982 年又改为航天工业部第一研究院。

时建立自动控制、无线电定位、电子元器件等研究所。

任新民在 1956 年 8 月奉命从哈尔滨到北京，参加国防部第五研究院（以下简称"五院"）的筹建工作，成为到五院报到的第一人。刚刚组建的五院在地处阜成门外马神庙的原总参谋部 106 疗养院办公。为了方便工作和学习，任新民没有去住招待所，吃住都在办公室，条件虽然艰苦，但是能投身新中国导弹事业，工作热情非常高涨。

五院成立之初，面临的一个主要困难是相关的研究人员严重匮乏。聂荣臻提出，要把研制队伍作为发展导弹技术的战略问题摆在首位，千方百计从全国各地调集相关人才。由于在哈军工草创时期曾经承担过从全国各地选调人才的工作，任新民报到后，又被安排从事同样的工作，而这次遇到的困难也跟当年一模一样。在人才奇缺的背景下，他要实事求是地从专业技术角度为上级领导选调人才提出参考意见，而人员一旦选定，他还要亲自协调，诸如被调人员所在单位是否同意、本人是否愿意调入、调入的人员政治条件是否合格等问题，事无巨细，都需要他一一落实。

任新民来北京之前，哈军工为他举行欢送宴会。副院长刘居英半开玩笑地对他说，他对哈军工知根知底，到了北京要"嘴下留人"，别把哈军工的骨干都挖走了。任新民自己其实最清楚，哈军工和五院对他来说，手心手背都是肉。

任务虽然艰巨，但任新民按照上级领导的要求扎实有效地开展工作，在全国各地大学、研究机构和相关单位的协助下，迅速从全国选调了 30 多名科技专家，还从应届大学毕业生中挑选了 156 名优秀毕业生。这支新老结合的队伍成为我国最早发展导弹技术的骨干力量，开启了中国航天事业的辉煌历程。

任新民后来的同事王桁是 1956 年从上海交通大学造船系毕业的，专业是船用内燃机和动力系统。毕业那年，他和同班的另一名同学被分配到五院，要求在 9 月 8 日到北京报到。后来他才知道，那一届的上海交通大学毕业生中总共有 8 个人分配到五院。到了北京之后，他们被安排到车道沟附近的原北京军区空军 466 医院，宿舍就是原来的病房，床腿下面都带轮子。这时，王桁才知道来北京是来搞导弹的，可几乎所有来报到的大学生都不知道什么是导弹。当时国内的大专院校都还没有导弹和火箭专业,所以召集的人里面学什么专业的都有,像学内燃机、起重机、冶金的还靠谱儿一点,学纺织的甚至文史的就不沾边儿了。[①]

1956年10月8日,由聂荣臻主持,五院在原北京军区466医院的食堂里举行了成立大会。参加成立大会的有一百多人,包括中央各部委、国防科工委和部队的有关领导,钱学森等专家,还有一些刚刚毕业分配来的大学生们。聂荣臻代表国务院和中央军委宣布,中国第一个火箭和导弹研究院——国防部第五研究院正式成立,任命钱学森为院长,以"自力更生为主、力争外援和利用资本主义国家已有的科学成果"为指导思想。这一方针不仅是五院的建院方针,也成为当时国防科学技术的指导思想。

成立大会前后,梁守槃、庄逢甘等专家也都先后来五院报到。为了使年轻的中国导弹科技队伍尽快了解导弹知识,钱学森提议从建院的第三天(即10月10日)开始开办导弹技术知识训练班,采用能者为师、互教互学、边讲课边讨论的办法。钱学森先后讲授了导弹概论、导弹制导原理等课程,庄逢甘讲授空气动力学,梁守槃讲授火箭发动机,史超礼讲授航空概论,任新民讲授火箭武器。在这期间,任新民不仅备课认真、授课严谨,而且在听别人讲课时,也像学生一样认真做笔记,有些缺课的同事都找他补笔记。这种认真做笔记的习惯一直伴随着他的整个职业生涯。这些讲课和听课活动一直持续到1956年年底苏联的P-1导弹运抵北京。

接收和测绘P-1导弹

五院成立之初,我国对导弹研制的知识和技术了解有限。为了尽快掌握导弹技术,五院决定尽量争取外援,在此基础上再逐步转向自主研制。为此,五院向中央提交了《关于请求苏联对中华人民共和国在导弹制造、

---

① 王桁访谈,2012年11月6日,北京。资料存于采集工程数据库。

研究和使用方面给予援助的报告》。经与苏联协商，苏联同意有限制地帮助中国建立导弹工业，接收50名火箭专业的中国留学生，并提供两发教学用的模型弹和配套设备，同时派驻13名专家。

1956年12月，担任六室（即导弹总体设计室）主任的任新民接受了一项紧急任务，奉命前往中苏边境城市满洲里接收苏联援助的两枚P-1液体近程地对地导弹，这是苏联根据德国V-2导弹仿制的。①

由于我国和苏联的列车轨道标准不同，要将苏联运来的P-1导弹及其配件设备运入中国，还需要调换车皮、进行卸装。当时，满洲里白天的气温多为-30℃，夜间温度更是低至-40℃。带队的任新民不仅亲临现场组织指挥，甚至亲自参与卸装和搬运工作。经过昼夜奋战，两枚P-1导弹如期运抵北京。

1956年12月29日，任新民出席了中苏双方在北京举行的P-1导弹交接验收签字仪式。中方原计划派首席代表林爽签字，但是林爽那天穿的

图6-1 1956年12月29日，任新民（前排右二）在苏联援助的P-1导弹交接协议上签字（资料来源：航天档案馆）

---

① 两枚导弹中，一枚是供教学用的解剖弹，另一枚是完整的可供拆装的导弹。随导弹运来的还有一些说明书等资料。P-1导弹是苏联仿制德国V-2导弹制造的，当时在苏联已经过时，不再使用。导弹全长大约14米，最大直径1.65米，起飞重量约12.5吨，发动机推动力27吨，采用液氧和酒精作为推进剂，最大射程320千米。参见顾诵芬：《世界航天发展史》。郑州：河南科学技术出版社，2000年，第84页。

是中山装，苏联人不认穿便装的林爽，执意要穿着少校军装的任新民签字。任新民最后只好作为中方代表在交接协议上签字。多年后回忆起这件事，任新民笑着说，苏联人只认他肩上的上校三颗星，可那时候他连党员都不是。①

P-1导弹运抵北京后，五院开始着手进行测绘和反设计工作，并在此基础上提出了研究地地导弹、地空导弹和无人驾驶飞机等建院初期的三项任务。所谓反设计，就是从苏制导弹给定的技术指标出发，按照正常的设计程序进行设计，把每一阶段的计算结果与苏联提供的导弹资料进行对比。如果结果相近，说明所用的计算公式是正确的；如果相差太远，则需要找出设计中的问题加以纠正。反设计比完全独立自主的研制难度小一些，同时通过反设计还可以培养和锻炼设计能力，这在当时对导弹几乎一无所知的情况下，不失为一个现实可取的好办法。

当时最了解导弹的是任新民和梁守槃。导弹运抵后，大部分人才第一次见到导弹是什么样子。梁守槃按照实物讲解，大家对不懂的地方提问，梁守槃和任新民来回答，可有些问题他们也回答不上来，只能说个大概。直到后来苏联专家来了，才发现原来他们讲的有些地方也不对。由此可见中国导弹事业的起步多么艰难。②

作为导弹总体技术研究室主任，任新民具体领导和组织科研人员开展导弹的拆装、测绘和反设计等工作。具体的导弹拆装和测绘工作由谢光选、徐兰如等有一些实际工作经验的人带领新毕业的大学生们进行操作。为了拆装和测绘导弹，五院专门盖了两个简陋的小平房，里面只配有两个三叉架、一根横梁和一副手动的起吊工具。

导弹拆装是一项复杂的系统工程，任新民首先同研究室结构组的科研人员针对流程问题进行反复研究，制订了拆装的工艺流程，然后研究室的科研人员才各负其责地开始了对导弹的拆装。他们前后花费了10天才将一枚完整的P-1导弹拆成零件。

随后的测绘工作却用了整整半年时间。工作人员需要按照拟定的程序

---

① 滕叙兖：《名将名师》。北京：当代中国出版社，2013年，第254页。
② 王桁访谈，2012年11月6日，北京。资料存于采集工程数据库。

对每一个零部件进行编号和造册，然后对照实物绘制部件和组件的机械图，注明尺寸公差，再进行通电检测和试验。此外，还需要标明所使用的材料。为此，任新民带领有关人员去求助当时二机部的第四研究所（后为航空部材料工艺研究所），通过取样化验和分析弄清了材料的品种、规格和性能。虽然费时费力，但是经过细致的测绘，他们对导弹和主要部件的构造有了系统准确的了解，也为今后的反设计工作提供了翔实的数据和信息支持。

测绘完毕，还要再把所有的零件组件重新装配起来，恢复导弹的原样。这个过程又用了10天。所幸的是，在整个拆装、测绘和重新装过程中，除了一根细导管断裂外，没有缺少一个零组件，连螺钉垫圈都一个不少。

这两枚P-1导弹在我国导弹事业的发展中发挥了启蒙作用。等到它们完成使命后，供教学用的P-1解剖弹在1958年被运到了哈军工，另一枚完整的可供拆装的P-1导弹被运到了北京航空学院（现北京航空航天大学）供教学使用，继续发挥余热。1957年4月8日，苏联还派遣五名导弹技术专家到北京航空学院授课，任新民和五院的科研人员也去听课，借这个机会充实了一下理论知识。

在P-1导弹的拆装和测绘期间，任新民又接到赴苏联、波兰、捷克等国参观考察的任务。此次参访由哈军工组织，名为"哈军工教育考察代表团"，此时任新民已经调任五院，但陈赓仍然让他以哈军工炮兵工程系教育副主任的身份参团。考察团在5月30日离京，先后参观了这三个国家的多个著名的军事院校，于8月10日返回北京。考察团这次参观的军事院校都属于绝密单位，保密措施极其严格。由于苏联提供的P-1导弹早已落伍，任新民早想见识一下苏联最先进的导弹。在捷尔任斯基炮兵工程学院，他仔细参观了火箭弹教研室，但觉得还不如哈军工炮兵工程系的教研室。在茹柯夫斯基空军工程学院，他听说有一个导弹教研室有最先进的导弹，可校方说参观这种绝密教研室需要苏联部长会议主席的批准，结果没有看成。但这两个多月的参访还是开阔了任新民的视野，让他受益匪浅。他重点搜集了一些关于导弹和火箭的资料，从理论和实践上增加了对导弹技术的了解。

仿制 P-2 导弹的"1059"任务

1957年10月15日，中苏双方签订了《中华人民共和国政府和苏维埃社会主义共和国联盟政府关于生产新式武器和军事技术装备以及在中国建立综合性原子工业的协定》（简称"新技术协定"或"10月15日协定"）。根据这个协定，苏联将在1957年至1961年年底向中国提供 P-2、C-75、C-2、K-5M 四种导弹样品和有关技术资料，派遣技术专家帮助我国进行仿制，提供导弹研制与发射基地的工程设计资料，并且增加中国派赴苏联的火箭、导弹专业的留学生名额等。

1957年年底，任新民奉命再次前往满洲里，负责接收苏制的 P-2 液体近程弹道导弹和一套地面设备，苏联还派遣了一个导弹营来中国传授导弹发射技术。12月24日，两枚 P-2 导弹[①]和装备秘密运抵北京长辛店云岗，随行的还有120名工作人员。五院由此开始进行 P-2 导弹的仿制工作。

P-2 导弹运抵北京后，钱学森、任新民和梁守槃等人通过检查外形和技术指标，确认这是一种已经退役和淘汰的初级导弹。苏联这时已经研制成功了射程为8000千米的 P-7 洲际导弹。为了顺利配合仿制 P-2 导弹的工作，五院在基地建设、机构设置和人员培训三个方面都采取了应对策略。

仿制导弹离不开发射导弹的基地。经相关部门领导和中苏专家组成的导弹试验勘探小组的考察，最终将发射基地选在甘肃省酒泉地区的戈壁滩上，由此诞生了中国第一个陆上导弹试验靶场，先后被称为"东风基地""东风航天城"，现在名叫"酒泉卫星发射中心"。1958年4月，解放军二十兵团领导机关和工程兵某部开赴甘肃酒泉，在戈壁滩上开始发射试

---

① P-2 导弹是 P-1 导弹的改进型，全长17.7米，最大直径1.652米，起飞重量20.5吨，射程590千米，推进剂为液氧和酒精，弹头采用常规装药，采用惯性加无线电横偏校正的制导系统，是苏联在德国 V-2 导弹基础上于1950年研制而成的。

验场建设。①

为了仿制工作的需要，1957年11月16日，五院在原来十个研究室的基础上成立了一分院和二分院，钱学森受命兼任一分院院长②，任新民被任命为一分院第四研究室（发动机研究室）主任。五院成立之初，任新民担任的是总体设计室主任，而梁守槃担任发动机研究室主任。后来，任新民主动提出想与梁守槃调换位置，因为他觉得对于导弹研制而言，一般讲求动力先行，他在发动机方面也更有兴趣。调换位置的建议得到了钱学森的同意，所以，1957年年底两人对调了位置。③1958年4月，一分院四室改组为一分院第三设计部，即液体火箭发动机设计部，主管发动机研制，由任新民担任设计部主任。

对于一分院的发展定位，钱学森曾指出："一分院研究的产品是系列的：一个系列是导弹，另一个是运载火箭。在初创时期，前者是主导的，后者是从属的，型号的技术水平应一个比一个高。型号和科技队伍都和爬楼梯一样，一层高于一层，出成果出人才，有了人才才能出成果，要重视在工作中培养人才。"④

由于五院最初的所在地466医院面积较小，不合适进行导弹研制，1957年年底，五院搬迁到位于长辛店的马列主义学院二分院所在地。那里院子很大，基础设施也很完善，此前曾是中国共产党培养越南、缅甸、日本等各国共产党领导干部的地方。

为了培养和训练导弹研制的骨干人才队伍，1958年1月13日，五院和炮兵司令部共同组建了炮兵教导大队，这实际上就是导弹部队的前身。当时参加学习的学员总共683人，被分成了指挥、发射、技术和运输四个专业，由苏联导弹营的军官授课和进行操作示范。

由于当时五院全院都在搞P-2导弹仿制，所以院里规定无论是否是教导大队的学员，所有人员一律要参加苏联专家的授课。学习持续了三个多

---

① 吴树利，朱钰华：《情系太空》。北京：人民出版社，2013年，第98-99页。
② 一分院也就是现在的中国运载火箭技术研究院的前身。
③ 谭邦治访谈，2012年11月12日，北京。资料存于采集工程数据库。
④ 谢光选：怀念钱学森。《中国航天》，2011年第12期，第6页。

月，由苏联专家详细讲解导弹的结构等问题，还把导弹立在院子里面，除了主发动机点火以外，把全部操作程序完整地过了一遍。学习期间，炮兵教导大队还进行了两次初级点火的合练，4月在北京南口坦克靶场进行了一次P-2导弹实弹演练。三个月的教学实践使学员们既学会了专业理论知识，又初步掌握了战斗技能。

通过这一系列的学习和建设，仿制工作开始逐步有条不紊地展开。5月17日，五院和一机部明确了仿制P-2导弹的分工：一分院负责总体设计和弹体、发动机研制；二分院负责控制系统的研制。由于计划第一枚仿制导弹在1959年10月1日国庆之前发射成功，因此这次仿制任务的代号是"1059"。

自此，仿制工作全面展开。6月28日，苏联提供的第一批P-2导弹武器系统的图纸资料运抵北京。11月20日，又陆续运来了包括生产图纸、技术条件、计算资料、标准件、工艺规程和部分工装模具、实验设备以及冶金资料等约一万册。整个1958年的春天和夏天，任新民都在组织翻译图纸、描图和晒图，仅发动机的图纸就有几百本。

1959年1月，指导和帮助中国仿制P-2导弹的苏联专家先后到达北京，其中发动机组组长为施涅金，组员包括负责燃烧室的萨尔基相、负责涡轮泵的扎哈罗夫、负责自动器的谢苗诺夫、负责总装的卡强诺夫等专家。

3月，五院决定建立设计师制度，任命梁守槃为"1059"总设计师、任新民为液体火箭发动机总设计师。发动机是火箭导弹的核心，P-2导弹的动力装置为5D52液体火箭发动机。仿制导弹能否成功，关键在于发动机的仿制能否成功。任新民作为液体火箭发动机的总设计师，感觉任务尤为艰巨。他认真按照上级部门的要求，率领科技人员向苏联专家对口学习，及时整理学习笔记，决心把苏联专家的导弹技术全面系统地学到手。他还要求参与仿制的同事们热情接待和关照苏联专家，虚心向他们请教学习，争取弄清楚技术图纸资料中的所有技术问题，并与他们一起下工厂，具体了解和解决生产中的困难。

"1059" 仿制中的技术攻关

在"1059"仿制过程中，任新民和同事们遇到了诸多困难和问题。第一个是图纸问题。苏联提供的技术图纸有很多错误，有些错误比较明显，有些错误却很难马上辨别出来，需要反复推敲研究才能做出精确判断和改正过来。任新民对发动机图纸进行了全面核对，把有缺漏和错误的地方全部补齐，最终确定了准确的图纸，这才下厂生产。用他的话来说，图纸上的错误会造成无法挽回的后果。不仅图纸有错误，而且苏联提供的图纸资料不全，有些环节根本就没有图纸和资料，如地面设备和整机所属的二次协作的资料。这只能说明苏方并不想把技术全部转手给中国，在某些关键技术上仍然有所保留。如果不能掌握这些关键技术，意味着将来的导弹研制还要受制于人。对此，任新民明确表示，没有苏联的图纸，困难再大，我们也要克服。

第二个是工艺和材料问题。"1059"的仿制过程涉及许多工艺和材料方面的技术问题，在制作阶段很难直接按照图纸来生产，有些材料和工艺国内根本没有，要在仿制中慢慢摸索。"1059"导弹的仿制工作以五院为主，由全国多个单位协作参与。导弹的5D52发动机上的各种活门原先安排在西安某厂生产，由于当时正值"大跃进"时期，该厂盲目追求数量和进度，废除了合理的规章制度和工艺规程。1959年8月，任新民和吴之真（分管专家工作的三部副政委）陪同苏联专家到该厂检查活门仿制的生产情况。看到生产出来的劣质产品，苏联专家非常生气，为此取消了该厂的生产任务，并转交北京的211厂生产。

承制导弹发动机和涡轮泵的是410厂和111厂。任新民、吴之真等人多次陪同苏联专家前去检查，按设计要求和工艺规程严格检查每一个零部件的生产和每道工序，任何不符合要求的产品都做报废处理。尽管这样，还是在一次试车过程中，由于发动机轴承在不同状态下的金属膨胀系数不同，引起了爆炸。这也使他们认识到设计中还有很多意料不到的情况，需要有一个认知和熟悉的过程，只有在严格的质量要求和知识不断积累的基础上才能保证发动机仿制的成功。

与工艺和材料相关的还有焊接问题。"1059"导弹弹体的8个大部段，除了液氧箱外壳是铆接结构外，其余部分都是焊接结构，而总装厂原来是一个飞机修理试制厂，以铆接装配工艺为主，焊工少，也缺少焊接设备。仿制人员虽然自己制造了一些简易设备，也从苏联进口了一些，但都只能部分满足仿制的需求。后经多方面的努力，才在武汉锅炉厂试制成功了一些设备。此外，氩弧焊是当时比较新的一种焊接工艺。但是国内无法生产氩气，需要依靠进口，不仅进口氩气价格昂贵，培养一名氩弧焊技术工人代价也很高。除此以外，像燃烧室的焊接裂纹问题、涡轮泵轴承密封问题、各种自动器特别是高压减压器的装配与调试，也都涉及工艺方面的诸多技术问题。

在发动机的仿制中，最突出的是材料问题。发动机燃烧室的结构材料是合金钢板和多种非金属，尤其是发动机中的高压减压器作为精密器件，技术上要求很高，用于密封和传力器件的特种橡胶膜片很难制造。苏联专家坚持要求到苏联订货，断言中国制造不出这种膜片。但如果材料一味依赖进口，终将受制于人，无法进行独立自主的研究。为此，五院根据上级指示，制订了研制生产导弹武器的原材料立足国内的原则。任新民会同各部技术负责人，认真调查研究国内的生产情况。

1959年11月，五院一分院先后与冶金部101厂、鞍钢公司等多家国内相关单位签订了155项金属材料的研制协议，还与石油部、化工部等部门所属的20多个单位签订了82项非金属材料的研制协议。任新民会同有关科技人员和协作单位反复讨论研究，终于研制出相关的材料、推进剂和其他产品，为导弹的独立研制奠定了基础。

第三个问题是试车台问题[①]。仿制的发动机是否成功，要上了试车台才能测试出结果。但是引进的P-2导弹资料中恰恰没有发动机试车台的任

[①] 试车台是指供火箭发动机在地面条件下进行试验的设备，它能综合分析发动机的性能，是研制发动机的必需设备。发动机的研制、定型、测量重要数据等模拟试验都需试车台。由于发动机对定性和精确度要求较高，因此对建造试车台的要求也很高。

何资料和图纸。任新民就此曾询问过苏联专家,得到的答复却是:等发动机搞出来了,可以到苏联去试车。这同样意味着中国的导弹研制要依赖苏联。因此,建设自己的试车台就成了一项急迫而重大的任务。

当时苏联负责发动机组的组长施涅金得知没有任何关于试车台的相关资料后,曾告诉任新民,按照"新技术协定"的约定,苏联应该向中国提供全套资料,其中当然也应该包括试车台的资料,因此中国方面可以向苏联索要这些资料。经过努力,苏联最终提供了试车台的一部分相关资料。①

第三设计部组成了试车台任务书编写小组,由任新民亲自担任组长,组员有朱凯、陈福根、王桁。任新民指示三位年轻人:发动机试车不能到苏联去试,我们要提出一个任务书,建我们自己的试车台。

任新民和同事们从研究 P-2 导弹、与 5D52 发动机有关的资料以及后来获得的有关试车台的相关资料入手,同时查阅和参考了国外试车台的一些技术资料,经过两个月的研究和讨论,反复跟建筑工程设计人员进行沟通,最终完成了试车台设计任务书的编写,对液体和气体系统原理图、控制系统电路原理图以及测量系统原理图等方面提出了具体的技术要求,为建立试车台奠定了基础。为了加快试车台建设的工程进度,他们采用了试车台的工程设计与施工交叉作业和系统包干的办法。"今天看来,这些技术要求提得过于具体了,但在当时确实是很有必要的,可以保证这一全新的试车台的设计工作迅速开展、少走弯路。"②

1959 年夏,被命名为"二号台"的试车台③ 开始全面施工。年底,土建和设备安装工作宣告完成。但是,怎样把已经基本建成的试车台调整好,使各系统协调一致地工作、满足发动机试车的要求,是一项技术性极强的工作,所以调试就成为试车台能否投入使用的关键。

在任新民看来,试车台和发动机同样重要。他经常深入工程设计和施工现场,协调和处理有关的技术工作,多次到试验站观看试车台的安装和调试,即使去外地检查发动机零件的生产情况,赶回来的第一件事也是去

---

① 王桁访谈,2012 年 11 月 6 日,北京。资料存于采集工程数据库。
② 谭邦治:《任新民传》。北京:中国青年出版社,2016 年,第 61 页。
③ 最初该试车台被称为"三号台",1961 年 5 月,经国防部五院批准改称为"二号台"。

看看试车台的进度。

  为了对二号台进行全面检查、调试和验收，1959年年底成立了一个专门的建台验收组，由任新民任组长、于云步任副组长。刚开始，他们都没有什么经验，也没有专用的资料。经一位苏联专家帮助，解决了一部分问题。但是对于系统调试等一系列关键问题还是无从下手，只能摸索前进。他们对二号台设备安装的质量、技术安全等问题进行了检查，对不符合要求的地方都一一做了认真处理和修改。对争执不下的分歧，研制人员各抒己见，通过试验来验证。

  1960年3月28日下午，试车台进行第一次点火实验。任新民很早来到试验站，在点火前再次检查每一个细节。试车台的观察室里没有仪器设备，只有几块浅黄色的防弹玻璃，凭借肉眼来观察试车台的状况。这次的点火试验非常成功，但任新民明白，试车台真正的成功还要经过发动机实物上台试车点火才能见分晓。

  3月31日，试验站调来一台苏联援助的发动机进行第一次考台试车[①]，准备点火50秒，但却未能达到预定推力。由于当时的技术条件比较落后，测算结果要一个星期之后才能出来。任新民心急如焚，天天去现场，亲自上台查找失败原因。最终测算结果表明，问题出在初级增压系统的管路过细过长、增压能力不足，导致管路中留有存气，这些存气跑到发动机的涡轮泵中，而涡轮泵遇到气体就会超速运转，一旦超速运转就会导致涡轮泵关机。为此，他们连夜改装管路，提高发动机的增压能力。

  随后又进行了一次考台试车，可是没过几秒钟，试车台的紧急关机闸突然自动跳闸，紧急关机，导致试验又一次失败。试车台的设计者王桁经过仔细分析，认为不是发动机的问题，可能是试车台控制系统线路的问题。他日思夜想，有一次从食堂打饭回来，他突然想到导弹发射上天时的状态和地面试车台上的试车状态完全不同。导弹起飞后，发动机点火线路会自动脱落；而地面试车时，点火线路悬挂着，很可能会引起短路。晚上，王桁找来试车台操作手，把自己的猜测告诉他，并请他帮忙一起做试

[①] 用一台发动机进行热试车，以检验试车台的实际工作能力，这种试车称为"考台试车"。为此，全体操作人员又进行了多次全过程的联合演练，这叫作"合练"。

验，模仿点火线路短路，结果试车台自动跳闸关机了。第二天一早，王桁向任新民汇报了昨晚试验的情况，任新民马上重做试验，证实了王桁的推断。在此之后，王桁通过设计了一个自动开关解决了这一问题。

还有一次在考台试车时发动机顺利点火，随即转入主级，强有力的火焰从喷口喷出，超音速气流形成的激波显现出一串亮点。不久，发动机的火焰突然忽长忽短地伸缩起来，推力未达到预定值而且还有波动。事后经过分解检查，发现发动机的催化剂烧结成块。技术人员拿着样品去请教苏联专家，获知催化剂烧结成块是不正常的，原因是这台苏制的发动机样机存放时间过久，催化剂受潮变质。因此，这次失败的原因在于发动机本身，而不在试车台。后经更换催化剂，再次送去进行考台试车。就这样经过无数次的试验和排除大大小小的故障，验收委员会才正式验收试车台。

二号台的正式试车取得圆满成功。1960年6月底，距国产"1059"发动机交付的日子还有一个月，研制人员终于在发动机总装前胜利完成了建造和调试试车台的任务。①

在"1059"导弹仿制的技术攻关期间，全国直接或间接参加仿制的单位有1400多个，主要承制厂有60多个，二级协作厂有100多个，涉及70多个学科和专业技术。任新民带领各研究院的设计人员奔赴各个仿制单位，与厂里的技术人员一起协调和组织解决各种技术问题。他亲临一线，与大家同吃同住，随时随地研究探讨，适时地就相关问题做出分析、判断和决策。正是凭着这种锲而不舍的精神，任新民和同事们潜心研究、不断试验，攻克了一个又一个的技术难关。

20多年后，国外航天界的同行在参观我国液体火箭发动机试车台时，认为中国的研制很有特色，走出了自己的路。对此，任新民回应说，美国、欧洲和日本在航天方面是相通的，可以互相借鉴，而中国在过去没有这个条件，只能自己摸索。②

---

① 参见韩连庆：谢光选学术成长思想研究报告．资料存于采集工程数据库．
② 谭邦治：《任新民传》．北京：中国青年出版社，2016年，第62页．

"1059"的成功发射

经过导弹工程技术人员和工人们的艰苦努力,"1059"导弹的仿制工作不断取得进展。但是自1958年后期,中苏关系开始恶化。1960年8月,苏联决定撤走苏联专家,中断了一切资料和器材供应。对五院来说,这就意味着苏联计划提供的5个火箭试车台、5个冲压式发动机试验设备、4个大的试验台、8个风洞的设计资料和专用设备、6种导弹的制造资料,除已运抵的之外,一些关键性的设备和资料都不再提供。[①] 这无疑为"1059"的仿制工作带来了巨大困难。为克服仿制工作中遇到的困难和保证仿制质量,"1059"原定的1959年国庆前夕的发射日期被推迟到1960年10月1日之前发射。

1960年8月12日,最后3名苏联专家从五院一分院撤离回国。8月24日,驻酒泉导弹试验基地的苏联专家也全部撤走。不少苏联专家都不愿意中途撤走,一方面在中国的工作经历使他们与中国的科技人员结成了朋友,另一方面他们对导弹事业的认真和执着使他们不愿意半途而废。发动机专家组组长施涅金鼓励前来送行的任新民等人说"你们要坚持下去"。

幸运的是,从"1059"仿制工作开始,五院党委就号召并组织全体人员学深学透"1059"资料。许多技术人员都亲自下到211厂和其他协作单位参加"1059"导弹的仿制生产,也曾前往使用和试验的部队去学习。通过学习和工作,科技人员迅速充实了关于导弹结构、工艺方面的知识,初步了解了导弹维护、使用的有关细则。

在发动机推进剂方面,早在1959年,任新民就在一分院第三设计部组织成立了一个预研小组,专门研究新的推进剂,搜集各种有关新的推进剂的资料。这些都为苏联专家撤走后的独立仿制乃至后来的自行设计创造了条件。

"1059"发动机采用液氧和酒精作为推进剂。苏联专家总组长潘克拉托

[①] 霍有光:《钱学森年谱》。西安:西安交通大学出版社,2011年,第174页。

夫认为中国生产的液氧所含可燃物质过多,使用时会有爆炸的危险,必须从苏联进口。但是液氧易燃易爆易发挥,从苏联长途跋涉运到中国不仅困难,而且非常危险。后来了解到当时兰州的一家化学厂可以生产液氧。任新民等人都认为只有用我们自己生产的液氧,才能真正解决问题。他们把国产液氧的化验资料与发动机设计的技术要求相对照,认为国产的液氧完全符合要求。同时,他们将兰州化学厂生产的液氧分析资料拿给施涅金,请他帮忙判断。施涅金经过反复对照和验证,认为中国生产的液氧符合设计要求,可以使用。这更加坚定了任新民等人使用国产液氧的信心。随后,中央军委决定使用国产推进剂发射导弹。1960年9月10日,经过拆装练兵的一发苏制P-2导弹在酒泉试验基地飞行试验成功。这一成功打破了苏联专家所说的中国生产的推进剂不合格、只能向苏联订货的"神话",增加了全员的信心。

9月19日,国防部等单位组成的导弹验收小组对"1059"导弹产品质量进行验收,除了全弹结构略微超重外,全部装配质量和测试结果都达到了技术要求。9月20日,聂荣臻以书面形式向中央汇报,为了检验导弹的战术技术性能,计划于11月初在导弹试验靶场进行试验。10月17日,五院进行了仿制P-2发动机(5D52)的90秒钟典型试车。聂荣臻、陈赓、张爱萍、安东等军队领导和钱学森、任新民、梁守槃、梁思礼、谢光选等专家都亲临现场。10月19日,国防科工委和国防部五院领导在听取了仿制的第一发导弹的出厂汇报后,经过反复讨论和审查,最终批准导弹出厂,同时还颁布了《导弹试射的规定》。10月22日,经国防科工委和国防部五院领导批准,总装并测试合格的两枚仿制导弹启程运往发射靶场。中央军委批准成立"1059"试射委员会,由张爱萍担任主任。一分院第三设计部由任新民带队,随行的还有李伯勇、夏云辉、章本立等九人。首批试验的"1059"导弹共有3枚,其中战斗弹2枚、遥测弹1枚。

10月23日零时45分,载有3枚"1059"仿制导弹和仪器、地面设备、特种车辆以及120多名发射试验人员的火车从211厂缓缓开出,前往永定门火车站。4时40分,专列从北京出发,秘密驶往酒泉导弹试验靶场。专列的保卫和保密程度相当于国务院总理专列级别,沿途由解放军和民兵担任双层警戒。列车停靠时,无关人员不准靠近。由于运输的需要,列车的速度不能超过每小时 70 千米。可是，当时国内火车采用的都是老式蒸汽机车，无法测速，司机和参试人员只好通过数铁轨旁的树木、电线杆、里程牌和看手表的办法估计时速。整个运送过程的气氛非常紧张。10 月 27 日 13 点 20 分，"1059" 导弹运抵酒泉试验基地，基地举行了热烈的欢迎大会。10 月 28 日，参试人员开始导弹卸车、启封、外检和水平测试工作，分析每个仪器设备的性能参数，检查每个元器件和零部件是否牢固、焊点是否可靠保险，以确保万无一失。

然而，就在导弹技术阵地水平测试即将结束的 11 月 1 日，在北京进行的第二台仿制 P-2 发动机典型试车中，当发动机工作到第 55 秒时，涡轮泵突然发生爆炸，泵盖上的 18 个螺栓全部拉断，泵上的铁盖子飞出去 30 多米。这一事故直接影响到酒泉基地的导弹能否按计划发射。

事故发生后，北京举行了故障分析会，认为这是由于涡轮泵的轴承抱死，磨下来的金属粉末在压力达到一定程度后发生了爆炸。因为这两台发动机属于一个产品系列，所以已经在酒泉准备发射的导弹也有风险。得出这一结论后，北京马上派专人去酒泉汇报此事。[①]

11 月 3 日深夜 23 时 30 分，作为三部主任和发动机技术负责人的任新民得知了这一消息，立即召集三部在发射基地的全体人员开会，通报了北京试车故障情况，并组织大家讨论。会议一直持续到 4 日凌晨。最终，任新民在认真听取发射基地和北京各方面人员意见的基础上，进行反复分析和判断，提出了试车故障分析报告，认为北京的那台导弹发动机的涡轮泵具有足够的可靠性，问题可能出现在轴承设计时未考虑热膨胀系数，并由此提出重新设计和改造轴承的具体建议，同时建议在酒泉的仿制导弹按原计划发射。这一建议最后得到了党委批准。

这时，酒泉基地又得到消息，苏联在 10 月 24 日发生火箭爆炸事故，苏联战略火箭队司令和 160 名苏联航天科技人员全部遇难。酒泉基地人员排除这一事件的干扰，测试工作依然按原计划进行。

11 月 3 日，用于首次发射的编号为 000360 的 "1059" 导弹开始测试。

---

① 王桁访谈，2014 年 2 月 10 日，北京。资料存于采集工程数据库。

测试结束后，导弹用专车送到三号发射场区进行安装。11月4日，聂荣臻等人飞抵酒泉发射基地，主持发射试验，与负责仿制"1059"导弹的工作人员一起见证这一历史时刻。

1960年11月5日6时左右，指挥员下达3小时准备命令，参试人员和车辆撤离现场。9时2分28秒，发射指挥员下达点火命令，在巨大的轰鸣声中，导弹直冲蓝天。导弹起飞几秒钟后，按照飞行轨道转弯，逐渐加速，最后变成一个亮点向正西方向飞去。7分32秒后，弹头落在距发射台550千米的目标处。10时45分，搜索队找到弹头，11时20分又找到了弹体。至此，我国仿制的第一枚液体近程弹道导弹一举发射成功。

在12月6日和12月16日，酒泉基地又分别进行了第二枚和第三枚仿制导弹的飞行试验，均获成功。1963年10月25日和11月3日，又分别进行了两发"1059"遥测弹的试射，也都取得成功。至此，中国仿制P-2导弹的工作（即"1059"任务）圆满完成。试验结果表明，"1059"仿制导弹到达了设计规定的战术技术指标。此后，为了训练导弹部队之用，又对该型号的导弹进行了小批量生产。1964年2月27日，导弹总装厂还将一枚"1059"导弹送到军事博物馆展览。3月12日，上级指示"1059"导弹改称为"东风一号"。[①]

[①] "1059"导弹和后来研制的导弹系列取"东风压倒西风"之意，都命名为"东风"（DF）系列。后来的运载火箭系列则取"红军不怕远征难"之意，都命名为"长征"（CZ）系列。

第七章
从"东风二号"到"两弹结合"

"1059"导弹仿制成功后,中央决定自行研制射程更远的中近程导弹"东风二号"。任新民作为中近程导弹设计委员会副主任和一分院副院长以及"东风二号"发动机总设计师,领导和参加了"东风二号"的几乎所有技术活动。1962年第一枚"东风二号"导弹发射失败后,任新民带领科技人员寻找故障根源、修改设计方案,终于在1964年发射成功。此后,任新民带领科技人员对发动机展开了改进研制工作,设计出YF-60A液体火箭发动机。1965年11月,"东风二号甲"发射成功,为我国导弹与核弹的"两弹结合"试验打下了基础。

"东风二号"立项

"1059"导弹仿制获得成功后,并没有真正用于部队,原因是"1059"属于近程导弹,推力只有36吨、射程仅为600千米。当时中央军委希望能够研制一种射程1200千米的导弹,而"1059"的发动机推力太小,射程要达到1200千米,推力必须加大到45.5吨。将推力从36吨提高到45.5吨,对于"1059"的火箭发动机来说已经达到了极限。如果改动它的结构或其他关键部位，就需要重新设计，所以要在"1059"基础上改进成 1200 千米射程的导弹发动机，难度比较大。

此时国内外的形势也不容乐观。国外方面，中苏关系破裂，苏联终止了技术援助并撤走了所有专家，美国对中国也实行各方面封锁。而国内又正值三年经济困难和"大跃进"时期，国内的经济建设受到严重影响。在这种情况下，对于是否继续发展国防尖端项目出现了不同的意见。有人认为应该放慢发展速度，有人认为这些项目会影响国民经济其他部门的发展，应该立刻下马。导弹事业的发展该何去何从，这一问题摆在了国防部五院的面前。

在这种情况下，中央还是做出了自力更生发展国防尖端技术的决策，即使经济困难，国防尖端项目也不能放松，更不能下马。聂荣臻在 1959 年年初就指示五院要突破仿制到独立设计这一关，迅速发展、提高和建立我国自己的高技术水平的导弹技术体系，用我们的双手设计和制造出我国自己的导弹。

在这些指示和决策的指导下，1959 年 12 月，五院一分院第一总体设计部提出在仿制 P-2 近程导弹的基础上设计一个中近程弹道导弹的方案。1960 年 2 月，一分院将这一改型工作列入 1960 年工作计划，具体工作内容是改进设计、减轻单体的结构重量、增加燃料、加大发动机推力、增大射程等。五院组织专题讨论会，研究仿制与自行设计的关系，明确今后科研重点逐步由仿制转向自行设计。

科研人员在此前仿制"1059"的过程中发现，随同 P-2 导弹一起从苏联运来的资料中还夹杂了一些不是 P-2 导弹的内容。根据资料中一些零散的参数来判断，应属另一个型号的导弹，估计射程有 1200 千米。后来据从苏联留学回来的人说，苏联有种导弹叫 P-5，比 P-2 要好。于是，科研人员猜测这些夹杂在 P-2 导弹资料中的参数大概就是 P-5 导弹的。因此，自行研制的导弹就可以利用这些资料，在"1059"仿制的基础上先发展中近程导弹，再搞中程导弹。这样研制出来的中近程导弹也可以认为是"1059"的改进型。

最终，国防部五院党委会议提出，今后的工作重点由仿制转入自行设计，中国开始尝试设计射程更远的导弹——中近程液体弹道导弹，并将其命名为"东风二号"。

1960年7月，一分院完成了自行设计的中近程导弹"东风二号"的方案设计。相比"1059"导弹，"东风二号"导弹的主要改进有三大方面：提高发动机的推力和比冲；液氧储箱改为单层薄壁结构；尾段由钢结构改为铝合金结构，采用小三角尾翼，使射程增大一倍。此外，其他分系统也做了适应性的修改。几经讨论，最终确定的"东风二号"总体设计标准是：导弹全长20.9米，最大直径1.64米，尾部有四个三角形尾翼，起飞重量为29.8吨，发动机推力为45.5吨，推进剂仍为液氧和酒精，比冲200秒，射程1200千米。控制系统与地面设备不做大的改动。[1]

1960年9月，中近程导弹设计委员会成立，林爽为主任委员，任新民为副主任委员。与此同时还成立了中程导弹设计委员会，仍由林爽和任新民分别担任主任委员和副主任委员。1961年1月，两个委员会合并，成立弹道导弹设计委员会。自此，自行设计的中近程液体弹道导弹"东风二号"的研制工作全面展开。

1961年9月15日，国务院任命任新民、屠守锷为五院一分院副院长。当时，"东风二号"成为国防部五院一分院全院的工作重点，因此任新民领导和参加了自行设计中近程导弹"东风二号"的几乎所有技术活动。

同时，任新民也始终没有离开一线具体的研制工作。当时，一分院六室是总体室，负责"东风二号"的总体，由谢光选担任总设计师；九室是发动机室，负责"东风二号"的发动机，由任新民担任总设计师。从中近程导弹的技术方案上看，液体火箭发动机是自行设计中近程导弹的关键，也是"东风二号"导弹改进最大的地方，这一部分正是由任新民负责，由他亲自领导和主持了这一发动机的全部研制工作。

---

[1] 谢光：《当代中国的国防科技事业（上）》。北京：当代中国出版社，1992年，第283页。

研制 5D60 发动机

发动机的参数一般首先由总体室提出来，发动机做成什么样子，需要发动机室跟总体室相互协调。从"1059"到"东风二号"，改进最大和最多的是液体火箭发动机。

"东风二号"导弹发动机是在 P-2 导弹发动机 5D52 的基础上进行改进的，被命名为 5D60（后改为 YF-60）。原来的 5D52 发动机共有组合件 168 件，而 5D60 发动机沿用 5D52 的只有 62 件，其余 106 件组合件都需要重新设计或改型设计，改进率达 63%。由此可见，5D60 技术难度与技术跨度是相当大的。[①]

作为领导，任新民平时工作时沉默寡言，不叫苦不喊难，可他自己心里清楚地知道，导弹发动机要完成这一步的跨越是一项非常艰巨的任务。对此，他只能尽力而为。他带领 5D60 发动机组设计人员，包括主任设计师刘传儒、副主任设计师于龙淮、王桁等人从原有发动机入手，在 5D52 的基础上进行调整和改进设计，并同有关科技人员、工人进行讨论研究，最后提出了一些重大的改进设计，其中包括采用压力调节器调整推力、将涡轮式输送系统改为泵压式、燃烧室喷管尾段改成半管结构、燃料主导管采用钢丝橡胶软管，等等。[②] 此外，为了进一步提高发动机的性能和可靠性，他们还对控制系统、弹头设计、设备系统、遥测系统、材料工业与强度环境试验等方面做了相应的改进。

1960 年 12 月，"东风二号"完成初步设计，开始将设计图纸下厂生产。1961 年年初，"东风二号"完成导弹分系统的技术设计。5 月 3 日，"东风二号"从初样生产转入试样生产，当时大家都希望能够在当年国庆节试射。但是 5D60 发动机的研制却遇到了困难，发动机试车连续出现不稳定燃烧故障。研制人员把发动机拆卸后发现，发动机的部组件损坏严重，虽

[①] 谭邦治：《任新民传》。北京：中国青年出版社，2016 年，第 69 页。

[②] 同①。

然做出相应改进，但仍不奏效。发动机研制的难题久攻不下，这让任新民寝食难安。

彼时正值三年经济困难时期，任新民的家庭负担也比较重。母亲和岳母都跟他一起生活，还有四个从5岁到11岁不等的子女。此前，弟弟任新知因为心直口快、性格孤傲，在"反右"运动中被打成"右派"，发配到北大荒改造。为此，他的孩子也留给了任新民，同住在任新民家中。全家总共9口人需要他养活，为吃饭发愁的日子也使得任新民倍感压力。

图 7-1　1960 年任新民全家合影（后排左二为任新民）

任新民的家在海淀区阜成路，工作单位在南苑东高地，两地距离甚远。他平时不回家，吃住在单位，只有在周末才回家。单位发的食物（如苹果、白糖、黄豆等），只要能带回家的，他都尽量带回家给家人享用。那个时期，单位为了照顾专家而发的补贴粮票，任新民都全部上交，以纾国家之难。任新民本来吸烟，这时也把烟给戒掉了。

就在工作和生活都异常艰难的时期，一天深夜，任新民在家中接到了五院常务副院长王秉璋的电话，他向任新民转达了聂荣臻的问候。聂荣臻说，他很清楚发动机的研制情况，现在是最困难的时候，但也是快要成功的时候，希望任新民等科研人员注意身体。挂了电话，任新民难以入眠，仔细回味着聂荣臻这番理解和鼓励的话，坚定了成功的信心。

任新民带领有关科技人员和工人日夜反复研究和讨论，寻找发动机不稳定燃烧的根源。由于是第一次自行设计液体火箭发动机，研制人员在分析故障原因和制订改进措施时众说纷纭。任新民在技术上很民主，善于听取人员意见。他不仅要听取各室负责人的意见，更要听取最基层的科研人员的意见。有时对室主任的汇报不满意，他还要亲自找设计员。最后，他决定对各种说法都进行试验，以发动机试车能否满足设计要求的试车时间、额定推力和比冲作为评判标准。

试验中,当发动机的推力从 36 吨提高到 42 吨时,发动机的结构和材料还能抗得住,但射程达不到 1200 千米;如果推力提高到 45.5 吨,发动机振动很大,发动机中用钢丝绳绑着的输送酒精的橡皮管道就会断裂,而 18 个预燃室也是最薄弱的地方,一旦震裂就会造成不稳定燃烧,导致关机。[①] 针对这一问题,当时有两种不同的改进措施,一种是减震,另一种是抗震。主张减震的一方认为,由于国内材料限制,无法抗震,只能减震。尽管主张减震的人是少数派,但任新民还是批准了两台发动机用于减震试验。减震的办法是装隔板,但当时发动机的 18 个预燃室已经分区了,再装隔板也很困难。最终改进后的发动机在试车时还是被烧穿了,减震的方案也就不再提了。

按照抗震的办法,把燃烧室的结构改成波纹管结构,但试车时,没几秒钟,发动机的头部就被烧穿了。按照设计人员的意见,随着试车时间的加长会不断出现烧穿现象,哪个部位烧穿了,就在哪个部位补焊上一块补丁,再继续试车。用这种打补丁的土办法试验出来的结果还可以,但是否真的可靠,谁也不敢保证。

任新民带领发动机组的人员经过反复试验,对发动机燃烧室进行了结构局部加强,同时延长喷管,提高比冲。1961 年 11 月 28 日,5D60 发动机顺利通过额定推力 44.5 吨、主机工作 125 秒的试车,额定推力、比冲等参数均符合设计要求,取得了自行研制新型发动机的第一个胜利,从而确保了"东风二号"导弹的研制工作得以顺利进行。

但后来发动机又发生了推力室裂纹等故障。在分析故障原因时,研制人员普遍认为是工艺质量问题,并没有引起足够的重视,最终同意交付装弹。这也为"东风二号"初次发射的失败埋下了隐患。

---

① 朱森元访谈,2012 年 11 月 23 日,北京。资料存于采集工程数据库。

"东风二号"初射失败

1962年2月,第一枚"东风二号"导弹在总装厂测试完毕。3月2日,第一批导弹出厂,运往酒泉发射基地。任新民作为试验队领导小组成员和发动机总负责人,参加了飞行试验工作。在运送途中,参试人员每隔两小时就测量一下导弹的温度、湿度、压力和振动位移。导弹到达酒泉基地后,又经过半个月的技术阵地检查测试和发射阵地综合测试,最后进行了加注、瞄准和射前检查。

3月21日,中国自行设计的第一枚中近程导弹"东风二号"竖立在发射架上,等待首次飞行试验,聂荣臻亲自到场指挥发射。9时5分53秒,"东风二号"中近程导弹点火起飞。然而,导弹在起飞几秒钟后出现较大幅度的摆动和滚动,偏离了正常的弹道面。18秒时,发动机起火,火苗从尾舱窜出,随后发动机熄火关机。69秒时,导弹垂直坠落在距离发射台7千米的地方。伴随着一声巨响,地面被炸开了一个深4米、直径22米的弹坑,升起的烟尘高达100多米。"东风二号"初射失败。

面对眼前的这一切,全场人员都惊呆了。看着多年心血换来的却是一声巨响、百米烟尘,有的人默默流泪,有的人失声痛哭。"东风二号"的总设计师林爽绕着直径20多米的弹坑转了几圈,喃喃自语道:"这个坑是我的,我准备埋在这里了。"

事后,聂荣臻针对这次事故作出明确指示,既然是试验,就有失败的可能,要吃一堑长一智、总结经验教训,以利再战。对于这次的导弹坠毁,不要追查责任。随后,他又在国防科工委办公会议上指示,中近程导弹试射未达到目的,作为试验工作,是正常现象。

但是,任新民的心情却格外沉重。作为导弹发动机总设计师,他曾自责地说:"不要追查责任是领导对我们年轻的导弹研制队伍的关心和爱护,但不等于我们没有责任。我作为液体火箭发动机设计部的主任,负责5D60发动机的研制,我应负责""既然是试验,就有失败的可能,但也有成功的可能。我们没有取得成功，发生了失败的可能，说明我们的工作没做到家"。①

发射失败后的第二天，任新民来到事故现场，指挥带领科研人员寻找导弹残骸。他们陆续从黄沙中把残骸挖出来，按照原来的位置拼装好，摆放在发射场的空地上，围绕这堆残骸，细致地展开了故障分析工作。

同时，五院成立了"东风二号"故障分析领导小组，由钱学森任组长，任新民为领导小组成员。1962年5—6月，故障分析小组先后召开了4次分析会和5次专题技术报告会，最终确定了技术故障问题的症结所在。5月，任新民赶回北京向中央领导做关于事故原因的汇报：一是弹性耦合振动问题。在导弹总体设计中没有考虑细长弹体带来的振动对控制系统的影响，弹体的弹性振动与导弹姿态控制系统在飞行中发生耦合，导致导弹飞行失稳；二是弹体与发动机结构强度存在薄弱环节，导致飞行中结构被破坏而起火。

除了技术层面的原因，"东风二号"首次发射失败也反映出了我国在自行设计和发射导弹方面的经验不足。导弹的设计、生产、试验和发射是一个环环相扣的过程，要一步步严格按照规律和程序来进行。例如，在方案设计中一定要进行充分的可靠性论证，在生产试验中一定要严格按照研制程序进行。在一个程序没有完成之前，不能轻易进入下一个程序。正如钱学森和任新民所指出的那样，如果在发射前进行充分的地面试验，就会发现很多问题。如果进行全弹横向振动试验，就可以了解导弹的振型，提出弹体弹性振型的数字模型，用于姿态控制系统的设计方案，从而避免盲目性。因此，经验不足和程序不严、缺乏充分的地面试验和全弹试验是导致"东风二号"首次发射失败的重要原因。

---

① 谭邦治：《任新民传》。北京：中国青年出版社，2016年，第74页。

八发八中

找到了故障的根源和失败的原因,下一步就是如何解决问题。任新民建议,地面试验必须充分,一定要经过全弹试车这个环节。他和同事们总结出发动机试验和试车的规律,即发动机各组合件没有经过各种试验,就不能参加发动机试车;发动机试车和全弹试车不通过,就不能参加飞行试验。这条规律一直指导着后续液体火箭发动机的研制和试验工作。

当时北京的101试验站还无法进行全弹试验,仅有的2号试车台只能试验发动机,如果要试全弹,就必须新建一座全弹试车台。张爱萍在听取了钱学森、任新民等专家的建议后,将在酒泉发射场的一部分人员抽调回北京101试验站,开始建设4号试车台作为全弹试车台。此前参与2号试车台建设的人员都被撤回来,参与紧急设计和建设全弹试车台、全弹振动试验塔等,为下一枚导弹的试验做准备。

修改后的设计方案加强了地面试验,明确规定从零组件、元器件、单机、整机分系统、全弹都要进行地面试验。按照"加强地面试验,凡是能被地面试验证实或模拟试验证实的,不要带到飞行试验中去考虑"的思路,按系统工程PERT(Program Evaluation an Review Technique,即计划评审技术)的要求,提出各项大型试验必须经过单项或综合性地面试验的四类总共17项之后,才允许进入现场进行飞行试验。[①] 1963年年底,国防部五院根据总体设计室提出的这四类17项地面试验,颁发了中近程弹道地面试验项目和试验程序,使整个研制工作更加扎实可靠。

在分析故障原因和总结经验教训的基础上,研制人员提出了相应的改进措施,主要包括:修改设计方案,弹体要有足够的强度和刚度,控制系

---

① 这四类试验具体为:第一类包括结构静力试验、导弹稳定系统模拟试验等七项系统鉴定和验收类试验;第二类包括弹上测量系统的验收试验、综合测试等五项系统与系统之间的协调性的综合试验;第三类包括发动机热试车和全弹试车两项试验;第四类包括弹体横向振动特性的测定等三项振动试验。

统要保证导弹稳定飞行；动力装置提高强度和可靠性，同时增加安全自毁装置并保证可靠工作，还采取了防止火烧尾部等措施；加强技术责任制，将设计委员会改为设计师系统，设立总设计师、主任设计师和主管设计师，分别负责型号总体、分系统和仪器设备、元器件等，进一步明确总体设计部是总设计师的办事机构，提高总体设计部的龙头地位，加强总体设计部在型号研制中的协调作用，等等。采取改进措施后的导弹及其控制系统、发动机在飞行试验前进行了四大类17项地面试验，仅发动机就采取了27项改进措施。

  为了确保发动机的稳定性和整个发射的成功，上级要求把发动机的推力从原定的45.5吨降到40.5吨，以便消除薄弱环节和隐患，从根本上解决发动机的结构强度和可靠性问题。任新民很不情愿，因为推力降下来后，虽然射程可以保证1000千米，但却没有完成最初设想的射程1200千米的指标。但是上级的命令必须执行。

  从1962年3月至1963年年底，任新民带领着科技人员前后进行了82次热试车。1963年7月，全弹试车台建成后，又先后成功进行了全弹大推力检验性试车、补充性全弹全程大推力试车，这些都为下一步的飞行试验奠定了基础。

  1964年5月25日，修改设计后的"东风二号"导弹总装测试完毕，第一批导弹出厂。火车载着108名参试人员和试验火箭开往酒泉发射基地。6月29日，改进后的"东风二号"又一次竖立在酒泉二十基地发射场上，箭体上披着"独立自主、自力更生"巨幅标语，准备再次进行发射试验。试验导弹按预定程序飞行，试验取得了圆满成功。随后，7月9日和7月11日又连续发射两枚中近程导弹，都获得圆满成功。9月22日、25日和10月8日、22日、24日又连续发射了五枚中近程导弹，全部取得成功，取得了八发八中的成绩。

  "东风二号"是个很大的系统工程，涉及几万个零部件的生产和组装、上百个协作单位的互相配合以及各行业、各地区的技术协作与通力合作。"八发八中"证明了中近程导弹"东风二号"的修改设计方案是正确的，我国年轻的导弹科技队伍已经初步掌握了自行设计中近程导弹的技能，迈出了独立设计、独立研制的坚实的第一步。

"东风二号"的实践证明，其研制过程是一套行之有效的办法和程序，此后一直指导着后续液体火箭发动机的研制和试验。时至今日，我国常规推进剂的大型液体火箭发动机参加飞行试验和发射卫星一直保持着很高的成功率，与这种严格、严密、严肃的工作流程和作风直接相关。

"八年四弹"规划

"东风二号"发射成功以后，任新民并没有感到轻松。这次发射，发动机的额定推力是40.5吨，实际射程是980千米，终究未能实现最初设想的1200千米。他认为，发射是圆满成功了，但这样的射程太短，用途并不大，因此他主张在"东风二号"的基础上继续提高推力、增加射程。

周恩来很支持任新民的建议，曾经对他说，"打1000千米，你是没完成任务的，你得搞下去。"这对任新民来说是极大的鼓励和支持。中央专委[1]随即也同意了任新民的意见，下达命令给国防部五院，要求立即研制改进型"东风二号"（即"东风二号甲"）。11月，五院明确提出使"东风二号"的射程不少于1200千米，发动机推力从40.5吨提高到45.5吨，比推力从219秒提高到223.3秒，采用全惯性制导方案。

1965年2月，周恩来在中央专委第十次会议上提出要制订地地导弹发展规划问题。从2月18日到3月7日，七机部[2]党委和一院党委共同召开

---

[1] 1962年11月，我国成立了一个中央专门委员会，直接负责和领导我国的国防尖端技术事业，包括导弹、火箭以及在此基础上发展起来的航天事业。

[2] 1964年11月23日，中共中央、国务院发出了《关于成立第七机械工业部的通知》，决定以国防部第五研究院为基础，从第三、四、五机械工业部及其他有关部门和省市抽调若干工厂和事业单位，组成第七机械工业部，统一管理导弹、火箭工业的科研、设计、试制、生产和基本建设工作。12月28日，第三届全国人大第一次会议通过了成立第七机械工业部的决议，原一分院成了七机部第一研究院（简称"一院"）。1965年1月，任命王秉璋为第七机械工业部部长。

第七章 从"东风二号"到"两弹结合"

会议，讨论地地导弹发展规划。会议由七机部部长王秉璋主持，共有2400多名科研人员、管理干部和生产工人参加。会议对我国发展导弹技术的途径和步骤进行了深入研讨，两级党委在明确重大协作项目的进度之后，经过认真讨论后，最终制订了《1965年至1972年地地弹道导弹发展规划》，即"八年四弹"规划。①

这个规划的要点是：八年间研制出四种火箭，即中近程火箭的改进型（增程）、中程、中远程和远程（洲际）火箭。火箭将实现从单级到多级；箭体直径从1.652米到3.35米；箱体材料从铝镁合金到铝铜合金；推进剂从液氧/酒精到四氧化二氮/偏二甲肼；发动机从单机到四机并联；单机推力从37吨到75吨；从惯性制导到平台计算机制导等转变。这是一个长远的规划，比较符合我国的客观实际，是根据我国国力和科学技术现状作出的抉择，先解决"有无"的问题，再从"近"到"远"，最终达到形成系列的发展目标，通过合理选定发展技术途径，实事求是地安排研制周期。在这个规划指导下，国家全面部署了各项预先研究课题、研制大型设备、建造大型试验设施、组织研制队伍、着手各项重大技术改造，为我国导弹的研制工作起到了统一认识、统一计划和统一行动的作用，大大加快了我国导弹研制进度。②"八年四弹"规划的提出与实施为我国导弹与航天事业的发展奠定了坚实的基础。到1971年，一院完成了近程（1000千米）、中程（1000~3000千米）、远程（3000~8000千米）、洲际（8000千米以上）四种战略导弹的研制。

任新民作为技术领导，相继参加了"四弹"的研制和试验工作，还组织领导了衍生出的"长征1号""长征2号"运载火箭的研制工作，领导了用"长征1号"发射我国第一颗人造地球卫星、用"长征2号"发射返

---

① "八年四弹"当时又常常称为"八年四箭"，两种说法内容完全一样，之所以有时用"火箭"，主要是保密的需要。但实际上，导弹和火箭还是有很大区别的。所谓"四弹"，一是"东风二号甲"中近程导弹，它是"东风二号"的改进型，规划要求，抓紧时间研制，为即将进行的"两弹结合"试验做好准备；二是"东风三号"中程导弹，要求1967年开始飞行试验，1969年定型；三是"东风四号"中远程导弹，要求1969年开始飞行试验，1971年定型；四是"东风五号"洲际导弹，规划1971年开始飞行试验，1973年定型。

② 韩连庆：谢光选学术成长研究报告．资料存于采集工程数据库．

回式遥感卫星等相关工作。

"两弹结合"

自 1964 年 8 月，任新民和同事开始进行中近程导弹"东风二号甲"的改进研制工作，改进的主要内容包括：提高发动机的推力和比冲，为装配特种弹头做适配性改进，增加液氧自动补给装置，简化垂直测试，将控制系统由无线电惯性混合制导系统改为全惯性制导系统，从而大大提高导弹的作战使用性能。

在中近程导弹发动机研制过程中，任新民带领科技人员在 YF-60（即"东风二号"中的 5D60 发动机）的基础上进行改进，设计出 YF-60A 液体火箭发动机，提高了发动机的推力和比冲，以适应中近程导弹的需要。在 10 月 9 日到 11 月 11 日这一个月的时间里，任新民和同事们吃住都在试验站，连续进行了 8 次 YF-60A 的热试车，推力和时间均达到了设计要求。他们连续作战，于 1965 年 4 月 27 日到 29 日又成功地进行了三次验收试车，结束了研究性的试验。

1964 年 10 月 16 日，我国成功在新疆罗布泊爆炸了第一颗原子弹，举世震惊。但是随后不久，美国国防部长麦克纳马拉就说中国五年之内不会有运载原子弹的工具，这种言论被西方媒体称为"中国有弹无枪"。1965 年 2 月，中央专委第十次会议决定将增加射程的中近程导弹"东风二号甲"用于"两弹结合"（即导弹和原子弹的结合）试验。

早在成立五院和研制导弹时，钱学森就认识到，导弹没有核弹就形成不了杀伤破坏能力；反之，核弹没有导弹相辅，对万千米以外的目标也不具有威慑力。因此，导弹和核弹缺一不可。但是在我国，一直以来从事导弹和原子弹研制的两支队伍分别属于两个部门，其中研制原子弹的是二机部，研制导弹的是国防部五院（后来属于七机部），两者都是保密部门，但彼此之间没有往来。

1963年3月,张爱萍邀请二机部部长刘西尧和当时的国防部五院院长王秉璋等人在国防部召开了一次会议,预先研究部署导弹和原子弹"两弹结合"工作(代号为"140"任务)。会上,刘西尧在介绍原子弹的时候说原子弹怕冷、怕热、怕振、怕空气、怕静电;王秉璋在介绍导弹时说导弹发射需要发射台、起竖导弹、检测加注、初瞄静瞄、备点火架。想让导弹和原子弹结合在一起实在不是件容易的事。张爱萍随即指出:"导弹和原子弹一定要'结婚',我做介绍人,现在已经把你们双方的专家请到了一块成立一个组,共同进行导弹和原子弹的结合工作。"①

1964年6月12日,中央专委召开"东风二号"与原子弹"两弹结合"协调会议。会议最后确定了三条方案:第一,尽可能在地面多做模拟试验,及时解决各项关键技术问题;第二,充分利用导弹试射的有利条件,安排必要的实弹飞行试验,以验证"两弹结合"的可靠性;第三,利用"东风二号甲"的遥测弹飞行试验完成"两弹结合"的单项试验。②

6月29日,一院研制的"东风二号"导弹首次飞行试验成功。7月29日,钱学森邀请核物理专家邓稼先到一分院介绍原子弹的原理,"两弹结合"任务由试设计转入正式研制。

要实现"两弹结合",首先需要弄清楚弹头各部分的工作情况和给原子弹头提供飞行环境的数据,解决高速撞击带来的难题。经过多次试验,这些问题在1965年4月的弹头试验中得到了解决。7月到8月,"东风二号甲"进行了地面设备合练,表明改进后的托架发射台、弹头结合车和瞄准设备等方案都是正确的。9月,"东风二号甲"合练弹出厂,在发射场进行了一个多月的合练,调试地面发射设备,训练发射操作人员。

从1965年11月13日到1966年1月,"东风二号甲"成功进行了首次飞行试验,并在不到两个月的时间内又进行了7次飞行试验,其中6枚成功、1枚失败。12月12日,在进行第6次飞行试验时,导弹在起飞后36.6秒,由于电源电池单体之间的连接片的固定螺帽松动造成断电,发动机随即关机,导弹落地爆炸。为此,"东风二号甲"又进行了提高可靠性和改善

---

① 卜雨亭:《谢光选》。北京:金城出版社,2008年,第182页。
② 李成智:《中国航天技术发展史稿》。山东:山东教育出版社,2006年,第319页。

使用性能的修改设计工作。7枚发射成功的"东风二号甲"射程和精度均达到预期目的。同时,通过试验测量了大量的导弹在被动段飞行的参数,为"两弹结合"提供了所需数据,并发现了可靠性方面存在的隐患和薄弱环节。

1966年3月11日,在中央专委第十五次会议上,周恩来要求"两弹结合"要绝对可靠、万无一失。对此,任新民和同事们针对前8枚导弹飞行试验中暴露的可靠性问题又进行了修改设计和试验。从8月至9月,他们成功进行了5枚增程的中近程导弹的鉴定性飞行试验、考验弹体和弹头安全自毁系统的飞行试验。10月,他们又成功进行了两次冷试的飞行试验。

10月27日,我国成功进行了"两弹结合"飞行试验,任新民参加了这次飞行试验。导弹飞行正常,核弹头在预定距离与高度实现核爆炸。由我国自行设计研制的"东风二号甲"顺利通过实际考验,与原子弹一起构成了有实战能效的战略武器。这是我国国防科技工业的又一壮举,从此,中国有了自己的导弹核武器。

12月,增程的中近程导弹正式定型,YF-60、YF-60A的研制工作也宣告结束,任新民的工作重点又步入了新的征程。1969年,经过改装后的"东风二号甲"正式装备部队,成为我国第一代战略核导弹。

从"东风一号""东风二号""东风二号甲"再到"两弹结合",中国在自行研制导弹的过程中闯出了一条新路。正如"东风二号"总设计师林爽所言:"到这时,我们对型号研制才真正成功地走了一个全过程,才学会了对系统工程的研制和管理,将我们队伍的素质从仿制'1059'的水平提高到研制新型号的水平。这是一次质的飞跃。"[1]

---

[1] 李成智:《中国航天技术发展史稿》。济南:山东教育出版社,2006年,第322页。

第八章
中程导弹"东风三号"

1964年,"东风二号"发射成功后,中程弹道导弹"东风三号"的研制工作也正式全面展开。任新民作为中程导弹设计委员会副主任、一分院副院长和11所所长以及"东风三号"发动机副总设计师,领导和参与了"东风三号"从预研到型号研制的几乎所有技术活动,尤其是针对发动机的高频不稳定燃烧这一关键技术问题,找到了原因并且确定了最终的解决方案,为后来的"东风四号""东风五号"扫清了技术障碍。

"东风三号"预研制

我国航天工业创建初期提出了"三步棋"的原则,即在一定计划期内要有正在探索研究的、正在研制的、已定型批量生产的三种不同阶段的型号。这就是说,对于一个具体型号,要经过预先研究、型号研制、批量生产三个阶段。在这一原则指导下,我国在仿制"1059"(后在1964年改称为"东风一号")、研制"东风二号"的同时,也在进行"东风三号"导弹的研制工作。

国防部五院一成立,就把"东风三号"(当时称为"东风一号",1964年才改为"东风三号")列入规划任务。早在1957年4月,国防部五院就拟定了液体中程弹道式地地导弹的研制任务书。1958年8月，国防部五院在四级干部会上，把它和"1059""红旗一号"[1]列为三大研制任务，要求1959年10月完成。11月，一分院在论证的基础上提出了"东风三号"的主要战术技术性能指标。1958年12月，一分院制订的近期（1958—1962）工作规划明确在仿制"1059"的同时，要着手研制中程导弹，以便由仿制逐步转入自行设计。从此，一分院各设计部、研究室分别根据自身专业特点开展了导弹的新材料、新工艺研究，为新型号的研制做准备工作。当时，担任发动机设计部主任的任新民安排马作新、王之任等人开展了"东风三号"发动机的预先研究工作。

新中国建立初期，第一任重工业部副部长刘鼎去莫斯科访问，见到了在莫斯科航空学院飞机制造系学习的叶正大（叶挺的长子）。受叶正大的启发，回国之后，刘鼎对马作新、王之任等即将赴苏联学习的年轻学生们说："你们三分之二的人都要去学发动机，发动机是所有飞行器的第一步。没有发动机，一切都是扯淡。"[2]最终，马作新和王之任都被分配到莫斯科航空学院学习液体火箭发动机。

马作新和王之任在学习间隙回国参观，在211厂见到了叶正大。叶正大让他们回苏联后，把能找到的设计资料、试验结果都抄下来，回国时带回来。因为苏联禁制将这些资料带出去，他们如果用手抄下来，就可以当自己的笔记带回来。两人返校后分工协作，马作新抄写有关发动机整体和推进式的资料，王之任抄写关于涡轮泵和活门的资料。幸亏叶正大的这句话，他们把全套的资料手抄回来，否则仅仅是那些试验结果也需要二十年的时间才能做出来。[3]

1959年下半年开始进行"东风三号"的初步设计。当时，研究人员被分成了燃烧室组、系统组、涡轮泵组、总装组等，针对"东风三号"到底怎么搞、搞多大等问题开始进行预先研究。在那段时间，任新民的主要精

---

[1] "红旗系列"是我国防空导弹的序列号，构成了我国地空防空导弹的主体。1965年，"红旗一号"防空导弹仿制成功，此后逐步发展，涵盖了中远程、中高空到近程超低空的火力范围。

[2] 马作新访谈，2013年9月25日，北京。资料存于采集工程数据库。

[3] 同[2]。

力放在"1059"仿制和"东风二号"研制上,"东风三号"的预案做出来后须向他汇报,由他决定。"东风三号"发动机的技术攻关比较多,前前后后经过了100多次测试才定型。

"东风三号"总体方案确定

1960年2月,一分院召开"东风三号"设计会议,明确了研制任务,组成预先草图设计组着手开展工作。不久,又在战术技术指标定量分析的基础上完成了"东风三号"的弹道计算,提出了型号设计的初步要求。3月3日,国防部五院任命徐兰如为液体中程弹道式地地导弹"东风三号"总设计师,任新民为副总设计师兼发动机总设计师(5D10,后改型为5D11发动机)。1961年1月,中近程导弹设计委员会与中程导弹设计委员会合并,成立了弹道导弹设计委员会,任新民担任副主任委员。在这个时期,中近程导弹和中程导弹的研制工作开始并行和穿插进行。

经过两年多的预研,"东风三号"中程导弹取得了重大进展。首先在发动机方面,5D10发动机单项研制取得很大进展。1960年4月,确定采用红烟硝酸和混胺作为5D10发动机推进剂,并开始各项研究与设计工作。1962年年底至1963年上半年,相继建成各类相关实验室,为解决燃气发生器低频燃烧不稳定等一系列技术问题创造了必要条件,也为发动机全系统试车创造了条件。

1964年3月,原总参谋部和国防科工委颁发了经中央军委批准的各种导弹、火箭的命名和代号编排方法,"东风三号"正式被命名(此前一直被称作"东风一号")。4月22日,国防部五院任命林爽为"东风三号"中程导弹总设计师,屠守锷、任新民为副总设计师,要求在1965年6月完成方案设计,争取1970年前后研制成功。7月29日—8月3日,国防部五院党委和一分院党委召开两级党委联席扩大会议,着重讨论"东风三号"的总体方案设想,确定了"东风三号"的技术途径与总体设计方案,要求于

1968年进行飞行试验，1970年定型。此后，"东风三号"中程导弹研制工作全面展开。10月，一分院根据"东风二号"的研制经验制订了"东风三号"研制程序图，这是中国航天发展史上第一次在型号研制工作中应用系统工程管理理论。这个程序图把总体和分系统在各个阶段内应完成的工作及其相互之间的关系综合绘制在统一图表中，使研制程序直观化、形象化和科学化，从而成为制订型号研制计划和协调研制进度的依据。1964年11月，三号试车台建成。在此期间，211厂还从工艺上解决了大批量喷嘴的加工问题，攻克了波纹板成型和真空钎焊等技术关键。

1965年3月，根据"八年四弹"规划的要求，中央专委第十一次会议原则上批准了"东风三号"总体设计方案和战术技术指标：导弹全长20.97米，弹体最大直径2.25米，起飞重量65吨；采用可储存的硝酸与偏二甲肼作为推进剂，发动机地面额定推力104吨，发动机比冲239.5秒，工作时间135秒，射程3000千米。[①] 要想在当时的条件下真正达到这个标准，必须在研制的各个环节极大突破原有的技术指标，而在这其中，发动机更是至关重要。

1965年，第三设计部改为五院一分院11所，专门从事液体火箭发动机研制工作，任新民担任11所所长兼一分院副院长。

"东风三号"技术攻关

在"东风三号"技术攻关中，最重要的是发动机四机并联方案的采用。"东风三号"的总体设计推力要达到100吨，像这么大推力的发动机到底采用什么样的方案才合适，这是一个关键问题。在讨论发动机方案时，任新民仔细听取设计人员的意见，经过与技术人员的几番讨论和周密研究之后，他决定采用发动机四机并联方案。

[①] 李成智：《中国航天技术发展史稿（中）》。济南：山东教育出版社，2006年，第330页。

四联机的方案确定之后,接着要解决的问题就是到底是采用大涡轮泵带动四个燃烧室,还是四个单机各带一个涡轮泵。为此,大家各抒己见,争论不休。任新民经过反复思考,同时结合当时的历史背景,决定采用两个方案同时并举的策略,也就是"大泵""小泵"一起上,哪个先搞成就用哪个。实践证明,任新民的决策是正确的,并最终决定使用四个"小泵"作为"东风三号"发动机的组件。

采用四机并联还有一个问题必须要解决,那就是要求四台单机能同步工作,并且各单台发动机的推力值偏差不能太大,否则会影响控制系统的正常工作。任新民亲自到现场参加测试,与设计人员一起反复研究和试验,最终采用了Ⅰ、Ⅲ象限和Ⅱ、Ⅳ象限两对发动机成对启动且严格控制各单机性能参数偏差等方法,成功解决了四机并联问题。这一问题的解决为我国液体弹道导弹和运载火箭的发展奠定了重要的技术基础。

其次是发动机推进剂的选择问题。中近程导弹"东风二号"采用的推进剂是液氧和煤油,中程导弹"东风三号"的推进剂先后有各种选择,最终为了提高发动机的比冲,决定使用红烟硝酸和偏二甲肼。但问题是,国外曾经断言偏二甲肼有剧毒,而且是积累性的。当时美国也没有使用偏二甲肼,而是改用了含有 50% 偏二甲肼和 50% 一甲基肼的混胺 −50。为了探究其中原因,分院的研制人员做了一些小试验,发现偏二甲肼很好用,而且一甲基肼比偏二甲肼的毒性更大。这就发现了一个问题:美国为什么不用偏二甲肼而用混胺 −50 呢?任新民抓住这个问题不放,天天琢磨。后来经过不断地查阅资料,终于找到了原因:原来这不是一个技术问题,而是个商业利益问题。①

既然证明了偏二甲肼好用,那么,到底能不能使用它作为"东风三号"的发动机推进剂呢?为此,任新民要求进一步分析研究使用偏二甲肼的可行性。当时,11 所下面有个研究室专门研究推进剂。这个部门的研究人员与发动机过程研究所、军事医学科学院等单位的专家反复分析和研究,做了很多毒性试验,最终证明偏二甲肼的毒性可以防治,而且这种毒

---

① 王桁访谈,2013 年 5 月 3 日,北京。资料存于采集工程数据库。

性不是积累性的。人体可以通过自身的新陈代谢将偏二甲肼的毒素排除，后来还研究出了相应的解毒药物。直至今日，我国长征系列运载火箭都还在使用偏二甲肼作为燃烧剂，这足以证明当时使用偏二甲肼是个明智的选择。

但当推进剂换成偏二甲肼时，又出现了新的问题——燃烧不稳定。所谓燃烧不稳定，是由于燃烧室的固有声振频率与燃气生成频率相耦合，发生共振而产生的结果。在一瞬间，燃烧室压力骤然升高，使燃烧室发生机械破坏或者熔化烧毁。燃烧不稳定问题被行家称作"见鬼"，因为它像魔鬼一样难以捕捉，顷刻之间把一台完好的发动机烧成一堆废铜烂铁。早在"东风二号"的研制过程中，钱学森曾提出是不是存在燃烧不稳定问题，最终任新民等人经过多次测试排除了"见鬼"的可能性。但是"东风三号"的种种迹象表明，这次真的遇见"鬼"了。

"东风三号"的发动机是从1963年4月开始试车的。第一次试车时出现了很多问题，振动特别大，情况跟一般的高频振动不稳定燃烧的情况还不太一样。随后科研人员在发动机的启动程序、喷嘴压降等方面采取了一些措施，效果有所改善：当发动机推动力从最初的23吨降到15吨时，试车效果很好。但一旦提高到18、19吨，还是出现了燃烧不稳定，振动变得很大。[①]

为了解决高频不稳定燃烧问题，任新民组织了多方案的讨论和分析。一开始，他们采用了五种不同的液相分区方案，结果试验均告失败。这表明液相分区的方案对抑制偏二甲肼与硝酸燃烧时所产生的高频振荡效果不大，必须另找途径。

从1965年3月开始，在11个月内，任新民与同事们一共设计了30多种方案、进行了80多次试验，其中连续失败的有17次之多。每一次试车、每一次讨论、每一次分解、每一次方案，任新民几乎都会亲自参加。

当时"东风五号"的研制也在进行中，发动机也遇到了燃烧不稳定的问题。为了解决这个问题，两个研制组的人员各自做试验，取长补短。

---

① 王之任访谈，2013年5月3日，北京。资料存于采集工程数据库。

"东风五号"用的是隔板方式,最终解决了燃烧不稳定问题。"东风三号"借鉴"东风五号"的经验,最终提出了液相分区和隔板分区的组合方案。经过热试车考核,表明这一方案是行之有效的。至此,高频燃烧不稳定的重大技术关键终于被突破,为液体发动机技术的迅速发展开辟了道路。采用这种方案的发动机代号为"YF-1"[1],即导弹的单机发动机。1966年4—6月,四机并联发动机(代号"YF-2")连续通过推力106吨、时间140秒的验收试车。至此,发动机进入交付状态。

从1960年发动机预先研究,到1966年正式交付装弹,发动机的研制一共用了6年时间。其中,"YF-2"用了两年,进行了181次地面研究性和交付热试车,累计试车时间10930秒。成功地研制出可储存推进剂发动机,对于提高我国战略导弹的实战使用性能起到了重要作用,也为发展大推力发动机打下了良好的技术基础。

当时研制发动机遇到的问题并不是哪一个人解决的,因为航天技术的每一次发展都是集体智慧的结晶。在这个过程中,我国科研人员还借鉴了苏联的技术和经验。如果没有苏联的这些技术,中国导弹在没有基础的情况下,不可能马上拿出那么多东西来。任新民在负责"东风三号"的研制过程中,一直在"抓总",他可能没有提出什么具体的技术解决方案,但他能够深入基层、听取各方意见、集中大家的智慧,抓住工作重点。[2]

沙 漠 寻 弹

"东风三号"导弹飞行试验分两步进行,首先是部分射程方案飞行试验,在西北综合导弹试验基地(即后来的酒泉卫星发射中心)进行;然后才是全程飞行试验,在华北导弹试验场(后发展为太原卫星发射中心)

---

[1] "东风三号"发动机单机代号为YF-1,其早期代号为5D11,5D11是5D10的改型。四个YF-1并联后称为YF-2。

[2] 王之任访谈,2013年5月3日,北京。资料存于采集工程数据库。

进行。

1966年12月7日,"东风三号"01批第一发遥测弹出厂,作为一分院副院长兼副总设计师的任新民担任试验队队长,率队奔赴西北导弹试验基地进行飞行试验。12月26日,第一枚遥测弹进行首次飞行试验。从飞行试验的情况来看,在111.2秒以前,各系统的工作是协调的,各种参数也是正常的。111.2秒以后,由于发动机组Ⅱ分机发生故障,推力突然大幅下降。124秒时,导弹在空中自毁爆炸,弹头未能击中和田着弹区,落点偏离了100多千米。

由于"东风三号"第一枚没有达到预期目标,试验队准备再发射一枚。对此,任新民坚决不同意,认为要把第一枚的情况弄清楚之后再试验第二枚。鉴于第一枚是在发射后接近112秒时坠落的,他认为下一枚若能坚持飞行115秒就可以发射。与钱学森商量后,任新民找到12所的卢庆骏来估算飞行115秒的概率,并在得到肯定结果后决定发射第二枚。

1967年1月12日,"东风三号"第二枚遥测弹发射。当导弹飞行到临近发动机关机时(129.2秒),发动机组Ⅱ分机又出现推力大幅下降故障,弹头又一次未落入预定着弹区,落点偏离了40多千米。

为了搞清楚问题到底出在什么地方,任新民建议由他带领马作新、孙祯、王觉先、尚增雨等8个人去新疆的沙漠里寻找火箭残骸。

因为王桁曾参加过"东风五号"的打靶,所以在马作新去寻找导弹残骸之前,王桁建议他带着试车记录和试车结果的分析。此前曾经进行过100多次的试车,任新民要求每次试车都有详细的记录,试车的结果要拍成照片,这被称作"试车制",每次事故和问题的分析结果和不同的意见也有详细记录,如不稳定燃烧出现的次数超过100多次,每一次都有详细记录。王桁认为带着这些试车和分析记录,可以在现场进行对照分析,尽快找到问题所在。[①]

任新民带领搜索队乘运输机从酒泉发射基地出发,越过塔克拉玛干沙漠,抵达酒泉发射基地七站的驻地,又乘直升机前往位于沙漠腹地马扎山

---

① 马作新访谈,2014年1月9日,北京。资料存于采集工程数据库。

的落区指挥所。直升机先把他们运到沙漠中大致预计的残骸可能落入位置，然后由战士抱住每一个人，顺着绳子从直升机上空下降到沙漠中。指挥所派骆驼队为他们运送补给，如所需的淡水就是用骆驼驮着大冰块运进来的。沙漠里白天炎热，他们在大漠中徒步行走，寻找导弹残骸，往往走一步退半步。晚上，沙漠里非常寒冷，战士们教他们避寒的方法——把胡杨树皮扒下来，点燃了烧沙子，沙子烧热后盖到身上取暖；待沙子凉了，再起来重新把沙子烧热。

他们在沙漠里寻找了5天5夜。当时的技术手段比较落后，不像现在有卫星定位、计算机等手段，只能背着一个笨重的电报机。当找到发动机残骸的时候，本来还想看一下发动机是怎么裂的，却发现发动机早已经烧得不成样子，从喉管那里就没有了，打出去的几枚都差不多是这个样子。马作新等人在检查第一枚导弹时，发现尾喷管撕裂，情况跟试车记录上的记载一样。由于推力室下面的部分基本上都烧没了，因此从残骸上根本无法作出故障原因的判断，[①] 只好想其他办法来查找故障原因。

任新民率队回来后，又请卢庆骏估算发动机推力下降的概率。通过概率计算，卢庆骏预测发动机推力在到达200秒之前肯定会下降，出现故障。通过地面试验，果然发动机一次在185秒、另一次在195秒时烧毁。[②] 通过数据处理、理论分析与模拟试验，研究人员层层深入，最终从各种结果判明发动机推力下降是由推力室内壁撕裂引起，内壁撕裂是由于集合器部位的钎焊缝发生热应力腐蚀所致，而工作条件恶劣、结构强度不够、钎焊料选择不当、钎焊质量不高等原因综合导致了集合器部位热应力腐蚀。

改进设计后，"东风三号"在5月17日又进行了第三次飞行试验。由于加注推进剂后弹体结构受力，导致六管连接器变形，出现了不能给推进剂箱增压的故障。研制部门针对飞行试验中出现的问题采取了一系列相应的技术措施，排除了上述故障，于5月26日发射成功。导弹完全按预定程序飞行，各系统工作正常，弹头命中1726.2千米外的目标区，落点偏差

---

① 马作新访谈，2014年1月9日，北京。资料存于采集工程数据库。

② 同①。

小于规定值。

6月10日,"东风三号"又进行了第四次飞行试验,其间发动机组Ⅰ分机又出现了推力下降,发生爆炸。鉴于这种情况,任新民等人决定对推力室采取三大改进措施:一是机身钎焊表面处理由吹砂镀镍改为酸洗镀镍;二是集合器孔板两排直径9毫米的小孔改为5毫米宽的槽,减小集合器环形室的跨度;三是高温涂层延长至喷管出口处。改进后,发动机经过多次地面长程试车的检验,证明工作可靠,寿命由原来的186~195秒提高到300~500秒。在此后的历次飞行试验中,发动机再没有出现过推力下降的情况。[①]

最终,01批4次部分射程飞行试验完成了对"东风三号"设计方案正确性和协调性的考核。各系统采用的新技术、新材料和新工艺使导弹的各项技术指标,尤其是导弹的结构系数、发动机的比推力、控制系统的精度等方面,比"东风二号"有了显著提高。自此,中程导弹01批的飞行试验圆满结束。随即,"东风三号"转入02批的研制,任新民又紧张地投入后续批次的研制与飞行试验,开始在新建的华北导弹试验场进行全程飞行试验。

1968年12月18日,02批第一枚遥测弹从华北导弹试验场发射,成功地完成了全程飞行试验,射程2517.3千米,落点偏差纵向近2.471千米,横向偏差8.789千米。1969年1月4日,第二枚遥测弹飞行试验再次获得成功。5月30日,中央军委办事组批准"东风三号"导弹开展定型工作。10月,国家计委、国防工办下达了"东风三号"导弹小批生产装备部队的任务。

"东风三号"不仅是有重大军事使用价值的战略武器,而且它的研制过程中取得的许多重大技术突破为以后的型号研制奠定了基础。用于"东风三号"的石墨舵、发动机、可储存推进剂与材料相容性研究、等离子喷涂、钎焊及铝合金结构化铣工艺等10项研究成果,后来获得了全国科学大会奖。从"东风三号"导弹全程试验开始进行的全弹道测量,使导弹试

[①] 李成智:《中国航天技术发展史稿(中)》。济南:山东教育出版社,2006年,第334页。

验由单一场区发展到多场区联合试验阶段，为以后多基地协同试验积累了组织指挥、技术协调、跟踪测量等方面的重要经验。"东风三号"导弹的研制成功，也是中国液体弹道导弹技术走向成熟的一个重要标志，是中国地地导弹发展历程中的一个里程碑，为研制远程、洲际战略导弹打下了基础。

"东风三号"中程导弹的研制是我国航天史上型号研制工作中的一个成功典型和优质高效的范例。这些综合性佳绩的取得，与奋斗在一线的科研工作者们的努力是分不开的，特别是作为技术负责人之一并多次承担飞行试验队队长工作的任新民，本着高度的事业心和责任感，进行了有效的组织、协调和决策，为"东风三号"导弹的研制工作作出了杰出贡献。

南苑大武斗 [①]

1966年，正值任新民在位于南苑的七级部一分院为"东风三号"的研制日夜忙碌时，"文化大革命"爆发了。

"文化大革命"前夕，任新民的妻子虞霜琴担任北京五十七中的教导处副主任，当时学校内已经显露了一些不同寻常的迹象，每天放学后的政治学习非常频繁。到1966年6月，学校全面停课，红卫兵把持了校园。他们组织了一个劳改队，把校长、教导处长、总务主任等校领导都赶到劳改队里进行劳动改造，虞霜琴也在劳动改造之列。

此时的南苑仍然处在正常的科研氛围之中。任新民每天从虞霜琴的电话里了解到离他不远的城里正在发生的这场运动。但由于正在忙于"东风三号"研制，同时人造地球卫星计划也在实施中，他无法抽出时间回城看看，也想象不出这场运动是如何发生和发展的。当时"文化大革命"势头

[①] 以下内容部分参考了任捷：《火箭在发射——任新民传》。郑州：河南人民出版社，1997年，第122-159页。

正劲，不久就波及了各个领域，任新民和他任职的单位都在劫难逃。

1966年8月的一天，一个干部找到虞霜琴。他自称是七机部部机关的，要求任新民的母亲搬离任新民家，因为她出身不好，是地主分子。自从1949年从美国归来后，无论是在南京、哈尔滨还是北京，任新民都把母亲接到身边、住在一起，如今七十多岁的老母亲却要被赶走。虞霜琴告诉这个干部说，任新民的老家虽然有土地，但并没有被划为地主，所以任新民的母亲非但不是地主，而且还在1956年获得了选举权。但是这些理由并没有说动这个干部，他依然严厉地命令任新民的母亲不能继续留下来。迫于无奈，任新民和虞霜琴只好让年仅16岁的长子任之中坐火车送母亲回宁国老家。

一场风波未了，另一场又起。任新民刚送走母亲，七机部的机关大院又贴出了大字报，意思是说，凡是不在机关大院中工作的人一律都得搬家，至于搬到何处，由个人自己解决。任新民也在被驱散的名单中。当时，任新民的工作单位虽然隶属七机部，但工作地点却在丰台的南苑。任新民没有办法，全家只能在三天后被迫搬到南苑。由于他当时是一分院副院长，按照级别待遇，单位在南苑给他分了一套三居室的住房。

到了1967年，受上海"一月风暴"的影响，全国各处开始群众夺权，党政领导挨批挨斗，航天工业系统内也废止了总设计师制度。① 为了保护刚刚起步的中国航天事业和从事科研的技术专家，1967年1月，周恩来宣布七机部直接隶属于中央，群众组织不能夺权。3月，周恩来和聂荣臻等中央领导又在中南海接见国防工业的代表，宣布对国防工办和国防工业各部实行军事管制。周恩来找到当时海上靶场基地副司令员杨国宇，让他担任军管会第一副主任，进驻七机部。随后，军管人员进驻一院，全面领导科研生产。

此时的一分院也分成两派，"915"是保守派，以政工干部居多；"916"是造反派，以技术干部居多。任新民莫名其妙地成了这两派争夺的对象，都希望他能够表态。对此，任新民一直沉默着，似乎又想起了在华东军区

---

① 直到1978年1月31日，才恢复总设计师制度。

军事科学研究室签名举报那件事。

"915"和"916"两派的斗争日趋激烈。1967年6月8日,七机部南苑一分院终于爆发了"南苑大武斗"。当时正好任新民到七机部开会,不在南苑。虞霜琴得知武斗的消息后,赶紧从单位赶回家,把四个孩子从家中接出来,还派一个孩子到七机部通知任新民开完会后千万不要回南苑。就这样,一家人在朋友家里暂住了一个星期,躲过了"南苑大武斗"。①

1969年7月17、18、19和25日,周恩来总理连续召开会议,协调党派斗争,研讨生产情况。25日,在中南海西花厅召集的会议上,决定派钱学森全权处理有关一院火箭试车的事宜,并要求把参加"长征一号"火箭研制工作的29个单位和3456名工作人员的花名册报送总理办公室存查,任新民也被列入保护名单,因此他在"文化大革命"中并未受到过多大的冲击。

1968年过后,任新民全力以赴投入发射卫星的空间计划。这个时期,没有人再喊要打倒他的口号了。周恩来为了保护任新民不受"文化大革命"运动的冲击,也是煞费苦心。几乎每个星期,周恩来都要接见一次任新民,还在不同的场合接见他,以表明中央对他的态度。在接见其他部委的人时,周恩来也点名让七机部的任新民来,还经常让他坐在自己旁边,询问七机部和空间计划的进展情况。可惜的是,当时并没有留下一张任新民与周总理的合照。

虽然南苑的两派斗争非常激烈,但是一旦投入工作,大部分人还是能够严肃认真地对待,自觉地彼此配合。因此,并未影响导弹、火箭和卫星空间计划的基本研制工作。"文化大革命"期间,"东风三号""东风四号"以及把第一颗人造地球卫星送上天的"长征一号"的研制工作都在一步步向前推进着,并未因为"文化大革命"而停滞。②

"文化大革命"期间,任新民是很多项目和部门的技术负责人,多次担任试验队的队长,他凭借高度的事业心和责任感,以求真务实的工作作

---

① 任之翔访谈,2013年12月6日,北京。资料存于采集工程数据库。
② 任新民访谈,2013年12月6日,北京。存地同上。

风对各项工作进行了有效的组织、指挥、决策和协调。自 1967 年到 1974 年,杨国宇担任七机部军管会副主任,同任新民共事了 8 年,后来担任海军副司令员兼参谋长。1991 年,杨国宇亲绘了一幅大熊猫画作,题为"国宝吉祥""憨厚温良",转送给任新民,以褒奖任新民在非常时期对国家的贡献。①

---

① 谭邦治:《任新民传》。北京:中国青年出版社,2016 年,第 98 页。

第九章
"东风四号"与卫星上天

苏联成功发射人造地球卫星之后，我国也决定研制和发射自己的人造地球卫星，并将研制重点放在了运载卫星上天的探空火箭上。此时正值"文化大革命"时期，发射"东方红一号"卫星的"长征一号"运载火箭的研制工作也进入关键阶段。任新民临危受命，被指定为"长征一号"及其原型"东风四号"导弹的技术总负责人和发射卫星工程指挥部成员。

"东风四号"定型

在液体中近程弹道导弹"东风二号"研制工作取得实质性进展之时，任新民和他的同事们在确保中程导弹"东风三号"研制工作的前提下，开始了向新的航天技术研制的领域进发，这就是中远程弹道导弹"东风四号"和多级运载火箭"东风五号"。

研制"东风二号"和"东风三号"是我国第一代导弹研制的关键点。"东风二号"突破了发动机的强度问题，"东风三号"突破了发动机的燃烧不稳定问题。这两大难题的突破扫清了很多技术上的障碍，为发射第一颗人造地球卫星奠定了坚实的基础。尤其是"东风三号"火箭的成功发射基本上解决了后续"东风四号"和"东风五号"的技术难关，标志着我国自主研制的第一代发动机终于取得了成功。在"东风三号"的基础上加一级火箭，就成了后来的"东风四号"；而在"东风四号"的基础上再加一级火箭，变成三级火箭，这就是后来发射人造卫星的"东风五号"。

从"东风四号"开始，火箭有了第二级，也就是二级火箭。相比于一级火箭在地面启动工作，二级火箭有了质的飞跃，因为它的启动是在高空中进行的。在这个研制过程中，我国突破了多项洲际导弹的关键技术。

我国早在1963年的《国防科技十年规划》中提出，地地导弹第二阶段的发展途径是以发展多级火箭为中心，研制出洲际导弹。当时在进行洲际导弹探索时，设计人员认为，从中程导弹到洲际导弹的跨度太大，中间应有一个技术台阶，并设想以中程导弹为基础研制一个两级试验型火箭作为过渡，用以解决洲际导弹必然遇到的多级火箭技术。这个型号稍加改进，可以作为发射卫星用的运载火箭，这就是多级试验火箭（代号SDF-4）。

1964年年初，国防部五院一分院进行了研制中远程地地导弹的技术途径论证，提出要通过这个型号的研制突破多级火箭技术，围绕多级火箭的各项基础预研工作也随之展开。当时提出应重点解决两级导弹的连接和分离、分离过渡段的姿态控制与发动机的高空点火等技术。

1965年3月8—9日，七机部一院党委常委会确定，中远程导弹作为一个独立型号列入研制规划。这样做的理由有三：第一，在技术上，可以为洲际导弹突破两级火箭的技术；第二，在军事使用上，可以覆盖中程导弹和洲际导弹之间的区域，还可以稍加改进用于发射人造卫星；第三，在时间上，可以比洲际导弹提前两年。3月11日，一院党委上报了"八年四弹"规划，其中规定"东风四号"中远程导弹采用两级布局，其中，"东风三号"中程导弹作为第一级，二级用单管发动机加高空喷管。技术关键是两级火箭的级间分离、第二级火箭发动机的高空点火、提高陀螺仪和陀螺加速度表的精度，同时提出了"东风四号"的射程、精度等战术技术指标。3月20日，中央专委第十一次会议原则批准了关于研制"东风四号"中远程导弹的规划,并要求"东风四号"导弹于1969年开始飞行试验,1971年定型。1965年5月,中央专委批准了"东风四号"导弹的研制任务。任新民当时担任七机部第一研究院副院长兼液体火箭发动机研究所(11所)所长,领导并主持了这项研制工作。自此,"东风四号"作为一个独立的导弹型号正式开始研制。

按照"八年四弹"规划的要求,"东风四号"导弹是中国第一个两级液体中远程地地导弹,第一级以"东风三号"中程导弹为基础稍加修改,第二级为新设计的上面一级火箭。导弹全长29米,最大直径2.25米,起飞质量82吨。两级推进剂均用偏二甲肼和红烟硝酸。第一级发动机地面推力为112吨,第二级发动机真空推力为32吨。控制系统采用捷联式全补偿制导方案,不但有横向引导,还有纵向引导,方法误差小。弹头为一枚300万吨TNT当量的热核弹头,射程为4500~5000千米。

"东风四号"导弹是两级导弹,其发动机分别是第一级的YF-2A液体火箭发动机和第二级的YF-3液体火箭发动机。由于YF-2A和YF-3发动机是在中程导弹发动机基础上进行改型研制的,其中一些关键技术,如发动机高频不稳定燃烧、高速高性能涡轮泵设计、四级并联技术等,在"东风三号"的YF-2发动机研制中都已经得到了解决。此外,一些大型的地面试验设备,如百吨级的大型试车台、2.5兆瓦的泵试验台、全系统系留试车台[①]等,也都已经先后建成,这些都为"东风四号"发动机的研制提供了物质条件。

然而,改型工作也不免面临一些新的技术难题。由于"东风四号"是中国第一种两级液体导弹,从技术上讲,它最大的难关是突破多级火箭技术。衡量火箭的一个重要技术参数是质量比,即火箭起飞质量与火箭空重之比。质量比越大,意味着推进剂的携带量越大,火箭的飞行时间也就越长,火箭所能达到的最大速度也就越大。但是,从技术的可实现上看,一方面,提高火箭的质量比是有限度的。当火箭质量比达到一定程度,如8~10,火箭结构强度和可靠性就会大大下降。另一方面,在火箭飞行过程

---

① 即固定在地面试车台上。

中，由于推进剂不断消耗，而结构质量不变，则火箭的加速能力将持续下降。综合来看，单级火箭在工程技术的可实现性上达不到发射卫星所需要的最小速度（即第一宇宙速度）。同样的原因，由于单级火箭所能达到的最大速度不高，也就很难达到远程导弹所要求的射程。因此，远程导弹和运载火箭都必须采用多级火箭。

多级火箭的级间分离难度很大，一方面要保证在分离时，火箭能够保持姿态稳定；另一方面，第二级发动机要实现可靠点火。多级火箭的分离既不能过早，也不能过迟，更不允许该分离时不分离，这就要求它的分离要及时、准确、可靠、安全。通常，多级火箭的分离有热分离和冷分离两种办法。由于冷分离对控制系统的精度要求较高，而"东风四号"作为我国第一个两级火箭，为保证级间分离的可靠性，决定采用可靠性较高的热分离方案。[①] 另外，"东风四号"二级发动机 YF-3 与一级单管发动机 YF-1[②] 相比，也要进行较大改变与改进。[③]

"东风四号"技术攻关

在研制"东风四号"二级中远程导弹的过程中，任新民带领科研人员

[①] 热分离的基本程序是：在第一级工作的末尾启动第二级发动机，然后关闭第一级发动机并起爆炸断联结件。这种分离主要靠第二级火箭发动机的燃气流推开第一级，同时又使第二级在启动之前受到轴向推力作用而保证启动的可靠性，因而该方法简便、可靠。不过，在分离时，第二级无疑要受到较大的扰动，并且要多消耗一些推进剂。冷分离又称减速分离，其分离指令程序一般是：在第一级工作的末尾，先使级间联结件爆破断开，然后启动第一级制动火箭或其他制动装置，再启动第二级火箭发动机。在这种情况下，级间分离机构的组件少、也较轻，工作过程不会受到很大的轴向、侧向、振动等作用力的影响，级间分离平稳。

[②] 在中程导弹的发动机研制中，发动机单机代号为 YF-1（1960 年，早期称为 5D11）；四个 YF-1 并联后称为 YF-2。

[③] 这些改进主要是：涡轮泵固定在推力室身部侧面；使用承压能力高的蝶形膜片式的气动活门；用小机架把推力传递到储箱锥底；工艺上首次大量采用精密铸造零件，提高了质量和性能，同时采用爆炸成型工艺，生产出集器弯管等组件；采用大面积比的玻璃钢喷管延伸段；推力室头部再生冷却隔板改用燃料冷却，使氧化剂全部流经推力室身部等。

主要做出了三个方面的技术突破：一是由于 YF-2A 由四台自成系统的单机组成，为了提高发动机的推力精度，采用推力室压力反馈控制方式的泵压式控制系统；二是为了简化发动机结构，供应涡轮工质的燃气发生器系统使用主推进剂，涡轮由火药启动器产生的燃气启动；三是采用了新的一次性使用的电爆活门，不仅工作性能可靠、使用和维护性能好，并且可缩短发射准备时间。在这三项新技术的研究与应用中，任新民不仅组织了多次的研究讨论，还发表了一些中肯而又有指导性的意见。

YF-3 液体火箭发动机首先要解决的问题是在 60 千米以上的高空顺利点火问题。高空压力比较低，如果推进剂在三相点（固、液、气）以上的环境点火，会出现点火延滞，从而增加进入燃烧室的推进剂积存；还可能出现爆燃，导致压力峰值突增过高，造成发动机内部组件损坏。面对这一问题，任新民和同事们做了一系列实验。

在张贵田的主持下，11 所的研究人员从实际出发，根据发动机燃料和氧化剂相遇就会自燃点火的情况，经过审慎的分析和反复的试验论证得出结论：在一个大气压力下，燃烧剂偏二甲肼和氧化剂红烟硝酸相遇后自燃点火，其延滞时间为 4~5 毫秒；当环境压力在三相点以上时，其点火延滞时间为 7~9 毫秒。这就启发他们在 YF-3 启动时创造一个与地面一样的点火环境，并进一步改造发动机的有关系统，使燃烧剂和氧化剂进入燃烧室时有一个合适的时差。这个时差为 0.1 秒，这个数据还是当年马作新和王之任留学苏联时偷偷抄下来带回国的。但是如何实现这 0.1 秒的时差，却要靠自己的努力。

任新民曾问负责这一问题的胡平信能否控制得这么精准。胡平信通过计算，然后又在燃烧室各个控制钮上不断调整尝试，很快实现了 0.1 秒的控制时差。除此以外，他们还采取在燃烧室喉部黏合堵盖、副系统加薄膜等措施，以确保 YF-3 在高空启动时，所有腔道都保持一个大气压力，从而解决了发动机高空点火的难题。

解决了高空点火问题后，下一个需要面对的问题是如何在地面获取发动机的高空性能参数。像美国这些技术先进的国家，都有很大的高空台（真空舱）来进行试验，以解决相关问题。但是要建造这样的高空台需要很多庞大的地面设备，如抽真空的设备。经过反复的研究与论证，研究人员提出了一个发动机自身排氧引射抽真空的方案，也就是说，利用发动机燃烧本身的气体作引射，使包着发动机舱的试验舱把自己抽成真空。这样不用高空台，只需设计一个抽真空扩散试验舱即可，既简单实用，又经济实惠。这是在当时中国的技术条件下很有创意的一个解决方案。经发动机试车证明，发动机点火后两秒钟，扩散试验舱的压力就达到了稳定的要求值，从而解决了在地面获取发动机高空性能参数的难题。这些工作都是在任新民的领导下完成的。[①]

YF-3液体火箭发动机面对的第三个问题是提高发动机比冲。为此，任新民等人首次在国内采用了膨胀比为50∶1的高空大喷管[②]。因为增大燃烧室喷管的膨胀比，可以使燃烧室喷出的高温高压燃气进一步膨胀，以此将推进剂的化学能最大限度地转化为发动机的动能。然而，大喷管的设计和制造并非易事。大喷管的设计有两个方案，一个是用钛合金制造，另一个是用玻璃钢制造。早期研制时，材料选用的是钛合金，因为想让二级发动机尽量轻一点，但是在生产了几台后发现有两个问题，第一是加工困难，第二是钛合金本身在工作过程中容易变形。最终，任新民采纳一些研究人员的意见，决定采用玻璃钢的方案。[③]

但是玻璃钢的方案也存在很多困难。比如，发动机的其他部位是金属的，而大喷管是玻璃钢的，金属和非金属如何连接就是个问题。任新民当时就说，复合材料的喷管连接问题要做大量的研究工作。为了实现使用玻璃钢材料的方案，任新民、张贵田等人奔波于研究所、发动机生产厂、试验站和生产玻璃钢喷管延长段的251厂（位于北京市延庆县康庄）之间，同有关的设计人员、工艺人员和生产工人一起研究讨论，不断试用新工艺和新方法，直到最后生产出合格的玻璃钢喷管。为了协调这些工作，任新民经常亲自到现场做动员工作。

刚开始试验时，发动机点火后100秒，连接的部位就碳化了。后来经

---

① 张贵田访谈，2013年2月19日，北京。资料存于采集工程数据库。
② "东风三号"的膨胀比是26∶1。
③ 同①。

过改进，又工作到 110 秒和 150 秒。①经过反复研究和试验，最后采用浸过树脂的玻璃钢布在模胎上层层缠绕、高温固化、黏接金属法兰盘、在内壁外层贴蜂窝、缠加强层和外层等多道工序，制造出了合格的玻璃钢大喷管。1968 年 10 月，采用玻璃钢喷管的 YF-3 发动机进行了两次验收性试车，玻璃钢喷管工作正常，试车取得圆满成功。

图 9-1　1995 年，任新民（中）与张贵田（左）、龙乐豪（右）在海南三亚（资料来源：航天档案馆）

"短程总体方案验证"试验

1966 年 5 月 31 日，国防科工委、中国科学院、七机部共同商定，发射中国第一颗人造卫星的运载火箭"长征一号"要以中远程导弹为基础，加装第三级固体火箭。此后，人造卫星计划就与中远程导弹紧密联系在一起，受到中央的高度重视。1967 年 11 月 23—24 日，国防科工委和国防

---

① 张贵田访谈，2013 年 2 月 19 日，北京。资料存于采集工程数据库。

工办联合决定，要求七机部一院在1968年4月进行中远程导弹全弹试车，5—6月进行合练，7月开始飞行试验，力争1968年国庆节前发射卫星。1968年1月4日，中央专委办公室通知要求在1968年发射第一颗人造卫星。

任新民作为"东风四号"的技术负责人，既要抓总体和各系统的协调工作，还担任着主要分系统发动机的研制任务。在"东风四号"进行大型试验的关键时期，七机部的科研工作受到"文化大革命"的很大干扰和破坏。为克服"文化大革命"造成的影响，周恩来于1969年4月9日、5月7日、5月10日三次召见七机部一院与"东风四号"全弹试车的有关人员，并明确指出，试车是关系国家荣誉的大事，任何人不得干扰。在周恩来的直接过问下，"东风四号"在5月19日完成了一级全弹试车，在6月4日完成了二级全弹试车。10月24日，YF-3进行了工作时间300秒的长程试车，取得圆满成功。至此，YF-2A与YF-3发动机的研制工作基本告一段落。

8月27日，"东风四号"中远程导弹01批一组导弹出厂，运往酒泉卫星发射基地，任新民作为负责首次试验的技术指挥，带队奔赴酒泉试验基地进行飞行试验。这次试验不仅关乎中国第一枚中远程导弹的研制是否成功，也直接影响"长征一号"能否成功发射中国的第一颗人造地球卫星。另外，由于"东风四号"的射程增大，在试验时是否会因控制系统发生故障而使导弹飞出国境，也是要考虑的重要问题。为此，周恩来在发射前专门听取汇报，详细询问导弹质量和采取的飞行安全措施。为了确保成功，试验队到达靶场后进行了大量试验，检查各个分系统。这些工作从8月一直持续到11月。①

"东风四号"导弹首次发射试验确定为"短程总体方案验证"试验，旨在考查总体设计方案的可行性，重点考核两级分离和第二级发动机高空点火性能。经过近三个月的紧张测试，最终于11月16日进行了飞行试验。但由于计算机装置中的程控器断电，未发出一级关机指令，导致第一级未关机、第二级未点火、一二级未分离，飞行试验失败。任新民立即带领同事在现场进行故障分析、查找原因，并采取了一系列有针对性的改进措

---

① 张贵田访谈，2013年2月19日，北京。资料存于采集工程数据库。

施，如在控制系统中采用程配并联，并增加液位关机和时间关机，做到三重保险，确保关机。①1970年1月30日，改进后的"东风四号"导弹再次实施发射，系统之间相互协调，一二级分离正常，导弹首次飞行获得成功。

"东风四号"此次试验的成功证明，任新民和他的同事们设计的中远程导弹总体技术方案是可行的，这次成功发射也标志着中国掌握了两级火箭技术，同时也为"长征一号"运载火箭发射成功人造卫星打下了坚实基础。

从"东风四号"到"长征一号"

1957年10月4日，苏联宣布在拜科努尔发射场成功将世界上第一颗绕地球运行的人造卫星送入轨道。消息传出，各国为之震惊。彼时，世界上有航天技术能力的国家，如美国、日本、法国等纷纷宣布将研制自己的人造卫星。1958年5月，我国也原则上同意以中国科学院为主，开始研制自己的人造卫星。

中国科学院率先在北京、南京、云南、广州、陕西等地建立了观测站，对苏联的人造卫星进行地面观测，一些著名的高等院校也设立了空间技术专业，培养新中国自己的航天人才。1958年8月，中国科学院召开会议，决定由钱学森、赵九章、郭永怀、陆元九等人负责拟定发展人造卫星的规划草案，代号"581"。会议还决定成立3个设计院，第一设计院负责人造卫星总体设计和运载火箭的研制，第二设计院负责控制系统的研制，第三设计院负责探空仪器和空间物理研究。

1958年正处于"大跃进"的高潮阶段，举国上下对发射人造卫星热情很高，一开始就想用高能燃料的火箭发射重型卫星。但当时我国的科学技术工业水平与发射地球人造卫星的世界先进水平还有很大的差距。1959年，中央认为现在发射卫星与国力不相称，需要调整空间技术研究任务。为

---

① 谭邦治：《任新民传》。北京：中国青年出版社，2016年，第105页。

此，中国科学院决定停止研制大型运载火箭和人造卫星，把工作重点转移到探空火箭上。

1960年11月5日，"1059"近程导弹发射成功，标志着我国具备了生产制造导弹的能力。1964年6月29日，"东风二号"地地中近程导弹飞行试验取得成功，标志着我国能自行设计导弹。在12月的三届人大会议期间，赵九章建议尽快开展人造卫星研究工作，得到了聂荣臻、张爱萍、张劲夫等领导人和竺可桢、钱学森等科学家的支持。1965年4月29日，国防科工委提出了十年内我国航天的奋斗目标，向中央建议在1970—1971年发射我国第一颗人造卫星。5月，国防科工委、中国科学院和七机部同意将我国第一颗人造卫星命名为"东方红一号"，将运载火箭命名为"长征一号"，计划在1970年发射。10—11月，中国科学院受国防科工委委托，召开了我国第一颗人造卫星的方案论证会议，也被称作"651"会议。会议初步确定了人造卫星的总体方案。人造卫星由中国科学院负责研制，运载火箭的总体设计由七机部上海机电设计院承担。[①]

1966年1月25日，中国科学院成立人造卫星设计院，赵九章任院长。27日，根据国防科工委的要求，七机部确定发射第一颗人造地球卫星的运载火箭"长征一号"由第八设计院负责技术抓总、末级总体设计和运载火箭的总装工作。运载火箭的第一、第二级在"东风四号"远程液体导弹基础上进行设计。有关飞行程序的弹道计算工作由一院承担，具体由总体设计部落实。末级的固体发动机由第四研究院负责研制，姿态控制的喷气系统由二院承担。

一院总体设计部结合远程导弹的实际情况进行了讨论和设计。着眼于"八年四弹"规划，总体设计部调整了内部组织结构，由7个研究室扩建为11个研究室。研制远程液体导弹和第一颗人造地球卫星运载火箭的任务由11室承担。8月，上级正式批准把运载火箭命名为"长征一号"（代号CZ-1），整个工程代号为"651"。11月，以八院为主、一院参与的总体设计开始启动。

[①] 该院1965年迁到北京后，改称七机部第八设计院（简称"八院"），即现在的中国空间技术研究院北京空间机电研究所，也称508所。

1965年10月,中国科学院对运载火箭总体方案进行了论证,由七机部第八设计院负责,一院负责第一、第二级火箭发动机,四院负责第三级固体火箭发动机。由于"长征一号"运载火箭由多家单位负责研制,当时又处于"文化大革命"之中,为了确保研制工作的顺利展开、保障人造卫星按计划发射,1967年11月1日,国防科工委决定将研制"长征一号"运载火箭的任务由七机部八院移交给一院。八院的任务从负责火箭总体改为负责航天器总体。

任新民作为七机部一院的副院长、发动机研究所的所长,在初步完成了"东风四号"导弹发射之后,就全身心投入"长征一号"的研制工作。

一院总体设计部在接到任务后,根据设计中远程导弹的经验,对八院最初提出的方案作了必要的修改。修改后的"长征一号"火箭的主要参数是:起飞质量81.5吨,起飞推力104吨,最大直径2.25米,箭长29.46米,运载能力300千克,赤道倾角68.5度。[①]"长征一号"第一、第二级采用液体火箭发动机。第一级发动机是在中远程导弹第一级YF-2发动机基础上改进完成的YF-2A,采用四级并联的方式,用红烟硝酸和偏二甲肼作推进剂,地面推力104吨,比冲240秒。第二级采用的是YF-3发动机,与第一级发动机类似,是一台真空条件下工作的高空发动机。由于第二级发动机启动时,火箭的飞行速度达到60千米以上,如何保证顺利点火是这一级发动机研制中必须解决的难题。

为了解决这个问题,研制人员经过计算和论证,根据发动机的推进剂具有相遇即能自燃点火的特性,决定为高空发动机创造一个与地面类似的环境。这种方法既简单又实用,不会增加系统的复杂性,而且节省了资金和时间。1966年11月,"长征一号"二级火箭发动机进行了首次试车,点火后两秒就达到了稳定压力。高空发动机的成功填补了我国液体火箭发动机研制的一项空白,为今后多用途发动机的研制打下了基础。

第三级固体发动机的代号是GF-2,由七机部第四研究院[②]负责研制。从

---

① 谢光选:"长征一号"的研制历程。见卜雨亭,《谢光选》。北京:金城出版社,2008年,第126页。

② 今中国航天科工集团公司固体火箭发动机技术研究院,即六院。

1965年年底开始论证，到1967年4月开始试制，先后解决了各种技术难题。从1969年下半年开始，连续7次试车成功，各项技术指标均达到设计要求。

从1969年到1970年，任新民大部分的时间都是在戈壁大漠和太原的发射场度过的，他先后领导和参与了"东风三号""东风四号""长征一号"的研制和飞行试验工作。1970年2月5日，在"东风四号"发射成功不久启动了"长征一号"的合练箭，任新民又被指定为合练试验队队长，进行发射场的合练，为发射我国第一颗人造地球卫星"东方红一号"做最后的技术准备。

"长征一号"试验队除了增加第三级的研制人员外，基本上和中远程导弹试验队是一支队伍。考虑到这支队伍从1969年8月进场已经连续战斗了五个多月，又恰逢春节，为了使队伍得到休整、以利再战，经请示上级领导，试验队暂时返回北京，准备正月初六再返回发射基地。其实，除了休整，任新民这样做还有其他原因。他在现场发现，在中远程导弹的测试中，地面和弹上的电缆布线很乱，电缆脱插频繁地出现质量问题，要么有多余物，要么就是接触不良，影响测试的进度和质量。他要利用春节假期现场人员少的这段时间，把电缆网和脱插进行彻底清整。刚过完大年初一，任新民就带领事先约定的负责电缆网的两位科技人员提前返回发射场，在发射部队的通力配合下清理了全部电缆网、重新布线，并将所有的脱插电缆全部扒开，进行吹除，再重新插好。等到正月初六试验队人员返回发射场时，测试现场已经焕然一新。这不仅保证了合练测试质量，也加快了合练进度，保证了合练任务的按期完成。

过载开关问题

1970年3月26日，"长征一号"火箭和"东方红一号"卫星启运，作为"长征一号"试验队队长、发射卫星工程指挥部成员，任新民从早忙到晚，了解和处理各种技术问题。晚上除了加班和开会，他还经常到参试人员的宿舍与技术人员们谈心，或者协调和处理一些棘手的问题。

"文化大革命"期间的派系斗争也影响到试验队。本来有些技术上需要协调的事情很简单，但由于人员各属不同的派系，导致协调会上出现争斗，难以完成任务。任新民深入参试人员中间，也是为了协调派系之间的斗争。基层的参试人员和工人看到任新民既是专家又是部门领导，但一点架子都没有，不急不缓地跟他们摆事实、讲道理，完全是从国家利益和工作需要出发，都深受感动。这些工作为任新民领导火箭和卫星工作带来了很大的帮助和支持，也成了他了解技术问题的可靠信息来源。

4月2日，火箭和卫星刚刚抵达酒泉，周恩来便下令用专机将发射的主要负责人从酒泉接回北京，进行发射前的汇报。当晚，周恩来在人民大会堂福建厅接见了钱学森、李福泽、任新民、杨南生、戚发轫等人，听取战地测试的检查和发射准备情况。周恩来还指定让任新民坐在自己身边的一个位置上。钱学森首先汇报了火箭和卫星的总体情况，随后，周恩来又向任新民等人详细询问了卫星的具体情况。汇报从晚上7点多开始，一直持续到次日凌晨，前后进行了5个多小时。

任新民一行从北京回到酒泉后，运载火箭和卫星的检查测设工作正式展开，按照预定的工作程序进行了系统测试、系统匹配等工作，对火箭进行了三次总的检查，两颗"东方红一号"卫星也被认定符合设计要求，并顺利完成了火箭与卫星的对接，等待转入发射阵地。此时，周恩来命令有关人员又一次返回北京做第二次工作汇报。钱学森汇报火箭和卫星的概要情况，李福泽汇报发射中心各系统的准备情况，任新民汇报运载火箭第一级、第二级的测试情况，杨南生汇报运载火箭第三级的测试情况，戚发轫汇报"东方红一号"卫星的测试情况。

钱学森在汇报结束后向周恩来请示"东方红一号"卫星是否安装自毁系统过载开关[①]的问题，周恩来转而询问火箭和卫星的质量是否可靠。任

[①] "东方红一号"卫星上天后，按计划要在太空中播放《东方红》乐曲。为保证万无一失，钱学森曾提出在"长征一号"火箭的第三级加一个过载开关，也就是一个用于关闭系统的开关。如果火箭达不到第一宇宙速度或者卫星和火箭坠毁，过载开关就处在关闭状态，卫星的播放系统就不会播放《东方红》。但是，过载开关只在地面做过试验，万一在太空中也发生问题怎么办？因此，是否增加一个过载开关的问题在专家中引起争论，经国防科工委上报到中央后也一直没得到明确答复，一直是一个悬而未决的问题。

新民一般在这种场合下不轻易先说话,以"不讲话为金"。旁边的杨国宇用胳膊肘捅了捅任新民,意思是让他说话。任新民就又用胳膊肘捅了捅杨国宇,让他先说。这时,周恩来看到两人捅来捅去,就直接问任新民有什么意见。任新民回答道,卫星上最好不要安装安全自毁系统。如果在星箭没有分离、卫星还没有入轨时出现问题,运载火箭的安全自毁系统可将卫星一起炸掉,不至于对地面产生安全威胁;如果入轨后出现问题,可在再入大气层时烧毁,也不会对地面造成安全问题。但如果在卫星上装安全自毁系统,则卫星在轨运行时和全过程中有可能会误炸。从前面的检测情况来看,卫星应该是可靠的。在听取了任新民等人的汇报后,周恩来决定向中央报告不要过载开关。① 任新民在随后递交给中央政治局的报告中也提到了"长征一号"运载火箭的一些难点,如第一级和第二级火箭在空中能否成功分离、火箭电路中晶体管的质量过不过关。这份报告经钱学森等人的讨论和修改后,交到了总理办公室。

  4月14日,"长征一号"火箭在酒泉发射场技术战地测试完毕。4月15—16日,北京和酒泉的所有人员都在等待中央政治局会议对于报告的讨论情况。16日下午,周恩来亲自通知,中央研究决定去掉过载开关,批准"长征一号"火箭转往发射阵地,同意本次卫星发射。17日,钱学森、任新民、杨南生、戚发轫等赶回酒泉卫星发射中心。随后,卫星去掉自毁装置,火箭和卫星安全转运到二号发射阵地的南工位,完成了火箭起竖对接工作。18日,火箭和卫星开始进行垂直测试。19日,各分系统开始测试,各系统匹配点开始检查。4月21日,第三级火箭的固体发动机在检查时发现异常。经发射中心紧急会商,决定立即更换第三级火箭,并由北京方面将备用的第三级火箭火速运往酒泉卫星发射中心。4月23日,发射阵地的运载火箭、卫星测试的检查工作全部结束。指挥部根据气象部门的预报,将发射时间定于1970年4月24日晚上9点30分。4月24日上午,完成运载火箭第一、第二级加注推进剂的任务,火箭和卫星进入发射前8小时的准备程序。下午3点50分,发射场接到中央批准发射我国第一颗人造

---

① 谭邦治访谈,2012年11月12日,北京。资料存于采集工程数据库。

地球卫星"东方红一号"的命令。但此时，发射场却布满乌云，能见度很低，直接影响到光学仪器的跟踪与测量，地面的一个跟踪雷达也出现不稳定状况。幸好，故障随后被排除。

1970年4月24日晚9点35分44秒，指挥员下达"点火"命令，载着"东方红一号"卫星的"长征一号"运载火箭徐徐上升，18秒后开始转弯朝东南方奔去。当任新民在地下控制室的屏幕上看到火箭起飞的图像后，和很多同事一样，拔腿就往外跑。他跑在最前面，但因为年纪大、跑得比较慢，而地下室的通道又窄又长，后面急着想冲出去的年轻人又不好意思往前挤，只好耐着性子跟在他后面。

不久，指挥部传来消息，捕获到目标，跟踪和飞行都正常，二、三级成功分离。晚9点45分23秒，星箭分离，卫星准确入轨。晚9点50分，接收到卫星播放的《东方红》乐曲，发射场顿时欢呼一片。此时的任新民反倒平静下来，慢慢地在外面的广场上踱步，然后默默走回驻地。

当晚，《人民日报》发表号外，这一消息也在25日早上6点30分通过新华社向全世界宣布。自此，中国成为继苏、美、法、日之后，世界上第五个独立研制和发射人造卫星的国家。

4月28日，正当任新民等人忙着撤场时，又接到上级通知，要求主要负责人马上返回北京。返京后，他们被安排到总参的一个招待所，被告知不准外出、原地待命。此时北京已是春天，而任新民却还穿着在酒泉时穿的冬装，这不免引起了招待所工作人员的好奇，以为他又是一位被打倒的"走资派"。后来经过批准，他才跟妻子虞霜琴通了电话，让她送来一些换洗衣服。任新民等人接到的"紧急任务"是参加1970年5月1日"国际劳动节"夜晚的观礼。当天，参与"长征一号"运载火箭和"东方红一号"研制和发射的人员代表钱学森、杨国宇、任新民、戚发轫、虞利章、丛学成等17人登上了天安门城楼，受到党和国家领导人的接见。

我国第一颗人造地球卫星发射成功使得我国的航天技术向世界先进行列迈进。但由于它是在太空中低轨道运行，因此不可能有更大的实用价值。发射一种专门用于空间物理探测的科学实验卫星便被提上议程。不久，以"实践"命名的科学探测卫星被研制出来。这时，"长征一

图 9-2　1995 年,"东方红一号"成功发射 25 年,当年参加的部分人员合影(前排右三为任新民。资料来源:航天档案馆)

号"运载火箭又担负着发射"实践一号"卫星的任务。由于"实践一号"比"东方红一号"更重,所以这对"长征一号"来说又是一个新的挑战。在这期间,无论是在北京还是在酒泉,无论是在火箭总装厂还是在发射场,无论是各种前期测试和细节把控,任新民都做到了事无巨细,体现了高度的责任心。

1971 年 3 月 3 日,"实践一号"卫星在酒泉卫星发射中心成功发射。但是入轨后的前七天,遥测信号一直很微弱,直到第八天信号强度才达到设计要求,信号恢复正常。"实践一号"科学实验卫星服役八年,远多于一年的原设计寿命。在发射完"实践一号"之后,"长征一号"的历史使命也就光荣完成了。

第十章
远程洲际导弹

在"东风五号"和"长征二号"的发动机技术攻关中，任新民组织和领导同事们解决了诸多难题，如推进剂选择、制导方案和轨道方案、导弹飞行姿态、燃烧室高频不稳定燃烧和低频不稳定燃烧等，从而保证了远程洲际导弹的成功研制。1975年11月，"长征二号"成功发射我国第一颗返回式遥感卫星。1980年5月，我国本土发射的第一发远程洲际弹道导弹准确落入南太平洋预定海域，任新民担任了发射场首区副总指挥。

"东风五号"的研制与推迟

1957年8月21日，苏联第一发洲际弹道导弹P-7远程发射成功，射程达8000千米，号称可以发射到地球上的任何地区。10月4日，苏联又用P-7导弹改装的运载火箭把世界上第一颗人造地球卫星送入近地轨道。美国紧随其后，也在11月28日全程试验了第一发洲际弹道导弹SM-65。同年11月，毛泽东率领中国代表团访问苏联时，国防部长彭德怀向苏联方面表示了中国要研制洲际导弹的想法。1958年1月10日，在五院制订的《喷气技术十年（1958—1967）发展规划纲要》中，第一次明确提出研制洲际导弹。后来由于苏联中止了对我国的技术援助，五院重新调整了导弹发展规划，确定远期任务是发展洲际导弹。

20世纪60年代初，我国在"八年四弹"规划中明确指出，在完成中远程弹道导弹的研制任务后发展远程洲际液体弹道导弹。1964年1月15日，五院下发《1963—1980年导弹技术发展规划（草案）》，确定1971—1980年的主要任务是研制洲际导弹。一分院一部随即成立了洲际导弹论证小组，开始进行方案论证工作。1965年3月20日，中央专委第十一次会议原则同意研制洲际导弹，编号命名为"东风五号"（DF-5），并下达了主要战术技术指标。[①]8月，一院副院长屠守锷主持了洲际导弹方案的论证。"东风五号"从方案论证时起，就确立了要将其研制成先进的战略武器的指导思想，因此导弹的各系统都采用了一些新的技术方案。本着"动力先行"的原则，时任七机部一院副院长兼液体火箭发动机研究所（11所）所长的任新民主持了发动机方案论证，并组织了"东风五号"一、二级发动机的研制工作。

1958年，从苏联茹科夫斯基空军军事工程学院飞机发动系毕业的李伯勇到11所工作。他记得"东风五号"的论证是从1964年下半年开始的，11所成立了发动机论证小组，由任新民担任组长、李伯勇担任助手。论证了半年之后，11所展开了"东风五号"的大讨论，讨论的核心是采用哪种推进剂，这在当时被称为"推进剂之争"。所里分成了两派，一派主张用四氧化二氮和偏二甲基肼，认为这可以继承"东风三号"原有的经验，相对简单一些；另一派主张用液氧煤油，因为"东风二号"用的就是液氧和酒精，这跟液氧煤油很接近，研制速度会更快一些。任新民充分发挥民主，让研究人员各抒己见。但两派各不相让，两三个月内反复召开讨论会，争论得很激烈。最后"官司"打到钱学森那里，由钱学森和任新民拍板决定，选用了四氧化二氮和偏二甲基肼。这是在"东风五号"研制中，

---

① 射程达到10000~14000千米，弹头重3吨，要求1971年首飞、1973年定型。根据当时的技术水平背景，"东风五号"的定位是一种发射井基，二级、液体推进的洲际弹道导弹。

任新民直接管理的第一件事情。①

"东风五号"发动机初期的研制工作从1965年全面展开，全部在北京地区进行。4—8月完成了发动机YF-20的初样设计，年底进行了第一次燃烧室短喷管试验，试验还算成功，证明所选用的推进剂是可行的。1968年2月，YF-20发动机单机首次长程热试车成功，12月第二次长程热试车也获成功，实测推力为67吨，工作时间249秒，完成了性能试验。

随着国际形势的突变，中苏关系急剧恶化，中央决定进行"三线"建设。1965年8月，中央专委批准了七机部《关于后方建设方案的报告》，确定在陕西省建设液体、固体火箭发动机和微电子、卫星专用设备等科研生产基地。根据中央"靠山、分散、隐蔽"的"三线"建设方针，基地均定点在沿秦岭山区一带。任新民参与了"三线"研制基地的选址工作。他亲赴四川、甘肃、陕西等三线地区考察选址，为筹建远程、洲际导弹发动机的研制基地做准备，还具体审查了三线发动机研制基地的建设方案，特别是发动机试车台的建设方案。

我国第二个液体火箭发动机研制基地（代号067基地）于1965年11月动工，上万名建设大军展开了"大会战"。经过5年的抢建，于1970年初步建成，可以进行包括研究、设计、生产和试验在内的工作，其中能进行总推力达400吨的大型液体火箭发动机试验的165站1号试车台仅用两年多时间建成。1969年6月14日，在该试车台上首次成功进行了"东风五号"发动机试车。

1966年1月，七机部八院开始就返回式遥感卫星的总体方案进行论证。根据当时导弹的研制情况，认为只有洲际导弹具备发射返回式遥感卫星的运载能力。1967年9月，七机部召开返回式卫星总体方案论证会，确定运载火箭以洲际导弹为基础进行改制，作为发射返回式卫星的工具，并责成一院负责研制，计划在1969年发射，在1970年达到初步的使用要求。1968年1月，洲际导弹的方案设计基本结束，转入初样研制阶段。由于洲际导弹采用了很多新的技术，很多具体的技术方案还处在探索中，导致洲

---

① 李伯勇访谈，2013年10月11日，北京。资料存于采集工程数据库。

际导弹的研究进程非常缓慢。

1967年，我国第一颗氢弹爆炸试验成功，七机部向国防科工委和中央专委提出了加快研制洲际导弹的建议。1968年1月4日，中央专委第十九次会议要求七机部尽快安排洲际导弹的研制。但是当时一院的重点工作正围绕着确保1970年按时发射"长征一号"运载火箭和"东方红一号"人造地球卫星开展，没有更多的人员、精力和时间再来研制洲际导弹。因此，当时虽然加快了洲际导弹的研制步伐，但实际的研制工作还是遇到了很大困难，用后来梁思礼的话来说，当时洲际导弹的研制多少有些任其自流。[①]直到"东风四号"中远程导弹和"长征一号"火箭的技术基本达到设计要求后，一院才开始将研究重点转向洲际导弹。

除了推进剂采用偏二甲肼和四氧化二氮，任新民还组织和领导了"东风五号"远程洲际导弹发动机诸多的技术攻关，如利用发动机摇摆提供控制力，以代替燃气舵控制导弹飞行姿态的问题；采用简单可靠的系统方案，以达到性能指标高、工作可靠，并能同时满足导弹运载火箭的不同要求；抑制燃烧室的高频不稳定燃烧和低频不稳定燃烧问题；推进剂输送系统采用自身增压和导管的全位置焊接。在这些关键技术的攻关中，任新民既能充分地发扬技术民主，广泛地听取广大科技人员、工人的意见，集思广益；又能适时地做出分析、判断，发表有指导性的意见，作出决策。他对这些关键技术的解决作出了重要贡献。正是由于这些关键技术的解决，才保证了"东风五号"发动机的研制成功，也为在此基础上经改进而研制成功的"长征二号"运载火箭和经增程而研制成功的洲际导弹提供了重要的、不可或缺的保障。

1970年1月，七机部一分院决定发动机的试制由北京转移到067基地，并要求11所负责洲际导弹发动机的设计，试验人员和生产厂的相应工艺设备于6月底前完成全部搬迁工作。洲际导弹发动机的研制工作由此以067基地为主进行，先后在该基地攻克了推力室的燃烧稳定、发动机摇摆、同轴立式涡轮泵研制、发动机减震与抗震等一系列关键技术。20世纪70年

[①] 梁思礼：远程火箭研制片段。见《中国航天腾飞之路》编委会编，《中国航天腾飞之路》。北京：中国文史出版社，1999年，第195页。

代以后，该基地逐渐发展成为中国最大的液体火箭发动机研制生产基地。[①]

1970年2月，"东风五号"的控制系统初样开始进行综合试验。6月，完成了导弹的技术设计。此后，导弹投入小批量生产并开始测试，总共生产01批次共6枚。8月，第一枚遥测弹的控制系统开始进行综合试验。9月，完成实物仿真试验，验证了姿态控制系统设计方案的正确性。11月，"东风五号"01批次第一枚遥测弹开始总装。1971年3月，第一枚"东风五号"遥测弹的各种试验和总装工作完成。6月27日，导弹运往酒泉发射基地。1971年9月10日，中国第一枚洲际导弹"东风五号"在酒泉发射场进行低弹道[②]方案考核试验。导弹第一级情况正常，顺利分离。但由于计算机软件设计问题，未能适应低弹道，207秒时Ⅱ级发动机提前30秒关机，姿态控制系统出现短时间振荡，导弹落点偏离565千米，未能模拟全程弹头再入过程，防热结构和引爆系统也没有得到考验。随后的修改方案提出了10项较大幅度的改动。

1972年12月26日，"东风五号"01批第二枚遥测弹进行第二次低弹道方案考核试验。在一级发动机点火过程中，由于电爆管短路，导致脱落插头提前脱落，Ⅰ、Ⅲ分机因启动活门未打开而未能点火，导弹自动紧急关机，中止了发射。一级发动机返厂检修后，于1973年4月8日再次发射。当飞行到43秒时，控制系统突然断电，仪器舱外压失稳，导弹自毁，试验失败。两次飞行试验暴露出导弹质量和可靠性方面存在的严重问题。[③]

这一时期"东风五号"的研制一方面由于研发受挫，另一方面也是由于"文化大革命"的干扰，原定的"八年四弹"规划已无法按期完成，"东风五号"的试验工作暂时搁置，重点工作转向了基本设计的修改。此后的三年时间也都主要在进行基本设计的改进工作。1973年10月，经周恩来批准，洲际导弹的研制、试验计划推迟进行。

---

① 李成智：《中国航天技术发展史稿（中）》。济南：山东教育出版社，2006年，352页。
② 低弹道发射试验即全部飞行段都在中国国境内进行。
③ 谢光：《当代中国的国防科技事业（上）》。北京：当代中国出版社，1992年，第330页。

图 10-1　1993 年，任新民（右）在酒泉发射中心听取工作汇报
（资料来源：航天档案馆）

"长征二号"首发失败

"东风五号"的研制工作虽然一度停滞，但是它却与"风暴一号"火箭密切相关，并在此基础上成功衍生出"长征二号""长征三号""长征四号"等一系列商业火箭。

"长征二号"的初始型号是从"东风五号"01 批次改装过来的。1970 年 6 月 5 日，周恩来主持召开中央专委会议，听取了返回式卫星工程研制情况的汇报，并将这一工程列为国家重点建设项目。13 日，国防科工委发出通知，要求七机部和空间技术研究院分别组织队伍开展研制工作，由七机部负责抓总，研制工作逐步展开。1971 年 4 月，七机部成立返回式卫星工程总体协调领导小组，进行技术协调。1973 年 1 月，一院确定"东风五号"01 批第三枚作为发射第一颗返回式卫星的运载工具。7 月，又确定 01 批的第四、第五枚也用作发射卫星的运载工具。11 月，一院将发射返回式卫星的火箭命名为"长征二号"（代号CZ-2）。1974年11月5日，"东风五号"导弹01批3号弹被改为"长征二号"火箭用于发射返回式遥感卫星（FSW-0-0）。

"长征二号"运载火箭与"东风五号"洲际导弹的设计方案相同，技术设计略有不同。为了在尽可能短的时间内研制出来，"长征二号"运载火箭的各项技术都尽可能选择技术难度小的方案。在总设计师屠守锷的主持下，协作单位在总体设计部提出的初步方案基础上进行了方案论证，其设计目标是发射重型返回式卫星，近地轨道运载能力达1800千克。

"长征二号"全长32米，最大直径3.35米，这也是火箭燃料箱的直径。当时，研究人员从美国和苏联获得的资料中得知，它们的远程洲际导弹直径一般都是3.05米，因此在"八年四弹"规划期间，"东风五号"远程导弹的直径就被确定在3~3.2米的范围内。在实际设计中，研究人员一方面希望远程导弹能够尽量设计得短一些、粗一些，以避免当年"东风二号"由于导弹过细过长而出现的弹性耦合振动问题，另一方面要考虑运输条件的限制。导弹的生产基地在北京，发射基地在西昌、酒泉等地，导弹用铁路运输不可避免地要穿山越岭，因此导弹的直径就要受到运输途中山洞大小的限制。七机部一院同铁道部等单位从1965年下半年至1966年1月，搜集了铁路、隧道、涵洞、桥梁等方面的资料，经过实地考察、反复论证，鉴于中国铁路多数线路车辆的通过直径不大于3.40米的状况，最终确定了"东风五号"的最大直径是3.35米。[1] 这个尺寸后来成为中国长征系列火箭的标准直径。有人测算过，正是由于直径的增大，使我国长征系列火箭的运载能力普遍提高了20%~30%。[2] 这个尺寸不仅为控制系统的设计创造了较好条件，也为后续型号发展奠定了良好基础。

"长征二号"运载火箭从1970年开始初步设计到1974年8月出厂，历时五年多。1974年11月5日，"长征二号"运载火箭在酒泉发射基地首次发射返回式卫星。火箭起飞后不久即出现失稳，飞行姿态失去控制，摆幅越来越大。20秒后，由于火箭俯仰姿态角偏差太大，姿态自毁系统发生爆

---

[1] 马作新的访谈，2014年1月9日，北京。资料存于采集工程数据库。
[2] 宋健主编：《"两弹一星"元勋（下）》。北京：清华大学出版社，2001年，第373页。

炸,箭体和搭载的卫星坠毁在发射塔附近。经事后调查和研究表明,造成发射失败的原因是火箭控制系统俯仰通道的箭上电缆断了一根导线,具体断裂位置在距离速率陀螺输出电缆600毫米的地方。由于火箭起飞后发生强烈震荡,使有暗伤的电缆被惯性力拉断,造成短路,使姿态速率控制失去作用,导致稳定系统俯仰通道失去稳定性,火箭偏离方向而自毁。

"长征二号"首次发射失败后,一院开展了产品质量整顿工作,详细分析发射失败的原因和研制过程中发现的其他问题,并针对这些问题采取相应措施。受此次失败的影响,中央决定将首款发射1吨以上卫星的任务交给"风暴一号"。

"文化大革命"期间,七机部是著名的"老大难"单位,大大小小的派别组织不下几百个,热衷于派性斗争,不少厂、所处于瘫痪或半瘫痪状态。周恩来曾经37次亲自出面解决七机部的问题,仍然没有效果。1975年3月8日,中央决定由张爱萍重新担任国防科工委主任。张爱萍重新上任后,首先带领工作组深入七机部派性斗争闹得最凶的研究院、研究所和工厂蹲点调查研究,以便了解情况。他在视察七机部时公开提出"还我'老五院'"的精神,进行全面整顿,恢复国防部五院原有的行之有效的规章制度。

张爱萍主持提出和制订了我国20世纪80年代前期战略导弹与航天技术的"三抓"重点任务:1977年建军80周年前拿出"东五""东四",1978年拿出潜地弹道导弹,1980年拿出通信卫星。[①]这个计划比1965年的"八年四弹"规划推迟了4~5年。

5月25日,中共中央作出《关于国防尖端技术发展问题的决定》,要求首先抓紧洲际导弹的研制。6月30日,批准国防科工委《关于解决七机部问题的报告》,要求坚决贯彻执行,其中包括消除资产阶级派性、整顿组织、建立正常的科研管理部门和工作秩序。

1975年7月1日,任新民被任命为七机部副部长、党委核心小组成员,

---

① 这是"三抓"任务的最初版本。后来"三抓"任务表述为:一是向太平洋预定海域发射远程液体弹道导弹,二是水下发射固体弹道导弹,三是发射地球同步轨道试验通信卫星。但由于"文化大革命"等因素的影响,这三个任务曾一度搁浅,直到1977年9月,这一规划才得到党中央的正式批准。

分管科研生产和型号研制工作，他身上的担子更重了。8月，任新民作为七机部的技术总负责人，组织指挥用"长征二号"火箭发射返回式遥感卫星的工作。由于"长征二号"首发失利，使得后续研制工作压力更大。任新民此时虽已是副部长，但是依然坚持深入测试现场，遇到问题与广大参试人员一起讨论解决，带领广大参试人员精心测试和操作。

1975年11月26日，"长征二号"火箭携带返回式卫星点火发射，火箭按预定程序飞行，卫星准确进入预定轨道。11月29日，重达1790千克的卫星在预定轨道上运行3天、绕地球飞行47圈后成功进行了回收。这是我国首次成功发射和回收返回式遥感卫星，尽管回收中暴露了一些问题，比如返回舱在穿越大气层时被高温烧焦，最后落在贵州省六枝地区的一个矿井附近，落点偏差较大，但"长征二号"运载火箭得到了考验，研究人员从这次发射中获取了预定的遥感试验资料，也使我国基本上掌握了返回式遥感卫星的回收技术。

1976年12月7日，"长征二号"运载火箭进行第三次发射，又成功发射一颗返回式卫星。1978年1月26日，"长征二号"火箭又进行了两次发射，均获成功。"长征二号"连续三次成功发射返回式卫星并顺利回收，使我国成为世界上继美国和苏联之后，第三个掌握返回式卫星和航天遥感技术的国家。

"长征二号"的成功极大地鼓舞了科研人员的士气，证明了我国具备设计和研制高性能、高可靠性运载火箭的技术能力。1978年，中国运载火箭技术研究院开始在"长征二号"基础上进行适应性的技术改进，衍生出了新的运载火箭"长征二号丙"（代号CZ-2C）。这款运载火箭是长征运载火箭家族中的核心型号，直到今天还保持着发射不败纪录，被誉为"金牌火箭"。

580任务

1974年，经过重大改进的"东风五号"洲际导弹02批完成初步设计，投产后又做了大量的地面试验，组织了一系列专项技术的攻关，为型号的成功研制打下了良好基础。

1975年5月25日,国防科工委就战略导弹研制工作安排向中央军委递交请示。中央军委明确提出,必须首先抓紧洲际导弹的研制,并确定了洲际导弹第一步要达到的射程和发射方式。"东风五号"的第2批次飞行试验开始处于酝酿状态。

1977年9月27日,中央专委批准了《地对地洲际核导弹研制任务书》,明确规定了洲际导弹的性能指标、主要技术方案、研制分工和研制进度,要求1980年前完成洲际导弹的定型工作,并于1980年进行全程试验。随后生产了16发"东风五号",其中8发在1981年前用于飞行试验。

1978年1月31日,国务院、中央军委在《关于加速我军武器装备现代化的决定》中明确提出当前的主要任务是在1980年前后集中力量把洲际导弹研制定型并进行改进。当天,七机部任命屠守锷为"东风五号"的总体系统总设计师。7月12日,国防科工委确定"东风五号"全程飞行试验,从20基地向南太平洋发射,准备发射4发,争取成功2发,并确定了海上落区和备用落区,试验代号"580"。

1980年对于"东风五号"而言是关键的一年。2月12日,中央专委会议批准了国防科工委提出的"东风五号"全程飞行试验方案。为了加强对发射场区试验工作的领导,国防科工委指派副主任马捷为发射场首区总指挥,七机部副部长任新民为发射场首区副总指挥,共同进行现场领导。七机部副部长兼一院院长张镰斧、洲际导弹总设计师屠守锷率领发射场首区试验队到试验基地参加试验工作。他们带领广大参试人员仔细认真地进行各种测试和检查,不放过任何疑点和隐患。一旦遇到问题,他们都奔赴现场,同广大科技人员、工人一起研究问题、解决问题,测试工作进展顺利。从3月25日至5月16日,参试人员完成了导弹和备份仪器的测试和推进剂加注前的各项工作。在试验准备过程中,他们始终把导弹的可靠性作为试验成败的关键,组织精心检测、排除隐患。各参试单位还广泛开展预想预防活动,针对性地采取相应技术措施、制订应急处置方案。

"580任务"中负责海上测控任务的远洋船队于1980年4月26日齐集吴淞口。4月28日至5月1日,远洋测量船队与护航舰队组成特种混合编队从舟山集结点启航，经过半个多月的航行，于 5 月 12 日抵达预定试验海域。船队到达预定海域后，进行了首末区住处联调、全区合练、遥测飞机跟踪试验和航测飞行标校试验等工作。

1980 年 5 月 18 日凌晨 2 时，在酒泉导弹试验基地 2 号发射阵地上，两枚洲际导弹分别矗立在相距 400 米的南、北工位的两个发射台上。上午 10 时 00 分 23 秒，第一发全程试验弹"580- 甲弹"发射升空，向预定海域发射。"580- 甲弹"弹头飞行时间 29 分 57 秒，射程 9068 千米。导弹从发射到飞行、遥测、通信、溅落、数据舱打捞都很顺利，首次飞行取得圆满成功。这次试验标志着"东风五号"第一步研制目标已经实现，我国大型液体弹道导弹及运载火箭技术已进入世界先进水平行列，也使我国战略导弹、航天技术在 20 世纪 80 年代前期的三项重点任务首战告捷，在国内国际产生了重大影响。

1980 年 5 月 21 日 11 时 19 分 32 秒，从 5020 工位发射"580- 乙弹"，此弹由 062 基地总装测试，因控制系统问题引起二级发动机提前 6.4 秒关机，导弹未能到达预定海域。尽管第二发弹略有遗憾，但"580 任务"还是基本完成了预定目标。

"580 任务"后，一院根据试验中暴露出来的问题，对产品软硬件进行了改进。1981 年 12 月 7 日，从地井进行导弹高弹道飞行试验。制导系统首次采用误差修正方法，在命中精度上取得满意效果。随后，02 批开始交付部队试用。①

从 1964 年论证到 1983 年定型，任新民参与了"东风五号"的方案论证、选择推进剂和大的方案的确定。"东风五号"具有以下特点：第一是因为选用了新的推进剂，推进力比较大；第二是发动机采用摇摆机构；第三是储箱的增压不像以前那样用气瓶，而是用燃料和氧化剂系统进行自身增压；第四是采用一个一级的主发动机代替二级的主发动机，节省了研制

---

① 1983 年，"东风五号"第一级发动机定型。1984 年 8 月 15 日，国务院、中央军委战略核武器（地－地）二级定型委员会同意"东风五号"导弹发动机和三轴稳定惯性平台系统定型。10 月 1 日，3 发"东风五号"作为压轴方队参加了国庆 35 周年天安门阅兵。1985 年，"东风五号"获得首次设立的国家科技进步奖特等奖。1986 年 12 月 16 日，"东风五号"导弹核武器系统设计定型。

图 10-2　1998 年，任新民（右七）在 921 箭船基地（资料来源：航天档案馆）

时间，这些都是由任新民定下来的；第五是系统简单可靠，去掉了调节器，主系统继续用节流圈调节混合比，副系统用文氏管。总的来讲，"东风五号"的发动机可靠性较高，基本上没有因为发动机的问题导致发射失败。这也是在吸收以前导弹研制经验的基础上取得的成就，尤其是吸收了"东风三号"的经验。

在中国的液体地地战略导弹中，"东风五号"所用的液体火箭发动机是推力最大的一种，几乎是"东风四号"的三倍。这为后来的发动机研制打下了良好基础，成为"长征二号"和"长征三号"等运载火箭的主动力装置，为中国航天事业的发展立下汗马功劳。

第十一章
"331 工程"的"总总师"

1984年4月8日19时20分，"长征三号"运载火箭发射升空，开启了中国运载火箭有史以来最远的征程，将我国第一颗地球同步轨道通信卫星"东方红二号"送向了36000千米的太空。在这次具有里程碑意义的发射中，首次使用了在高空二次启动的三级低温高能发动机，使我国成为世界上继美、法之后第三个成功使用氢氧发动机[①]的国家，而氢氧发动机的研制与任新民的执着和坚持密不可分。

氢氧发动机的探索性研究

氢氧发动机是20世纪60年代开始应用的新型液体燃料火箭发动机。

[①] 氢氧发动机是指以液氢液氧为推进剂的火箭发动机。它同普通火箭发动机一样，由涡轮泵将推进剂增压到设计值后送入燃烧室燃烧，产生高压高温燃气流，通过喷管转换成推力，推动火箭加速飞行。其突出优点是采用了高能的液氢液氧作推进剂，这种推进剂性能在获得实际应用的所有液体推进剂中居首位，真空比冲可达到4200~4700米/秒，比一般常规发动机的比冲大50%以上。另外，液氢液氧的燃烧产物是水蒸气，对环境不会造成任何污染。各国航天事业的发展历史表明，氢氧发动机为各种运载器提供了高性能的动力装置，是人类进行航天活动的重要支柱，其优越的性能和先进的技术以及安全无毒的燃烧产物使世界各个航天大国都在争相研制和改进氢氧发动机。

1958年，美国研制出世界上第一台氢氧发动机（RL10发动机），该发动机采用膨胀循环，真空推力6.8吨，在1963年投入使用，用作宇宙神、大力神、雷神及土星运载火箭的动力装置，在美国的航天活动中占有重要位置。[1]

美国非常重视大推力氢氧发动机的研制。20世纪60年代初，美国最先开展载人登月工程，其中的"土星—5号"载人登月运载火箭，除一级有5台大推力液氧煤油发动机组成的助推器外，二级和三级火箭都用大推力氢氧火箭发动机。这种火箭起飞重量比较轻、结构简单、性能先进、可靠性高，成功实现了6次载人登月。此外，苏联、欧洲、日本等所有航天技术发达国家都致力于用先进的氢氧火箭发动机作为运载火箭的动力装置。

我国氢氧发动机理论研究始于20世纪50年代末。1958—1959年，兼任中国科学院力学所所长的钱学森就提出了研究液氧在火箭上应用的问题，并在北京怀柔开始筹备氢氧发动机的理论研究工作，不过当时主要研究的是氢氧燃烧技术。

1961年，国防科工委根据钱学森的建议成立了140专业组，立项后也叫"140工程"，主要做两件事：一是在五院101站进行液氢的生产，建一个小规模的液氢厂，"其主要任务是建立液氢生产车间和进行相关的低温技术研究"[2]；二是由中国科学院力学所进行氢作为火箭燃料的基础性研究。所以，最早研究氢氧发动机的不是五院，而是中国科学院力学所。但是，中国科学院力学所只是研究了燃烧气态的氢和液氧，让这种燃烧受到控制变成燃气，从而做成一个燃烧体，这与变成真正的火箭技术还有很大的距离。下一步需要由具体的工业部门来接收，把它做成一个产品。[3]

20世纪60年代初，任新民非常关注航天技术先进国家的技术动态，特别是液体火箭发动机方面的报道。1965年3月，经任新民提议，国防部

---

[1] 顾明初：加快大推力氢氧发动机研制迎接21世纪.《导弹与航天运载技术》，2000年第1期，第12—16页。

[2] 朱森元：氢氧火箭发动机在中国如何走向工程应用.《兵器知识》，2010年第1期，第33—36页。

[3] 王桁访谈，2013年5月3日，北京。资料存于采集工程数据库。

五院一分院 11 所组建了氢氧火箭发动机研究工程小组，开始搜集关于氢氧发动机的技术资料，梳理其中的关键技术，开展了一些关键技术的预先研究。当时他们已经不研究气体氢，而是研究液态氢。因为当时"东风二号"已经不生产了，有人提出把"东风二号"的试车台改成液氢试车台。①

1965 年 9 月，国防科工委在上海召开了三次 140 小组专业会议，参会相关单位有 101 站和 11 所，另外还有铁道部和燃化部。会上确定 101 站负责研制 30 平方米真空多层绝热的试验液氢贮箱，铁道部负责研制 40 平方米铁路运输液氢槽车，燃化部负责液氢工业生产。这次大会促进了液氢低温技术的发展，同时这些基础设施也为氢氧发动机各部件的预先研究提供了必要条件。1966 年，根据国防科工委的决定，中国科学院力学所对氢氧发动机的研究工作进行了鉴定和总结，将有关技术资料和成果报告移交七机部一分院。

20 世纪 60 年代末，受"文化大革命"的影响，从事一分院氢氧发动机的科研人员大部分被下放军垦农场劳动，研究工作几乎完全停滞。但是我国在氢氧发动机理论研究方面已经积累了一定基础，到 1970 年，氢氧发动机的理论调研阶段基本结束。此时，任新民主张积极投入研制试验。1970 年年初，发动机设计所成立了氢氧发动机研究室，由朱森元担任主任，全面开展氢氧发动机的预先研究。10 月，时任七机部一院副院长兼 11 所所长和七机部科研生产组副组长的任新民召集火箭总体部和发动机研究设计所的技术人员开会讨论。他在会上提出一个想法：把"长征一号"运载火箭的固体三级换成氢氧三级火箭，能否用来运载导航卫星？与会人员对这个问题非常感兴趣，赞同将这个想法列入发展规划来研究。之后，火箭总体设计部起草了氢氧发动机设计任务书的征求意见稿，这就是我国第一台氢氧发动机（代号 YF-70）设计任务书。自此，氢氧发动机的预先研究正式展开。

1970 年 12 月，11 所成立氢氧发动机"三结合"研制队伍，在朱森元的领导下，不到一个月就生产出 800 千克推力的氢氧燃烧室试验件。1971

---

① 王桁访谈，2013 年 5 月 3 日，北京。资料存于采集工程数据库。

年1月16日，我国首次进行了液氢液氧推力室挤压式热试车。试车时，当第一次3秒试车正常关机后，所有在场的工作人员都热烈鼓掌，欢呼雀跃。这次点火试验的成功极大鼓舞了研制人员，推动了后续的研究工作。通过此次试验，研究人员初步掌握了液氢液氧的点火方法和程序，了解了液氢的一些低温性能，为后续的工作积累了宝贵经验。在这次试验的基础上，1971年9月，4吨燃烧室首次点火试验成功。在进行燃烧室预研究的同时，涡轮泵和活门等其他零组件也在加紧生产。

虽然氢氧发动机的预先研究进展较为顺利，但能否在工程实践中立项、能否真正成为运载火箭上面的一级还是个问题，因为理论研究和工程应用毕竟不同，而在具体工程应用中实现相同的效果也可以选择不同的技术路径。

"331工程"的一字之差

1974年5月，中央要求尽快发射地球同步轨道通信卫星，氢氧发动机的研制迎来了新的契机。8月，七机部召开通信卫星运载工具方案论证会，研讨运载火箭的第三级究竟是采用常规发动机还是氢氧发动机的问题。11所氢氧发动机研制人员应邀在会上汇报液氢涡轮泵试验研究的情况，展示了一台经过液氢半系统试车的发动机实物，引起了与会专家的兴趣和重视。

采用氢氧发动机作三级动力装置，不仅可以解决此前运载能力不足的问题，而且还能把我国航天运载火箭水平推进到国际先进行列。但问题是氢氧发动机还有多少关键技术需要突破？能否如期研制出来？作为技术出身的部级领导，任新民并没有保守稳妥地采用理论上成熟、技术上可靠的常规发动机，而是决心支持氢氧发动机参加通信卫星运载方案的竞争。此次会议最后决定"氢氧和常规两个方案同时并举，一年后再定"。

不久，新的氢氧发动机方案形成，设计工作也随即展开。1975年1月

25日，我国第一台YF-70氢氧发动机进行"憋压"点火启动，整机试车成功，考验了发动机预冷系统和启动性能。YF-70氢氧发动机连续4次试车成功后，任新民在试车现场对液体火箭发动机研究所的领导和科研人员说："通向氢氧发动机这一新技术领域的大门已经被我们打开，对研制带有氢氧发动机的运载火箭立项我有底气了！"[①] 这说明他更加坚定不移地主张使用第三级为氢氧发动机的运载火箭发射通信卫星。

1975年3月31日，国家正式将卫星通信工程命名为"331工程"，由运载火箭、通信卫星、地面测控通信系统、发射场、卫星通信地面系统五大系统组成，这是我国在20世纪80年代以前规模最大、涉及部门最多、技术最复杂、难度最高的大型航天系统工程。1977年9月，任新民被正式任命为"331工程"总设计师，也就是说，该工程的每个系统都有各自的总设计师，而任新民则是五个系统的总设计师，因此他就有了"总总师"的称号。

任新民深知，"331工程"事关我国卫星通信事业的建立与发展，特别是我国研制和发射试验通信卫星的计划已经公之于世，所以这一工程也事关国家声誉。完成这一任务需要克服各种困难，首当其冲的一个关键就是研制新的"长征三号"运载火箭，而研制"长征三号"的难点在于氢氧发动机。在担任"总总师"期间，任新民把更多的时间和精力投到解决这个难题的工作中。

1976年3月，YF-73氢氧发动机进行第一次点火启动，整机试车成功，试车数据表明发动机设计方案可行。此时，任新民开始考虑是否把氢氧发动机列为通信卫星运载火箭的主攻方案。7月15日—8月12日，在"331工程"总体协调会上，国防科工委正式决定发射通信卫星的运载火箭一、二级采用稍加修改的远程洲际火箭（即"东风五号"），第三级采用液氢液氧，分两次点火的方案。常规三级方案被列为预备方案。由于部分人员认为氢氧发动机的技术风险大，在随后的火箭设计方案讨论会上，大家围绕采用氢氧发动机还是常规发动机又一次发生了争论。任新民再次强调："中

---

① 谭邦治：《任新民传》。北京：中国青年出版社，2016年，第135页。

国要想在本世纪末成为航天大国，甩掉落后帽子，眼睛必须瞄准当代火箭发动机的高峰，不应因循守旧，故步自封。要说风险，航天事业本身就是个大风险。如果怕困难、怕失败、怕风险，那还搞什么航天！"[①]

但是，氢氧发动机的研制过程并不是一帆风顺的。1978年1月28日，氢氧发动机在一次试车时发生爆炸。那天在发动机试验站进行液体汽蚀文氏管试验系统、阀门试验系统的预冷和液氢试验时，由于都需要预冷，致使长时间向外排放液氢。等到进行文氏管试验时，突然发生了猛烈爆炸。液氢发生爆炸远比一般炸弹爆炸的威力大，因为这种爆炸都是超音速传播的，所以被称为"爆轰"。试车现场的11名工作人员全部被炸伤，所幸经过紧急救治，所有人员都顺利脱险。[②]3月，氢氧发动机在一次试验时又"爆轰"起火。这次虽然没有造成人员伤亡，但情形也十分危险。这两次事故给氢氧发动机的研制工作带来了很大的负面影响，外界对氢氧发动机的质疑声越来越大，任新民和科研人员都承受着巨大的压力。

8月，在上海延安饭店召开的卫星通信工程工作会议上，有关人员分别介绍了氢氧三级的运载火箭方案和常规的三级运载火箭方案并进行了对比分析，认为要将通信卫星送上3万多千米的高空，运载火箭的推动力必须非常强大。鉴于氢氧发动机是当时世界上最新型的一种液体火箭发动机，全世界只有美国和法国掌握了这项技术，而氢氧三级火箭技术难度高、研制困难，相对来说，常规的三级运载火箭更加保险。据此，会议决定改变预先方案，将常规推进剂发动机方案定为第一方案，将氢氧发动机方案定为第二方案。会后形成会议纪要报批稿上报国防科工委。

此时的任新民正率领中国宇航学会代表团访问日本，没有参加这次会议。当他回国后得知这一消息时，心急如焚。他深知，如果不把氢氧方案列为第一方案，何时再来研制氢氧发动机就成了未知数。在第二天国防科工委召开的会议上，他力陈己见，认为常规发动机和氢氧发动机都可以用来发射通信卫星，但是氢氧发动机要先进得多。随着航天技术的不断发

---

① 中国运载火箭技术研究院：《天穹神箭：长征火箭开辟通天之路》。北京：中国宇航出版社，2008年，第84-85页。

② 王桁访谈，2012年11月6日，北京。资料存于采集工程数据库。

展，氢氧发动机迟早要研制出来。既然如此，就应尽早研制，更何况我国现在有条件和有能力研制出来，而且一定能研制出来。为此，他不惜立军令状。

国防科工委听取了任新民的意见，经研究决定将常规三级的方案作为第一方案的"第"字改为"另"字，最终确定了"331工程"的第三级动力装置为氢氧发动机。在一定意义上讲，这"一字之差"就决定了我国氢氧发动机技术的命运。①

氢氧发动机技术攻关

在研制氢氧发动机过程中，有一阶段的进展并不理想，经常遇到各种困难和问题，主要包括以下四个方面。

涡轮泵次同步共振

在氢氧发动机的研制过程中，涡轮泵次同步共振是氢氧发动机研制的头号难题。

1980年9月，在一次发动机试车过程中，涡轮泵在试车开始后仅10秒钟就出现了重大故障，涡轮泵轴承和相关零件严重损坏，同时伴有强烈振动，导致试车失败。经过多方改进，依然无法消除。当时，研制人员并不知道涡轮泵损坏的真正原因，单纯认为是轴承强度不过关，所以相应的补救措施也主要是从改进轴承设计方面入手的。1982年，氢氧发动机研制工作进入最后冲刺阶段。在试车时，涡轮泵又连续发生严重损坏。当分解发动机时发现，靠近涡轮处的轴承损坏异常严重，滚珠全部被压碎，散落在齿轮箱内，但故障原因还是没找到。这严重影响了整个氢氧发动机的研制进

---

① 谭邦治：《任新民传》。北京：中国青年出版社，2016年，第137-138页。

程，拖了"长征三号"和整个"311工程"的后腿。

到这时，任新民才意识到涡轮泵在设计上可能存在重大隐患，而这次遇到的情形可能跟当年燃烧室高频不稳定振动类似。为此，他不再强调进度，而是宣布放假一天，让研制人员冷静一下，认真想想到底是什么问题。他又一次采用"沉下去"的办法，听取各部门一线研制人员的意见和看法，适时召集各种专业的科技人员参加故障分析会。当时，很多人都认为是轴承强度不够的问题，但涡轮泵室的主任李钊提出可能是"次同步"的问题。李钊当时并不主管这件事，虽然提出了这个疑问，但并没有深究。因为11所提出的改进方案是加强轴承，就请来结构强度研究所（702所）的应桂炉。应桂炉看过数据后，认为也是次同步共振问题。

所谓次同步共振，是指涡轮泵的刚轴在旋转速度达到3.6万次时，刚轴会变成柔轴，出现非同步的回旋振动，随机产生次同步共振现象。这一结论马上引起了任新民等人的高度重视。他们通过反复分析和研究各种试验数据，进行了大量的分析计算和模拟试验，最终确认了涡轮泵损坏的原因是次同步共振。问题的症结找到了，并不代表马上就能提出解决方案。这时，情报信息的作用和重要性就显示出来了。

"文化大革命"期间，时值越南战争，美军一架无人侦察机飞经我国广西时因故障坠毁。航空部组织北京航空航天大学和西北工业大学的相关专家对这架无人机进行分解研究，当时北航负责拆解研究发动机的专家邀请了一分院的朱森元和丁振杰来参观。在参观过程中，他们发现美国飞机发动机中的轴是由一个鼠笼式的弹性支撑包套着。他们认为这个弹性支撑技术很有启发性，便把它带回来测绘分析，并由丁振杰负责设立了一个小课题，专门研究弹性支撑技术。后来，当涡轮泵次同步共振这个概念被提出来后，丁振杰找到朱森元，提出弹性支撑技术可能对解决次同步共振问题有所帮助。这一设想得到了试验验证。所以，在任新民与研制发动机系统、涡轮泵的科技人员确认问题之后，最终选定了这一改进措施。①

---

① 朱森元访谈，2012年11月14日，北京。资料存于采集工程数据库。

1982年11月，改进后的氢氧发动机进行了1400秒的长程试车并取得了成功。随后，又连续进行了3次1400秒的考验性试车，均顺利通过。至此，涡轮泵次同步振动问题得到圆满解决。

一次启动还是二次启动

第三级火箭发动机是一次启动还是二次启动，也是一个重要问题。[①] 二次启动技术会带来很多技术难题，如发动机第一次关机后，火箭处于失重状态，如何保证推进剂沉入贮存箱底部而不漂浮飞溅？如何控制滑行段的姿态？如何保证发动机在近真空条件下实施第二次点火？如何解决发动机关机后，后效冲量偏差带来的入轨偏差大的问题？当时支持常规方案的人认为，常规发动机不需要二次启动，相比之下，一次启动方案的难度要小于二次启动方案，技术可靠性更高。

尽管困难重重，但是任新民和相关科研人员在进行了反复的研究之后认为，"尽管氢氧方案的关键技术多、难度大、工作量大、研制周期长，但能提高运载能力，并且又是今后航天技术发展所需要的，这个台阶迟早得上。而且我们已具备了初步的技术条件与设施设备条件，经过努力是可以突破这一技术关键的，我们应知难而进。"[②] 最终，经过相关技术人员反复的研究讨论，决定还是采用二次启动方案，通过火箭自增压，在高空中创造一个类似地球大气的环境，从而解决了这个问题。

液氢泄漏起火

1981年，在发动机进行短程研究性试车时，试车间全系统起火后紧急

[①] 火箭从起飞到入轨，在高空中有一段滑行段。二次启动就是指第三级火箭发动机第一次关机后，在高空200千米以上、气压约为1.8×10^{-4}帕的情况下，地球引力趋近于零，火箭以第一宇宙速度进行一段没有推力的滑行，历时5分钟，然后再次点火继续工作。这样做的好处是节省火箭能量、减少推进剂消耗，有利于提高制导精度和运载能力。

[②] 中国运载火箭技术研究院：《天穹神箭：长征火箭开辟通天之路》。北京：中国宇航出版社，2008年，第84页。

关机。经过几个昼夜的奋战,研制人员初步查明起火原因是液氢泄漏。液氢具有"一低四小"[①]的特点,而且极易渗漏,渗漏的速度比水快50倍。在标准大气压下,当空气中的含氢量达到一定程度时,只要有一点火星就能点燃、发生爆炸,而氧气又可以助燃。这就给设计、生产、贮存、运输和使用液氢带来了一系列复杂的技术问题。

发生故障后,任新民一直坚持在现场,和大家一起查找漏氢部位,但都没有找到。后经张镰斧、卢庆骏等人提出,采取综合治理办法,拉网式地对所有连接件进行逐个检查,并经过两个多月的艰苦工作,最终通过采用氦质谱检漏、提高密封表面质量、喷涂耐低温材料等十大措施,彻底解决了氢氧发动机液氢泄漏起火的问题。

三级简易试车缩火故障

1982年7月30日,"长征三号"发动机三级简易试车,在第一次启动时出现了三次缩火现象。事后采取了相应的改进措施。但在12月13日进行的另一次简易试车时,二次启动又出现严重的缩火现象[②]。

当时整个"331工程"的进度已经排定,"长征三号"运载火箭要在1983年11月出厂,1984年2月实施发射。可时至1982年年底,缩火问题还没有解决。任新民组织设计师系统的相关科研人员加紧寻找缩火原因并进行必要试验。为此,"长征三号"总设计师谢光选专门成立了一个缩火故障研究小组,并亲自担任组长,会同发动机研究所、总体设计部、箭上供应系统等相关部门共同攻关。缩火故障研究小组每周都要开1~2次例会,并最终找到了解决办法。

首先是提高进入发动机的液氢品质。如果液氢里面含气量过高,当压

[①] "一低"就是沸点低,达到 −253℃,"四小"是密度小、导热系数小、表面张力小和黏滞系数小。

[②] 缩火是指发动机点火启动后,刚喷出的长长火焰又很快缩回去了,紧接着又喷出来,尔后又缩回去,这样来回反复多次,形成喷火—缩火—喷火—缩火—喷火的反复过程。这种现象说明发动机工作不稳定,如果在运载火箭飞行中出现这种问题,会在火箭二、三级分离时产生很大的干扰力,使控制系统失效、火箭飞行失稳,也可能导致发动机彻底熄火,后果不堪设想。

力降低后就会产生两相流,影响泵的进口条件,导致泵的转速降低,产生缩火。通过提高进入发动机的液氢质量,可降低缩火产生的概率。其次是加大发动机启动的能源动力。能源动力如果足够高,也会降低缩火概率。此外,还需要增大启动液氢流量、调整发动机启动程序等。

经过上述改进,科研人员又连续进行了多次检验解决缩火问题的试车,都没有出现缩火。1983年5月25日,"长征三号"发动机三级第一次全系统试车时,发动机启动完全正常,缩火问题彻底解决。

氢氧发动机的研制历经数十年,任新民、卢庆骏、刘传儒、朱森元、王之任、王桁等一批专家在自行研制氢氧发动机的过程中付出了艰辛的努力,克服了一个又一个技术难题。任新民作为"总总师",一直是这支科研队伍的主心骨和精神支柱。他深入研制和试验现场,同设计人员和试验人员一起分析数据和故障,一起查看设计图纸、试验方案和产品实物,同时参阅中外文献,采取有针对性和综合整治的改进措施。在解决这些难题时,特别是在分析故障原因和制订改进措施时,任新民特别强调理论结合实际。他指出,搞理论分析和定量计算是必要的,但是他们的工作属于应用工程范畴,必须进行试验研究和试验验证。航天型号工程属于应用工程的范畴,更应该注重实际和试验研究。

纵向耦合振动和低频振动环境问题

在"长征三号"研制过程中,除了氢氧发动机这一关键技术,还有很多其他重要问题,如纵向耦合振动(POGO)[1]和低频振动环境问题。

---

[1] 纵向耦合振动是指大型运载火箭的结构纵向振动频率与推进剂输送系统(包括管路和泵)的固有振动频率彼此接近或相等时会引起共振,轻者可使惯性仪表的精度下降,严重的会破坏局部结构,导致发射失败。

纵向耦合振动问题

POGO 是关乎火箭能否成功发射的重要问题之一，任新民对此非常重视。在"长征三号"的研制中，任新民开展了 POGO 专题研究，具体由强度与环境研究所的黄怀德负责。在任新民的主持下，该研究所确定了五个方面的研究题目：运载火箭结构纵向振动频率、振形的理论分析计算与动态特性试验研究；发动机的推进剂输送系统（包括泵和管路）及发动机的动态传递试验；蓄压器研制及其变频降幅效果的理论分析与试验研究；纵向耦合振动稳定性的判据与不确定参数变化范围的确定；结构的低频振动、脉动压力等参数的遥测办法。

1979 年 12 月，任新民会同"长征三号"总设计师谢光选、副总设计师孙敬良，组织运载火箭总体设计部、一二级运载火箭总体设计部、液体火箭发动机研究所、强度与环境研究所、遥测技术研究所等单位，分别就这五个研究题目展开研究和交流，最终一致认为问题的关键是找准运载火箭的结构纵向振动的振形、频率及动态特性，找准一、二级推进剂输送系统的振形和固有振动频率及其动态特性，然后选择合适的蓄压器安装在推进剂的管路系统上，使推进剂输送系统的振动频率控制在要求范围内。

由于系统结构复杂，只靠理论研究远远不够。本来纵向耦合振动试验要在西安的 067 基地开展，但鉴于 067 基地当时正忙于研制"东风五号"，任新民决定改造上海航天局的泵试验台和发动机试车台进行纵向耦合振动试验。任新民与孙敬良、曹美生、黄怀德一起反复研究讨论，进行了一系列试验，如泵台的管路泵系统水试验、试车台加激振的水试验和加推进剂的介质试验、不加激振的热试车，获得了大量宝贵的试验数据。

根据理论分析计算和试验的结果，最后经任新民批准，决定在一、二级氧化剂输送系统的泵前加装皮囊式蓄压器，一、二级燃烧剂输送系统不加蓄压器。经过多次飞行试验及遥测数据断定，POGO 问题得到有效解决。这标志着我国在大型运载火箭结构以及液路系统的动态特征性研究方面取得了重大突破，不仅为运载火箭研制成功提供了重要保障，还带动了相关学科的发展。任新民在回顾这一阶段的研制工作时曾说，"当时手头的事情太多，那是我最困难的时候"。[①]

低频振动环境问题

由于"长征三号"箭体结构径长比值和箭体重量较大，火箭飞行中很有可能发生在低频率振动的振动频率下限值下降、幅值升高的现象。因此，低频振动环境问题也是"长征三号"的重大技术难题之一。由于箭上振动环境的改变，箭上平台、仪器设备、有效荷载、低温活门等方面都必须满足新的振动环境的要求，其中的陀螺平台低频减震就是一个技术难点。

为此，任新民亲自指示陀螺平台的研制单位上海仪表厂组织平台减震器攻关组，并多次亲赴上海仪表厂检查指导平台减震器的攻关工作，查看试验数据，提出指导性意见。经过17个月的努力，终于研制成功了符合要求的平台减震器，不仅具有巨大的阻尼、良好的衰减振动效果，而且具有吸收冲击的效果，冲击位移小。任新民还参加了攻关组进行的平台减震器六自由度的传递特性试验研究，对平台和减震器系统的动态特性有了进一步认识，为改善平台工作环境、提高平台性能指标找到了主攻方向。

1982年3月，各系统在精心准备后开始进入合练。合练分为三个阶段进行：第一阶段主要是卫星合练，即运载火箭与卫星配合，同时进行了运载火箭的吊装、起竖、对接等试验，还与发射塔架进行了机械

图11-1 任新民（左）与谢光选（右）（资料来源：航天档案馆）

[①] 任新民访谈，2013年12月1日，北京。资料存于采集工程数据库。

对接；第二阶段为运载火箭合练；第三阶段为卫星、运载火箭、发射场区地面无线电跟踪测量系统的电子相容性试验，即星、箭、地电磁干扰试验。合练中暴露出一些问题，如射频干扰、氢气排放管路的流阻损失过大、三级发动机舱环境温度过低等。针对这些问题，任新民亲临合练现场，同西昌卫星发射中心的领导王世诚、侯福以及"长征三号"的副总设计师范士合、龚德泉等科技人员共同分析研究试验数据，妥善解决了这些问题，为通信卫星的发射奠定了基础。

450 工程

在"331 工程"期间，任新民最关注的事情除了氢氧发动机和纵向耦合振动之外，就是进行遥测遥控的大型微波设备。

1972 年，美国总统尼克松和日本首相田中角荣先后访华，他们都随身携带一套卫星通信地面站系统，随时可以跟国内联系。周恩来总理对此感触很大。后经协调，我国买下了这两套系统。[①]

1975 年 3 月 31 日，中央军委第八次常委会议讨论和通过了《关于发展我国卫星通信问题的报告》，"331 工程"被正式列入国家计划。地球同步轨道通信卫星的地面测控通信系统决定采用地面微波统一载波体制，技术新、难度大，为保险起见，国防科工委决定由七机部和四机部（主要负责电子工业）各自研制一套。四机部负责渭南站设备的研制（代号 155），七机部负责闽西站设备的研制（代号 450）。两套设备的基本设计思路和框架几乎完全一样，之所以要搞两套，是为了相互补充，同时也是为了抢进度，谁先研制出来就用谁的系统。此法虽然有激励作用，但也难免导致两家竞争。[②]

---

① 钟轫:《挑战蓝天——雷达与空间电子技术专家张履谦》。北京：中国宇航出版社，2011 年，第 87 页。

② 同上，第 87-88 页。

七机部为此专门成立了"450"办公室，负责组织"450工程"的研制。"450工程"是一个集跟踪、遥控、遥测、电视于一体的微波统一测控系统，因为测控斜距为4.5万千米，所以称作"450工程"。这个工程将承担"东风五号"等远程、洲际弹道导弹和发射试验通信卫星的测控任务。由于微波统一测控系统中的大型设备研制涉及部门多、技术难度大、研制周期紧张，需要有力地组织协调和适时决策，所以七机部的研究团队涵盖了七机部一院、二院、五院等十几家有关单位。

　　为了加速地面测控通信系统的研制，任新民兼任"450"办公室主任，在机构组建、人员选调、工作启动等方面做了大量开拓性的贡献。经他举荐并经部党委批准，先后选调了张履谦、童铠、柳东升、张云龙、邱贤佐、甄润已、曾邑铎等无线电技术领域的专家和科技骨干，使"450工程"的研制力量得以充实和加强。①

　　在"331工程"的各系统中，火箭是关键。七机部负责的火箭尽管遇到了一些问题，但相对来说发展还算快，相比之下，七机部的测控系统进展很慢。四机部由于技术基础好，"155工程"的进度遥遥领先，负责的测控系统都快研制成功了，可此时七机部的测控系统连方案设计却没有。任新民对此非常着急。

　　张履谦就是在这时开始参与"450工程"。他早年毕业于清华大学电机工程系，专业是有线电。抗美援朝时期，他奉命去前线解决雷达抗干扰问题，后来任职于五院二分院雷达研究室，20世纪60年代主持研制了中国第一代防空"红旗二号"制导雷达，成功击落美国U-2高空侦察机。

　　微波统一载波测控系统是综合跟踪测轨、遥测、测控和数传等功能为一体的"四合一"雷达，工作机制极为复杂。为此，七机部几乎投入了全部有关电子研究所、厂的力量。张履谦来报到的时候，各分机设备还在各自的研制单位制作原理样机，未进行对接，设在七机部701器材库的对接厂房的基建也没有完工。任新民召集大家来研究，看看如何加快研制进度。当时有人提议让各个加工单位做好设备之后，直接拉到闽西去对接，

---

① 谭邦治：《任新民传》。北京：中国青年出版社，2016年，第150-151页。张履谦和童铠后来都被评选为中国工程院院士，他们在"450工程"研制中的贡献和业绩为其当选提供了重要支撑。

北京这边就不用盖试验机房了，这样就能赶上四机部的进度。任新民问张履谦的意见，张履谦说想到下面先去看看。任新民说，"那我跟你一起去"。

为了进一步了解具体情况，任新民和张履谦一起去渭南的504所调研，那里负责测控系统的天线和基座研制。当时的504所地处西安附近的山沟里，条件非常艰苦。天线和基座共有70吨重，他们要调查一下，如果在北京和闽西都研制一套可不可行、时间上来不来得及。

经过这次调研，张履谦熟悉了工程的各个环节和技术难点，在此基础上形成了自己的意见。他认为，如果设备制造出来到闽西对接，万一出了问题怎么办？所以他建议按部就班，必须尽快将各试验样机在北京的701库对接，做完原理性的飞行试验，只有过了原理这一关，才能下正式研制任务书，进行正样研制。这样虽然进度慢一些，但是能够确保质量。任新民同意了这一方案，随后下达了任务书。

从科学角度讲，测控系统的制造原理都是现成的，用什么材料也很明确，难的是如何从技术和工艺上实现出来。例如，天线的抛物面是焊接还是用铆钉铆住，如果用铆钉又需要用多少铆钉，这些都需要根据力学计算出来。七机部因为研制单位和人员分散，很多东西要从头开始，所以进展很慢，但好在最终七机部克服了各种困难、完成了任务。

测控系统制造出来后要在山区做试验，把信号源放在山顶，然后在几千米之外接收信号。做试验的山很高，任新民当时已经年近七十，还亲自跑到山上去看信号源。他本人也不是学无线电专业的，但在"450工程"期间，他深入基层、不耻下问，五年下来，相当于又读了一个无线电专业。[1]

旁路增氢系统与发射地球同步轨道卫星

1983年9—10月，"长征三号"运载火箭和"东方红二号"试验通信

---

[1] 谭邦治：《任新民传》。北京：中国青年出版社，2016年，第151页。

卫星分别从上海、北京等地运往西昌卫星发射中心。"331工程"的五大系统要在这里汇合，通信卫星将被送往距离地面36000千米以外的地球同步轨道，这对于我国来说是史无前例的工程。

任新民作为"总总师"，辗转于北京、西昌、上海和西安之间，紧张有序地组织着各种测试工作。他白天去测试现场查看测试状况，晚上开会搜集各系统测试中发现的问题，进行协调解决。

1984年1月29日，西昌卫星发射中心进行了我国第一颗试验通信卫星的发射。20点24分2秒，"长征三号"运载火箭腾空而起，控制室屏幕上显示着火箭飞行轨迹，一级、二级工作正常，接着是三级点火。氢氧发动机第一次正常关机并经过200多秒滑行后，开始第二次点火启动。但是仅仅3秒钟之后，燃烧室压力开始下降，随后迅速下降为零，发动机失去了推力，最终发射未达到预期目的，此次发射的通信卫星成为一颗在地轨道上运行的"废星"。

这次飞行试验暴露出了设计上的薄弱环节。发射失败后，发动机试验人员都非常沮丧。西昌地处大西南，过了四月就是梅雨季节，不适合发射。如果进行第二次发射，那么故障分析、部件加工、试验、安装、测试等准备工作必须在4月之前做好，才能保证发射的最后期限。此时已临近春节，可是研制人员谁也无心过年，马上开始查找二次点火失败的原因。发射失败的当天晚上，从测量船传回了一部分数据资料。经分析后确认，火箭第一和第二级工作段、第三级一次工作段和滑行段的工作都正常，问题出在第三级氢氧发动机二次启动之后。

因为问题出在氢氧发动机上，而任新民此前一直力主氢氧大动机，所以作为技术领导，他身上的压力更大。从1月30日到2月2日，各分系统以遥测数据为依据分别召开了故障分析会。"331"试验大队队长张镰斧、任新民和谢光选深入各小组参加讨论，听取不同意见和建议。

2月10日，经过科研人员连日的分析研究，终于查找到导致故障的两个原因。第一个原因是火箭在200秒的滑行段，力学重点由重力转到以表面张力和黏力为代表的分子力，在真空低重力场条件下导致滑行段两相流的含气量远大于地面，也大于第一次启动，液氢质量和流量降低，导致涡轮壳体烧穿、涡轮停转、发动机停止工作。第二个原因是发动机第一次关机后，未燃烧的剩余推进剂在高空低气压环境中由液体变成气、液、固三相流，其中固体氧引起了燃爆、破坏了结构。

由于对液氢液氧在高空低重力场条件下的物理性能缺乏足够的认识，任新民、谢光选和张镰斧等人群策群力，充分发挥集体智慧，带领大家一起开会研究对策，指定了排除故障的方案，并由任新民负责撰写了《"长征三号"运载火箭第一发飞行试验故障分析及采取措施的汇报纲领》。汇报中提到，针对第一发火箭的故障分析，在第二发"长征三号"火箭上采取两项措施。第一项措施是增加氦气吹除系统，即在火箭第一次关机后立即对燃气发生器和燃烧室的氧气腔进行吹除，直到第二次涡轮启动为止，以防止水汽结冰和形成固体氧。第二项措施是将第二次程序预冷时间由原来的40秒延长至60秒，以改善第二次预冷，确保进入副系统的液氢质量。

与此同时，北京方面也组织有关科技人员开展故障分析，得出了与前方人员大相径庭的意见，很多人认为氢氧发动机根本没有过关，甚至在原理上就不过关。如果按照某些意见来执行，1984年4月前的这个窗口时间就无法进行二次发射。可是如果再推迟一年，火箭和卫星上的一些元器件就都过期了，"331工程"何时完成将遥遥无期，将影响到整个"三抓"任务的完成，问题非常严重。基于上述考量，任新民连夜组织有关人员修改了分析报告，并亲自奔赴北京向国防科工委和航天部领导汇报。

2月22日，张爱萍组织会议，专门听取"331工程"汇报。一进会议室，张爱萍就说，各种意见他都听过，今天就听任新民从前方回来的人的意见。任新民也没有按照稿子讲。他在汇报中提出，"长征三号"第一次发射故障的原因和机理是清楚的，所采取的措施是有效的，完全能够继续进行第二次发射，而且能够在4月底前实施。张爱萍非常重视任新民的意见，批准了任新民的汇报提纲，同意在4月底前组织"331工程"的第二次发射。

汇报结束后，任新民当天下午乘飞机抵达成都，当晚又转乘成都至西昌的火车。当时的改进措施也就三四条，其实任新民自己心里也犯嘀咕。在回西昌的火车上，任新民和秘书谭邦治住在同一间软卧车厢里，他一直在思索解决发射故障的办法。他反复念叨着:"现在采取的措施是有效,但是对富氧爆燃并没有治本"。突然间,他一边画图一边大声说着:"老谭,在发动机启动时增加液氢的流量,改变混合比,不就彻底解决富氧问题了嘛!"①

第二天清晨,任新民赶到发射现场,没顾上吃饭就召集试验队的领导、"长征三号"的总设计师、副总设计师以及有关科技人员,向大家报告启动时增加液氢流量的想法,商讨采取这一措施的可行性和工作量等问题。众人都非常赞同,并将这一办法称为"增加液氢旁路系统"。当天,任新民便同有关的科技人员到运载火箭的氢氧发动机旁看实物、量尺寸,研究增加液氢旁路系统的可行性。前后三天四夜,任新民一直坐镇指挥,从设计、生产到试验,一环紧扣一环。他们一边讨论一边设计,紧张热烈的方案讨论会还没有结束,设计工作即已开始;图纸还未下厂,工人们就做好了生产准备;前方的设计图纸一出来,就用传真发回北京的生产厂;试验件还没到,实验室的一切准备工作就已就绪。正是由于这样紧张而有序的工作,他们提前16个小时完成了解决富氧爆燃的紧急任务。②

3月初,试验队完成火箭的改装工作。到3月19日,先后在北京进行了5次发动机试车、10次点火,全部成功。3月26日,第二枚"长征三号"火箭在西昌全部改装完毕,测试合格。

1984年4月8日上午11点,第二枚"长征三号"运载火箭矗立在发射台上,进入发射前8小时准备程序。下午,液氢加注完毕,各项工作进展顺利。晚上19点19分,火箭处于待发状态。19时20分02秒,随着发动机的点火轰鸣,第三级为氢氧发动机的"长征三号"运载火箭托载着"东方红二号"试验通信卫星腾空而起,直插云霄。20分钟后,测量船先后传来"三级二次点火正常"和"三级二次关机正常"的喜讯,最终星箭分离正常。从1月29日到4月8日,任新民和他的战友们经过70天的日夜奋战,取得了来之不易的胜利。

4月10日上午8点47分,通过遥控启动了卫星远地点发动机,卫星进入准静止轨道,随后调整卫星姿态。4月16日18点27分57秒,试验通信

---

① 谭邦治:《任新民传》。北京:中国青年出版社,2016年,第161页。
② 同上,第82页。

卫星"东方红二号"成功定点在东经 125 度的赤道上空，卫星上的仪器设备工作状态良好，启动了消旋组件，使定向天线对地定向，星上通信转发器做好了通信试验的姿态准备。4 月 17 日 18 时，开始进行卫星通信试验，通过在轨测试和通信试验证明，卫星传输的电视图像清晰、功能正常，达到了设计要求。

4 月 30 日，任新民在西安卫星测控中心发现在卫星定点位置漂移过程中，卫星上的蓄电池出现了热失控，蓄电池的温度和电压发生恶性循环，这样下去会导致蓄电池损坏和卫星报废。他和西安测控中心的宋健副部长、卫星总师孙家栋连夜开会，决定对卫星进行大角度姿态调整，以增大太阳的照射角、降低太阳能电池与蓄电池之间的压差，使蓄电池的充电压降下来。这一方案有一定的风险，但是在目前这种状况下也是最好的办法。有关科技人员沉着应对，精准大胆地进行了十几次调姿，终于解决了蓄电池热失控的问题。5 月 14 日，通信试验结束，正式交付使用，卫星进入长期运行管理阶段，我国的卫星通信业务由试验阶段进入试用阶段。

地球同步轨道通信卫星发射成功，表明中国已经掌握了发射地球同步轨道卫星的技术，中国的氢氧发动机已经过关，填补了低温高能发动机的空白，使中国成为世界上继美、法之后第三个成功使用氢氧发动机的国家，也表明中国的运载火箭技术已经步入世界先进水平。至此，我国的试验卫星通信工程和 20 世纪 80 年代前期的"三抓"任务均已圆满完成，我国的航天科技工业跃上了一个新的台阶，多级火箭技术、氢氧发动机技术、地球同步轨道通信卫星的发射与测控技术等都已步入世界先进技术水平。更重要的是，在基础设施设备、技术手段、科技队伍、组织管理等方面为中国航天持续、快速、健康发展奠定了重要的基础。

图 11-2　任新民在太原卫星发射中心指挥发射任务
（资料来源：航天档案馆）

实用卫星通信工程

"长征三号"运载火箭将"东方红二号"试验通信卫星发射成功后,也标志着"331工程"的圆满完成。通信卫星经过在轨测试后投入使用,开通了通信、广播、电视等传输业务,从此我国的通信事业开始了跨时代的飞跃。

但是"东方红二号"毕竟是试验通信卫星,由于受当时技术水平等诸多因素的制约,卫星上只装有两个通信转发器,而且采用的是喇叭形的全球波束天线,天线波束的覆盖区大,但国内的覆盖区天线增益相对较小。

"331工程"当时的方案是"打二备三",投产的是三枚"长征三号"和三颗"东方红二号"。第二颗"东方红二号"定点投入使用后,还有一枚"长征三号"和一颗"东方红二号",任新民开始考虑它们的新用途。他会同"东方红二号"总设计师、副总设计师以及有关的主任设计师,经过反复研究讨论,最后决定对第三颗"东方红二号"进行修改设计:将全球波束的喇叭天线改为国内波束的抛物面天线,以提高等效全向辐射功率;将星上的两个通信转发器改为4个,增加通信容量。[①] 为配合前两项修改,他们还进行了一些适应性和完善性的修改,如提高太阳能电池阵效率,增加供电率;提高姿态控制精度和定点精度,以减小服务区内辐射功率的损失;遥测分系统增加备份设备;二次能源减轻负荷;改变远地点发动机尺寸;加大装药量;等等。

经过改进设计的通信卫星被命名为"东方红二号甲"实用型通信卫星,整个工程被命名为实用卫星通信工程(331甲)。1984年,国防科工委任命任新民为"331甲"实用卫星通信工程总设计师。经上级批准,任新民在"331甲工程"中引入了新的管理方法,在通信转发器接收机的研制中引入竞争机制,由原研制单位五院504所和二院23所(雷达技术研

---

① 谭邦治:《任新民传》。北京:中国青年出版社,2016年,第170页。

究所）同时进行研制，按要求研制出模样设备，最后择优选用，再投入生产，由此带动了研究人员的积极性。最终经过评审，决定由五院504所承担研制任务。

1986年2月1日，任新民在西昌卫星发射中心主持我国第一颗实用通信卫星"东方红二号甲"的发射。正当他要签发发射任务书时，广播里传来氢氧发动机舱氢浓度升高的消息。他急忙奔向发射塔架，来到氢氧发动机那层的塔架平台上。试验队队长李伯勇、"长征三号"总设计师谢光选、副总设计师范士合、王之任也先后赶到。

任新民询问相关人员氢浓度为什么会上升？液氢贮箱有没有泄漏的可能？对方回答说不大可能。这时，李伯勇走上前问"打不打？"，任新民肯定地说"打！"。随后人员撤离、各归各位，任新民在任务书上签字，火箭按照流程进行发射并取得成功，卫星进入预定轨道，投入使用。"331甲工程"首战告捷。

事后谈及此事，任新民也心有余悸。他说，当时也是无奈之举，属于风险决策，因为"第一，这枚'长征三号'是当时'打二备三'剩下来的，已没有可换的贮箱了；第二，当时党和国家领导人以及国家各部门的领导都聚集在西昌卫星发射中心的指挥控制大厅，如果推迟发射，那影响就大了。逼上梁山呀！但我也有个基本判断，那时氢浓度增加的速度很慢，若是贮箱泄漏，则氢浓度会升高很快。如果说是检漏设备氦质谱仪的问题，也没法查到证据。"[1] 由此可见他的果敢与魄力。

随后，在1988年3月、1988年12月、1990年2月和1991年12月，任新民又主持发射了四颗"东方红二号甲"，除了1991年12月那颗因为"长征三号"运载火箭故障未能进入地球同步轨道外，其余三颗均成功定点并投入使用，用于传送中央电视台以及西藏、云南、贵州、新疆等偏远地区的电视台节目、30路对外广播节目和8000多部卫星电话的传输业务，同时还用于传送中国人民银行和其他军民用通信业务。

1986年5月3日，任新民被国防科工委任命为中容量通信卫星"东方

---

[1] 谭邦治：《任新民传》。北京：中国青年出版社，2016年，第172–173页。

红三号"工程的技术总顾问。"东方红三号"比"东方红二号甲"的通信能力增大10倍以上，采用三轴稳定，有效载荷为24个C频段转发器，波束覆盖我国领土，卫星在轨寿命为8年。任新民分别在1994年2月、1994年11月和1997年5月先后三次为这一工程赴西昌卫星发射中心。第一次是考验"长征三号甲"运载火箭的飞行试验，第二、第三次是发射"东方红三号"卫星。其间，他协助中国航天工业总公司领导、工程的总设计师和行政总指挥们组织完成了这三次发射任务。

第十二章
卫星工程的"总总师"

从1984年起，任新民相继担任"风云一号"试验气象卫星、改进型"风云一号"气象卫星①、改进型返回式遥感卫星②、新型返回式遥感卫星、发射"亚洲一号"卫星等工程的总设计师。20世纪80年代，任新民会同航天工业部有关科技专家和科技管理人员，研究制订了中国航天"三星一箭论证"新发展规划，即在20世纪90年代前期研制成功"风云二号"地球同步轨道气象卫星、"东方红三号"中容量通信卫星、"资源一号"卫星、"长征三号甲"运载火箭，以及开展载人航天技术方案论证和关键技术预先研究。

---

① "风云一号"气象卫星是我国自行研制的第一代极轨（即太阳同步轨道）气象卫星，也是我国第一颗传输型极轨遥感卫星。其主要任务是收集云层、地表、海面等数据，以便于天气预报、环境监测、防灾减灾等工作的开展。

② 遥感卫星是指用作外层空间遥感平台的人造卫星，它可在轨道上运行数年，卫星轨道可根据需要来确定。遥感卫星能在规定的时间内覆盖整个地球或指定的任何区域，当沿地球同步轨道运行时，它能连续对地球表面某指定地域进行遥感。所有的遥感卫星都需要有遥感卫星地面站，卫星获得的图像数据通过无线电波传输到地面站，地面站发出指令以控制卫星运行和工作。遥感卫星主要有气象卫星、陆地卫星和海洋卫星三种类型。通常，卫星发射入轨之后，就在太空执行任务，并不需要返回地面，如通信、导航、气象卫星都是如此。但是有的卫星却需要回到地面，如侦察卫星获得的情报、科学实验卫星携带的实验品等，这就是返回式卫星。研制返回式卫星是卫星发展史上的一个重要突破。

"长征四号A"与"长征三号"之争

1985年，在研制"风云一号"试验气象卫星之初，围绕气象卫星是使用"长征四号A"火箭还是使用改进的"长征三号"火箭发射的问题，专家们展开了激烈争论。

"长征四号"是全部采用常规推进剂的三级运载火箭，由上海航天局（八院）研制。当时研制"长征四号"的初衷是作为"长征三号"的备份火箭，一旦"长征三号"研制不成功，就用"长征四号"发射地球同步轨道通信卫星。当初立项时，任新民不主张上马"长征四号"，因为他相信氢氧发动机和"长征三号"能够研制成功，应该集中力量研制"长征三号"。后来由于"长征三号"研制成功，"长征四号"的备份意义也就不存在了。

针对"风云一号"采用哪个运载火箭发射的问题，当时有人认为，既然"长征三号"已经研制成功，那么用改进后的"长征三号"来发射"风云一号"，获得成功的把握会更大，因此主张使用改进后的"长征三号"来发射"风云一号"。但此时的任新民却反而主张应该使用在"长征四号"基础上改进的"长征四号A"来发射"风云一号"。他这样主张的理由有两个：其一是从经费方面考虑。当时，"长征四号"已经完成大部分研制工作，再花少量的经费就可以研制成功使用常规推进剂的三级运载火箭。只需要将"长征四号"稍微改进（这种改进后的"长征四号"就是后来的"长征四号A"），就可以用来发射极地轨道卫星。如果再来改进"长征三号"用来发射"风云一号"，会增加更多的研制经费。因此，从经费预算的角度来说，追加少许经费来研制"长征四号A"更划算。其二是从技术方面考虑。任新民认为，"长征四号A"一定能研制成功，他甚至说："我可以立军令状，如果不成功，我负全责，包括坐牢、砍头。别看我70多岁了，坐几年牢还没有问题！"[①]

---

① 谭邦治：《任新民传》。北京：中国青年出版社，2016年，第178页。

正是在任新民的极力坚持之下，经航天部领导、有关专家和部门的反复研究和讨论，最后决定继续研制"长征四号A"运载火箭用以发射极地轨道的"风云一号"卫星。借这个机会，任新民对"长征三号""长征四号A"的一、二级发动机的研制单位进行了调整。这次调整涉及诸多部门的利益，要想调整得既合理又令人心服口服，难度非常大，需要决策者具有很高的威望。

任新民认为，上海航天局要把"长征四号"系列运载火箭的研制任务搞好，没有必要非得研制批产性质的大发动机。他亲自出面做上海航天局的工作，让上海航天局的发动机研制单位不再承担运载火箭大发动机的研制任务，把此项任务交给067基地，而上海航天局则集中精力研制导弹、火箭和卫星上用的中小发动机。上海航天局及其发动机研制单位的领导也深知任新民为保留"长征四号A"所做的努力，最终同意移交大发动机的研制任务。这样调整之后，由原国防部五院一分院第三设计部分出去的三个从事动力装置研制任务的单位的分工就比较合理了，即由北京方面负责研制氢氧发动机，067基地负责研制常规推进剂的大发动机，上海方面则负责研制中小发动机。

"风云一号"气象卫星

在"风云一号"气象卫星发射之前，我国的气象资料主要依靠美国的太阳同步轨道卫星和日本的地球同步轨道卫星，局限性很大。就气象方面来说，只有当这些卫星飞经我国本土上空的时候，才能接收到我国短期天气状况的资料。但是，除了要掌握短期天气状况外，我们还需要掌握全球大气环流的全貌及其活动规律，由此预测它们对我国气候的长期影响。所以，我国迫切需要研制发射自己的气象卫星，"风云一号"气象卫星由此应运而生。

早在1977年，"风云一号"气象卫星工程的总体初步方案已经形成，并开始了研究工作。任新民在担任七机部副部长的同时，分管"风云一号"试验气象卫星工程。

1984年8月，"风云一号"气象卫星工程被列入"七五"期间卫星型号发射的重点项目，国防科工委正式任命任新民为该工程的总设计师，而他当时还担任着"311工程"的总设计师。当第一颗试验通信卫星"东方红二号"发射定点成功、投入运行之后，任新民开始将工作重心从"311工程"转向"风云一号"气象卫星工程。

"风云一号"试验气象卫星工程由五大系统组成，即"风云一号"气象卫星系统、"长征四号甲"运载火箭系统、发射场系统、测控通信系统和地面应用系统，由很多不同地区和部门的单位共同制造完成，主要集中在上海地区，其中"风云一号"的主要研制单位是上海航天局，卫星有效载荷的主要研制单位是中国科学院上海技术物理研究所，承担箭、星上计算机研制的单位是华东计算技术研究所。由于各部门协作关系复杂，任新民在其中发挥了巨大的甚至是不可替代的作用。

这一时期，任新民几乎常驻上海，奔波于"长征四号甲"和"风云一号"的研制单位，协调和解决各种问题和关键技术。有一些承担重要的分系统和设备的研制单位是航天部系统之外的，他需要花时间了解这些单位的情况、熟悉相关的技术人员、处理相关问题。1988年下半年，"风云一号"各系统先后运抵太原卫星发射中心。任新民作为这一工程的总设计师，与参试人员一起进场，指挥和协调发射情况。由于很多系统都是第一次使用，现场出现了不少问题。随着时间一天天地消逝，眼看发射的窗口期将过，任新民焦急万分，在现场工作时难免发火。他的批评虽然严厉，但是有理有据、对事不对人，所以他的批评起到了积极的督促作用。

此时的任新民已经年过七十，但他依然与参试人员并肩作战，不接受对他的特殊照顾，即使身体不适，也坚持在一线工作。他的所思所想，都是如何协调各部门的工作，众志成城，使发射取得成功。

有一件小事很能说明任新民的良苦用心。当时，发射场区的文化生活很单调，休息时的娱乐方式无非是和当地驻军一起看场电影。刚开始的时候，试验队的人员和部队家属一样，看电影时走电影院的侧门，随便找空座位坐下来看电影。任新民知道这个情况后，马上找来太原卫星发射中心的驻军司令沈椿年。当年在哈军工时，沈椿年还是哈军工的学员，任新民是他的老师。任新民对沈椿年说，航天试验队是有组织地执行任务的，也算半个军事单位，以后看电影时要给他们集中留一片座位，像部队人员一样整队入场。沈椿年马上明白了任新民的心思，立即让军务部门安排落实。从那以后，试验队看电影都是统一着装、列队入场。事情虽小，但却能看出来任新民是想让来自各地区、各部门的试验队员能够像一支队伍一样，时时刻刻保持团结精神。[①]

任新民的主业是发动机，不是卫星，但是他研制导弹和火箭的经验比较丰富，对"风云一号"的研制成功起到了非常重要的作用。

经过两个多月的精心测试和检查，"风云一号"计划于9月初发射。"风云一号"A星发射时，火箭加注完之后，倒计时5小时开始，这时卫星的遥测信号却突然消失。由于事发突然，科研人员和工作人员都不知所措，当时的情形非常紧张，因为火箭加注好之后重量会达到250吨，如果长时间不发射，立在发射台上，会导致火箭变形。任新民凭借丰富的经验沉着应战，在现场指挥解决问题。他决定打开卫星风罩，把卫星露出来，就地查找问题。现场的孟执中等人把卫星上的仪器拿出来检查，确定好故障位置后更换了元器件。到发现事故的第三天下午，整个维修工作才结束。在整个故障排除过程中，任新民始终坐镇现场。事后表明，任新民当时的决策是非常正确的，如果不是他当时定下来在现场检查和排除故障，就只能把卫星拉回去检查，"风云一号"也就无法按时发射，所以任新民在这次发射中起到了非常关键的作用。[②]

1988年9月7日5点30分，总长41.9米的"长征四号A"运载火箭载着750千克重的"风云一号"气象卫星飞向太空。150秒后，一级火箭成功分离。289秒后，二级火箭分离。669.5秒后，星箭分离。之后，"风云一号"气象卫星准确进入太阳同步轨道。

---

① 谭邦治：《任新民传》．北京：中国青年出版社，2016年，第185页。
② 孟执中访谈，2013年12月31日，上海．资料存于采集工程数据库。

"风云一号"作为我国第一颗气象卫星，离地面高度约 900 千米。在这一高度上，它可以观察到运动轨道两侧 1500 千米的带状区域。它每天可绕地球旋转 14 圈，研究者可以将卫星相邻的两个轨道所拍摄的云图进行拼凑，从而获得全球气象资料。

9 月 7 日 7 点 9 分，"风云一号"气象卫星发回的第一张云图照片出现在国家气象局卫星气象中心的图像终端上，这是一张反映亚洲地区云层状况的卫星图。当晚，中央电视台"天气预报"节目首次播发了"风云一号"发回的卫星云图。9 月 12 日，国家气象局、航天部联合召开新闻发布会，宣布中国政府决定向全世界公开"风云一号"气象卫星资料，并欢迎各国气象部门接收、应用中国的气象卫星资料。

图 12-1 任新民在发射第二颗"风云一号"气象卫星指挥室等待卫星消息（资料来源：航天档案馆）

"风云一号" 02 批次

遗憾的是，"风云一号"卫星在正常运行了 39 天之后，由于姿态控制系统发生异常，致使卫星翻滚，不能继续发送气象云图。尽管任新民和同事们极力抢救，但并未成功。

随后，任新民组织和部署对第一颗"风云一号"卫星的故障分析工作和第二颗"风云一号"卫星的改进工作。经过近两年的研制和测试，1990年9月3日9点53分，第二颗"风云一号"气象卫星由另一枚"长征四号A"运载火箭成功发射。在这次发射中，"长征四号A"除了将第二颗"风云一号"卫星送入预定的极地轨道，还成功搭载发射了中国科学院研制的"大气一号甲""大气二号乙"两颗气象卫星。9月22日—10月7日，时值北京举办第十一届亚运会，第二颗"风云一号"气象卫星为此次盛会提供了气象资料。

10月6—25日，针对第二颗"风云一号"卫星的运行情况，国家气象局气象卫星中心进行了在轨测试。结果表明，卫星的双频测轨通道、卫星在轨控制功能、在轨姿态、图像传输通道、图像质量等系统和功能均达到或优于设计指标。

但是第二颗"风云一号"在正常工作五个多月后出现异常，卫星处于快速翻滚的状态。得知消息后，任新民带领技术人员马上奔赴西安卫星预控中心，经过两个半月的抢修，使卫星重新恢复正常工作。此后，卫星在正常工作165天、在轨285天后，因星载计算机在太阳强辐照下出现故障，最终停止了运行。

这意味着"长征四号A"圆满完成了发射"风云一号"的任务，但是"风云一号"试验气象卫星的在轨工作状态却差强人意，承担"风云一号"卫星研制的上海航天局感到无比巨大的压力。除了舆论上的压力，上海航天局还面临科研经费和资金上的困难。孟执中当时担任上海航天局509所所长，整个研究所全年的科研费用只有100多万，光是养活单位的人员都不够。如果"风云一号"下马，所有人员无事可做，单位该如何维持下去？所以当时的形势非常严峻。[①]

任新民对此事也不甘心。他认为"风云一号"虽然没有达到预期的寿

---

① 孟执中访谈，2013年12月31日，上海。资料存于采集工程数据库。

命和目的，但在研制过程中有很多创新，也有很多潜力，这为以后的改进和发展奠定了基础。在事后进行故障分析时，他对具体负责研制的科研人员还是以鼓励为主，认为这次失败的原因在于发动机控制系统出了不少问题。他找到相关的科研人员，要求一定要把这个问题解决好。

之后，任新民根据"风云一号"的第一、二颗星的试验和运行情况，结合国家气象部门对极地轨道气象卫星的需求，开始构思改进型"风云一号"卫星的技术方案。他多次对相关的研制人员说："我们不能食言，当初立项时讲的技术指标、经费预算和进度计划就是我们工作的目标，我们要说话算数。"[1]为此任新民又组织相关人员进行总体技术方案论证和经费预算，亲自出马向国家气象局、国防科工委、国家计委、国务院领导汇报，并以他人大代表的身份多方奔走呼吁，最终使改进型的"风云一号"（即"风云一号"02批）得以立项。

事后在谈及这段经历时，任新民曾说，他之所以极力促成"风云一号"02批次的立项，除了因为气象卫星工程的需要，更主要的是保住上海航天局这一科研队伍。我国从20世纪70年代研制卫星时就在上海组织起了这一支科研队伍，如果气象卫星项目下马，这支队伍就散了。如果再有什么任务，再想马上组织起一支队伍，那就困难了。孟执中认为，如果没有"风云一号"02批次的立项，就不会有上海航天局后来研制的一系列气象卫星以及培养起来的一批人才。所以任新民当时不是就事论事，而是高瞻远瞩，从长远的角度考虑问题。[2]

"风云一号"02批虽然被称为"风云一号"的改进型，但是在技术上的改进超过2/3，使得技术性能大幅度提高。从这个角度来讲，这实际上是一个新的型号，其研制难度也相当大。例如，在遥感能力方面，02批的探测通道从原来的5个增加到10个，由此增强了卫星对云层、陆地和海洋的多光谱探测能力，而卫星上的存储量也从原来的60分钟提高到300分钟。此外，发射02批卫星的运载火箭"长征四号乙"是在"长征四号甲"基础上改进的，采用了多项新技术，如小型陀螺稳定平台，使火箭性能和

---

[1] 谭邦治：《任新民传》。北京：中国青年出版社，2016年，第185页。
[2] 孟执中访谈，2013年12月31日，上海。资料存于采集工程数据库。

发射卫星的入轨精度更高。

彼时，承担"风云一号"02批系统研制任务的单位，大部分还同时承担着"风云二号"地球同步轨道气象卫星的研制任务。因此，与01批相比，02批的人手、研制经费等资源都十分有限。但任新民依然带领研制人员克服困难，总结反思01批的经验教训，埋头苦干，保障了研制工作的顺利开展。

1999年5月10日，"长征四号乙"运载火箭托载着改进型的"风云一号"02批的第一颗卫星（即"风云一号03"星）和"实践五号"科学技术卫星升空，将卫星准确送入各自的预定轨道。实践证明，这颗"风云一号"卫星的运行性能稳定，发回的气象云图清晰，各项指标均达到了设计要求。① 由于这颗卫星在轨运行的稳定性和信息数据的准确性，2000年8月，世界气象组织正式将"风云一号03"星列入世界极轨业务气象卫星系列，为世界各国免费提供气象资料。这是我国第一颗被列入世界气象业务应用系列的气象卫星，极大提高了我国航天的声誉和影响。②

当谈到任新民在气象卫星工程中的贡献时，孟执中认为，如果没有任新民，中国航天区域的发展、上海航天的发展以及气象卫星的发展都不会有今天的局面。当时有人建议从国外购买气象卫星，但任新民等人从发展民族工业、保住科研队伍的角度出发，坚持发展我国自己的气象卫星。如今，我国的气象卫星技术在国际上占有重要地位，在美国召开的国际地理观测卫星的国际会议上曾经专门辟有分会场，讨论我国"风云三号"卫星及其应用。美国、欧洲也要同中国进行气象卫星合作。我国气象卫星能有今天这样的局面，与任新民等人在关键时刻起到的关键作用密不可分。③

---

① 2002年5月5日，"长征四号乙"运载火箭将第二颗改进型的"风云一号"卫星（即"风云一号04"星）和我国第一颗海洋探测卫星"海洋一号"准确送入各自的预定轨道。

② 从2004年6月24日开始，我国停止对"风云一号03"星云图的接收存档。2007年2月11日，我国从西昌发射了一枚反卫星导弹，成功击毁了已经退役的"风云一号03"气象卫星。

③ 孟执中访谈，2013年12月31日，上海。资料存于采集工程数据库。

返回式遥感卫星工程

我国是最早掌握返回式遥感卫星技术的国家。早在1974年11月5日，我国就进行了第一颗返回式遥感卫星的发射，但由于运载火箭的问题导致发射失败。1975年10月，我国进行第二颗返回式遥感卫星的发射，任命国防科工委副主任马捷为总指挥、任新民为副总指挥，领导和组织卫星的检查、测试和发射。1975年11月26日，"长征二号"火箭携带返回式卫星点火发射，火箭按预定程序飞行，卫星准确进入预定轨道。11月29日，重达1790千克的卫星在预定轨道上运行了3天、绕地球飞行了47圈后成功回收。这是我国首次成功发射和回收返回式遥感卫星。

到了20世纪80年代，"331工程"顺利完工，年过古稀的任新民也功成名就，按理说可以颐养天年了。国防科工委和航天部出于工作和新老科技领导交接等问题的考虑，希望任新民能继续留任，他没有含糊，听从了组织安排。在随后的一段时间，他几乎同时担任七项航天型号工程的总设计师和一项大型航天系统工程的总技术顾问。[①] 这在中国航天史上是绝无仅有的，其工作强度和难度是相当大的。

1987—1996年，我国相继发射了五颗改进型的返回式遥感卫星（又称"返回式卫星二号"）和三颗新型的返回式遥感卫星（又称"返回式卫星三号"）。在这八颗返回式遥感卫星中，除了1993年10月8日发射的第五颗改进型返回式遥感卫星由于姿态控制系统故障未能成功回收外，其余七颗星均工作正常、成功回收。

这一期间的发射次数比较多，任新民经常往返于西昌、酒泉、太原三个卫星发射中心，有时候三个卫星发射中心都有发射任务，都需要他参加。为此，任新民在安排科研生产计划时，总是要和机关的有关人员反复协商，尽量使由他担任工程总设计师的不同卫星不同时在不同的发射场组

[①] 谭邦治：《任新民传》。北京：中国青年出版社，2016年，第194页。

织发射。当有人认为测试正常,建议他作为总师不必每次都早早赶到发射场时,任新民却说,作为一个名副其实的总师,责任在身,不到现场就是失职,而且"要去就早去,从头到尾参加测试检查,和大家一起研究问题、解决问题。不能临到发射了,去当参观团团员,非但不能帮助人家解决问题、决策问题,还得让人家给你汇报、介绍情况,反倒耽误人家的时间、影响人家的工作,还不如不去"。[①]

1989年8月,任新民按照"好事多谋"和"交换、反复、比较"的思路,在国防科工委领导和航空航天部领导的支持下,以中国宇航学会的名义召开应用卫星与卫星应用研讨会,亲自担任会议领导小组组长。会议邀请与应用卫星研制和卫星应用有关的25个部委的69个单位的162名领导、科技专家出席,共收到论文和报告77篇。与会人员畅所欲言,通过广泛交流和深入研讨,最终达成共识,即针对我国应用卫星研制和应用的广阔前景和迫切需求,应大力发展中国相对短缺的应用卫星技术,尽快建立中国自主的、长期稳定运行的卫星应用系统。与会人员强烈呼吁我国的应用卫星与卫星应用要协调发展,以保证应用卫星的社会经济效益得以释放与发挥。

8月26日,时任国务院总理的李鹏和国家航天领导小组成员宋健、刘华清等人接见了出席应用卫星与卫星应用研讨会的会议代表,听取了任新民和其他八位代表的汇报。李鹏在讲话中要求各有关部门大力协作,齐心协力发展我国的应用卫星事业。

1996年8月,由任新民担任总师的发射新型返回式遥感卫星的"长征二号丁"运载火箭被运往发射场。由于此前几次重要的卫星发射相继失败,这次的发射具有扭转局面的重要意义。任新民对此次发射不敢有一丝懈怠。在对火箭进行加注推进剂前的最后一次检查中,"长征二号丁"运载火箭控制系统的变换放大器发生了故障。相关部门的领导认为,要在明确故障具体部位和故障机理后再发射。但是任新民根据基层设计人员的意见,决定更换备份的变换放大器,如果功能检查正常,就按照发射程序进

---

① 谭邦治:《任新民传》。北京:中国青年出版社,2016年,第194页。

行发射。两种意见相持不下，但各自的初衷都是为了发射成功。

关键时刻，任新民又一次挺身而出，认为备份仪器就是用来随时替换的，只要功能正常就可以发射，否则推迟发射一天，会浪费上百万的费用。如果出了问题，责任全部由他承担。最终，上级领导还是决定在查清故障部位和机理之前暂停发射。任新民只能服从决定，组织基层设计人员进行故障分析和后续检测，最终将故障原因锁定在变换放大器中的一个三极管管脚生锈。在推迟发射近20天后，火箭在1996年10月20日发射成功，一改此前被动的局面。事后，有参试人员抱怨说，换了变换放大器也能发射成功，白白浪费了这么多时间。但是任新民却制止了这种议论，认为"对错不要再讲了，发射工程比什么都重要"。[1]

此后，我国又相继成功发射了数十颗返回式遥感卫星，大部分都成功收回。

发射"亚星"与国际商业发射服务

1984年4月8日，"长征三号"成功发射"东方红二号"卫星之后，任新民开始酝酿中国运载火箭承担国际商业发射服务的问题，并积极向有关领导和单位进行这方面的宣传。与此同时，他还同有关科技人员商定了"长征三号"的改进方案：一是"上改"，即研制新的增加推力的第三级氢氧发动机，这就是后来的"长征三号甲"；二是"下捆"，即在第一级捆绑液体助推器，这就是后来研制成功的"长征三号乙"。任新民认为，中国的运载火箭要有新的发展，要形成自己的系列，要努力提高质量与可靠性，千方百计实现"百发百中"。

曾经参与过发射"长征三号"、后来成为中国长城工业总公司副总经理的陈寿椿也以个人名义向航天工业部的领导建议，"我们的'长征三号'

---

[1] 谭邦治：《任新民传》。北京：中国青年出版社，2016年，第197页。

火箭已有能力发射国外通信卫星,我们应该开放。"[1]航空工业部的刘纪原副部长和宋健副部长很快做出批示,表示完全赞同。

1985年3—9月,在日本筑波国际大型技术展览会上,中国首次将"长征三号"运载火箭的模型、图片和录像展示给世界。5月27日,国际空间技术会议在瑞士日内瓦召开,中国代表团做了题为《中国为世界提供发射服务的可能性》的发言,引起了广泛关注。10月26日,航天部部长李绪鄂代表中国政府在一次记者招待会上正式向世界宣布,我国自行研制的"长征二号""长征三号"运载火箭投入国际市场,承揽国外用户发射卫星业务,向国外用户提供良好的发射服务和发射初期的支持服务,同时中国人民保险公司愿意以国际市场优惠价格提供发射保险。[2]

不幸的是,1986年成了世界航空史上的"空间灾难年"。1月28日,美国"挑战者号"航天飞机在升空后爆炸,7名航天员丧生,成为世界航空史上最大的灾难,美国总统里根随后下令暂停使用航天飞机发射商业通信卫星。4月18日,美国"大力神34D"火箭在发射侦察卫星时爆炸,地面受伤54人。5月3日,美国"德尔塔"火箭在发射同步环境应用卫星时爆炸。美国的航天活动几乎停滞。在欧洲,5月31日,承揽世界半数以上发射合同的欧洲航天局"阿里安-Ⅱ"火箭在发射时因第三级氢氧发动机没有及时点火而失败,这是"阿里安"火箭的第十八次失败。苏联也准备将"质子"号火箭打入国际市场,但却不向世界公布"质子"号发射成功和失败的次数,使得其他国家对苏联火箭的可靠性持有较大怀疑,使"质子"号很难打入国际市场。

总体来看,这一时期由于苏联挤不进去、西方世界的主要运载工具处于停航状态,国际商业卫星发射市场出现了"真空",这为中国运载火箭进入国际发射市场提供了极好的契机。此时的中国航天抓住这一

---

[1] 周武:万里长城永不倒——中国航天商业发射服务20年传奇.《太空探索》,2010年第5期,第10页。

[2] 中国运载火箭技术研究院:《天穹神箭:长征火箭开辟通天之路》。北京:中国宇航出版社,2008年,第99页。

契机积极开发市场，使中国运载火箭的国际商业发射服务取得了长足进展。

参加瑞士日内瓦国际空间技术会议的"长征三号"总师谢光选认为，"长征三号"打入国际市场主要靠两个优势。首先是高可靠性。长征系列火箭发射13次，成功11次，失败2次，可靠性达到85%。其次是价格优势。在实行的各项服务中，我国的价格至少比国际价格低15%，还能提供周到的服务和优惠的保险。这两个优势使我国打入了国际市场并处于有利地位。

1986年7月，中国长城工业公司成立宇航部，成为由我国批准的唯一经营对外发射合作业务的外贸企业。11月21日，任新民被国防科工委任命为发射外国卫星工程（即"867工程"）的总设计师，从此，他开始致力于运载火箭的国际商业发射服务这一崭新的事业。

1989年1月23日下午，中国长城工业公司与香港亚洲卫星公司在北京人民大会堂江苏厅举行签字仪式，在双方议定的《用"长征三号"火箭发射美国休斯公司生产的、香港亚洲卫星公司所有的"亚洲一号"通信卫星》合同上郑重签字。后经多方协调，最终确定发射日期为1990年4—6月。任新民担任"亚洲一号"卫星发射工程总设计师。

"亚洲一号"发射的成败不仅事关中国航天的声誉和对外市场的开拓，而且涉及1.2亿美元的赔偿金。按照国际卫星发射惯例，从签订合同到发射一般需要30个月的技术准备时间，而"亚洲一号"卫星的技术准备时间只有14个月。同样，按照国际卫星发射惯例，在签订合同的第二个月就要开始进行技术协调。但此时国内一些地方发生了政治动乱，休斯公司听信谣传，担心影响"长征三号"的生产，中国长城工业公司无法执行合同，于是坚持派人到火箭技术研究院了解实际生产和制造情况。直到8月，中美之间才开始进行技术协调，这时距离预定的发射时间只剩8个月，时间非常紧迫。而在这8个月期间，中方要完成火箭上的5次技术改动，设计、生产和试验都必须一次成功；还有5项技术分析要评审，从理论分析、程序编制、计算到提出评审报告也都必须一次通过。在准备"亚星"发射的过程中，中美双方先后进行了四次正式的技术协调。①

1990年2月5日,"长征三号"运载火箭出厂,2月10日运抵西昌卫星发射中心。为保证发射工作万无一失,发射人员先后进行了4次质量复查和预想,总共复查和预想出近60个问题,并在发射之前全部解决。2月12日,"亚洲一号"卫星获准从美国洛杉矶由波音747专机空运到北京,再从北京转运到西昌卫星发射中心,于当晚9点50分进入卫星厂房。

此时,任新民作为发射外国卫星工程的总设计师和长期主持"长征三号"研制工作的专家,坐镇西昌卫星发射中心,有序指导着发射前的测试工作。他深知此次发射的重要性和开拓意义,这不仅是技术上的,更重要的是政治上的。他在事前对同事们说:"欧洲人、美国人发射出了问题,我们没有三头六臂,也不是神仙,只能靠精心测试、精心操作,严上加严、细上加细、慎上加慎,要实实在在地不放过任何疑点和隐患,要真正做到不带问题和疑点上天。"②

4月2日,中美双方确定4月7日为发射日,并由中央电视台进行现场实况转播。这是中国第一次发射国外卫星,也是第一次对发射进行实况转播。

4月7日发射当天,西昌上空乌云密布、雷声阵阵,雨一直下个不停。中方预测4月7日的发射窗口只有3个,分别是19点、20点、21点,"窗口"打开的时间长度不等,长则一个小时,短则只有十几分钟,如果错过时机,只能推迟发射。当天,驻京的外国使节以及美国、法国、日本、联邦德国、澳大利亚、巴西、巴基斯坦等国家和地区的代表专程到现场观看发射,再加上我国有关方面的领导,总共有300多人来到了发射场。烟雨朦胧中,"长征三号"载着"亚洲一号"卫星矗立在发射塔待命。

"长征三号"火箭的低温推进剂既怕下雨,又怕打雷,液氢液氧也忌

---

① 第一次技术协调于1989年8月在洛杉矶进行,重点完成星箭机械接口、电气接口和卫星与西昌发射场间的技术相容性协调,并进行首次星箭解锁分离试验。第二次技术协调于10月在中国进行,重点是协调动力学耦合分析、热环境和分离分析。第三次技术协调于12月在洛杉矶进行,主要进行星箭接口协调,对五大任务做最终评审,会签接口控制文件。第四次技术协调于1990年2月5日在西昌举行,重点评审验收发射设施和准备工作。

② 谭邦治:《任新民传》。北京:中国青年出版社,2016年,第200页。

第十二章 卫星工程的"总总师"

讳打雷下雨。原本预定晚上7点半发射，现场的工作人员早早就进场了，可面对这样的天气只能坐等。在焦急的等待中，19点这个发射窗口过去了。20点左右，雨停了，但是云层依然很厚，发射仍然被迫延后，第二个发射窗口也错过了。按照当时的技术，低温推进剂加注后无法再退回加注车。气象专家们紧急会商，预计21点左右天气会好转，发射场上空的乌云可能会散去，露出一块空间。20点40分，火箭再次进入80分钟倒计时。终于在21点左右，"长征三号"火箭上方的乌云逐渐散去，突然开了个口子，星光乍现，这是发射的绝佳机会，也是预计的最后一个发射窗口。21点29分，"长征三号"火箭进入一分钟倒计时。由于液氢液氧挥发性大，需要不停补加以维持一定的液位。补给到一分钟准备时，口令一下，加注连接器自动脱落，管道的摆杆让出空位才能发射。然而，就在指挥员下达最后的"点火"指令前的一瞬间，加注连接器自动脱落后，突然在火箭第三级周围出现了一片白烟。从控制室望去，白烟把整个三级整流罩都给笼罩住了。

当时西昌发射中心的司令员是胡士祥，他在控制室里和任新民等人一起坐在第二排（第一排是指挥员），负责下命令和控制按钮。指挥员看到火箭上有烟雾，顿时忘记了电视正在进行实况转播，回过头问领导和专家们"怎么办？"，就在这剩下的短短几秒钟之际，胡士祥果断地喊出了"发射"的指令。事后检查发现，加注液氢液氧的加注连接器脱落后，加注口泄漏了一些剩余的液氢液氧，但是未超出泄漏极限。由于当时刚刚下过雨，周围湿度比较大，结果，低温的液氢液氧出来后就变成了雾气。

1990年4月7日21点30分，火箭准时点火，"长征三号"顺利升空，飞行正常，一、二级火箭先后脱落成功，三级火箭相继两次点火。三级火箭工作16分钟以后，星箭分离，卫星进入近地点距地球200千米、远地点距地球36000多千米的大椭圆轨道，成功地把我国首次承揽发射的外国卫星送上太空、准确入轨，其精确度是中国历次发射卫星最高的一次。[①] 说

[①] 近地点误差为1.7千米，误差率为5.6‰；远地点误差为47千米，误差率为1.2‰；入轨倾角误差率为0.01‰。1990年5月7日，美国休斯公司副总裁多夫曼在洛杉矶对到访的孙家栋说，中国的这次发射有三个亮点：一是气象预报准确，二是发射时间准确，三是卫星入轨精确度高，是休斯公司已经发射的30多颗同类卫星中入轨精度最高的一颗。

来也巧，火箭升空后，发射塔上空的乌云又闭合了。

"长征三号"将"亚洲一号"通信卫星送入了预定的地球同步转移轨道，完成了我国第一个运载火箭商业发射服务合同。当晚，国务院发来贺电，祝贺"亚洲一号"通信卫星发射成功。外国媒体也纷纷报道和发表评论，盛赞中国"长征三号"火箭技术先进、性能可靠，打破了一直由美国和欧洲垄断的卫星发射市场。

事后，在美国的华人朋友写信给任新民，倾诉他们的喜悦心情，认为中国能够发射美国制造的卫星，让他们在海外倍感骄傲。任新民也非常感慨和激动，他没想到发射一颗美国制造的卫星会产生这么大的动静和国际影响。[1]

此后，任新民又参加了"长征三号""长征三号甲""长征三号乙"等运载火箭多次发射外国卫星的任务，将"亚太一号""亚太一号A""菲律宾马部海""亚太二号R"通信卫星准确送入预定轨道。2003年10月21日，"长征四号乙"又成功地将中国、巴西合作研制的地球资源卫星02号和中国科学院的第一颗小卫星"创新一号"送入预定轨道。

---

[1] 谭邦治:《任新民传》。北京：中国青年出版社，2016年，第201页。

第十三章
载人航天工程立项

晚年的任新民极力推动载人航天和太空站的建设，认为这不仅是航天的未来，也具有重要的政治意义和经济效益。他利用自己的多种身份，积极向中央建议建言，召开各种研讨会，促成载人航天的立项。在担任载人航天工程领导小组顾问和项目评审组组长期间，他统一各方面的不同意见，使载人航天工程技术方案的论证和评审工作顺利进行。

我国载人航天的初步探索

1961年4月12日，苏联"东方号"运载火箭将宇航员加加林乘坐的"东方1号"飞船发射升空，第一次实现了人类载人太空飞行的梦想。1962年2月20日，美国宇航员约翰·格伦乘坐"友谊7号"飞船升空，实现了美国首次载人轨道飞行。苏联和美国早期的这些载人航天的主要目标是把人送上太空，没有其他科学任务，取得的主要成果是了解人在太空环境下的生物医学表现。

1969年7月16日，美国发射"阿波罗11号"飞船，美国宇航员阿姆斯特朗首次登上月球表面。在随后的登月中，美国宇航员完成了在月球上安放科学实验仪器、综合试验、取样、释放卫星等各种科学任务，取得了大量的科技成果。1972年12月，"阿波罗登月计划"结束后，美国研制了试验型空间站，此后又把主要精力放在航天飞机的研制上。苏联在自己的登月计划失败后，把主要精力放在空间站上。

由于载人航天具有巨大的政治、军事、科技、文化和潜在的经济效益，我国从很早就开始了载人航天的探索和规划。1965年，受苏联和美国载人航天的影响，有关部门在制订第一颗人造卫星发展计划时就开始探讨中国的载人宇宙飞船计划。中央专委也原则上同意在1979年发射第一艘载人飞船的设想。

1967—1968年，七机部第八设计院的研制人员探讨了中国载人航天的发展途径，对载人飞船进行了预先研究。中央专委办公室建议中国第一艘载人飞船命名为"曙光一号"。后因政治形势的变化，"曙光号"载人飞船逐步处于无人过问的状态。尽管如此，"曙光一号"在研制期间还是取得了一些进展，主要包括高空生物试验、宇航员选拔和实验设备研制。

七机部第八设计院曾研制过"探空七号"探空火箭，先后改装成气象火箭、技术试验火箭和生物试验火箭，并用白鼠和狗进行飞行试验，获得了一些数据。在航天医学研究方面成立并保留了航天医学工程研究所（507所），这是我国实行航天医学和工程相结合的跨学科的综合性研究所，对多名锻炼员[①]进行了多方面的人体科学研究，取得了大量数据，为后来的载人飞船设计提供了宝贵资料。

"曙光一号"载人飞船经过四年多的预研，也培养了一批从事飞船设计的技术队伍。在飞船总体设计方面积累了一定经验，特别是在气动力风洞试验方面和各分系统研究方面做了大量工作，在结构、能源、热控制、导航与控制、测控与通信、数据管理、新型材料、环境控制与生保系统等方面进行了原理性探讨与技术攻关，有些通过了地面试验，有些完成了初样研制，有不少成果成功地应用到卫星系统的研制中。除此之外，在大型

---

① 指进行人体科学实验的人员。

地面试验设备的研制方面也做了大量工作，不少设备已经建成并投入使用。这些工作都为后来的载人航天工程打下了一定的技术基础。[①]

1974年，由于技术力量储备不足，中央决定先搞好应用卫星建设，不与苏美搞太空竞赛，载人航天计划暂停探索。

载人飞船方案的形成

1985年7月25—30日，航天部科技委在秦皇岛召开太空站问题讨论会，这是中国首次召开的关于发展载人航天技术的会议。当时担任中国宇航学会理事长和航天部科学技术委员会主任的任新民主持了这次会议，中国科学院、冶金部、有色金属总公司、国防科工委有关研究所和航天部有关单位的科技专家和科技工作者50多人参加了这次会议。众多专家和学者在此次会议上宣读了关于载人航天、太空站及其应用等方面的科技论文和报告30多篇。与会代表各抒己见，就相关问题进行研讨，探讨中国发展载人航天技术的未来大计。专家、学者们从技术和经济方面对中国发展载人航天技术进行了初步的可行性探讨，虽然许多意见大相径庭，对技术实现途径也各有见解，但大家都认识到中国发展载人航天技术是大势所趋。

会后，会议组织单位根据任新民的指示编辑出版了《太空站讨论会文集》。在论文集的序言中，任新民较为系统地阐述了发展载人航天技术的必要性与可行性，并对我国发展载人航天技术的步骤与初步方案提出了设想。任新民还请航天部科技情报研究所翻译出版了美国科研人员编写的《开拓天疆》一书，并将此书和《太空站讨论会文集》赠送给国家有关领导及国家计委、国家科委、国防科工委等综合部门的领导，旨在为发展中国载人航天技术争取支持。

[①] 李成智：《中国航天技术发展史稿（下）》。济南：山东教育出版社，2006年，第794–795页。

按照任新民最初的想法，苏联和美国当年发展的是载人飞船，而现在的趋势是航天飞机。载人飞船对航天员的要求较高，需要专门的培养；而航天飞机可以重复使用，对航天员的要求不高，可以使科研人员很容易进入太空，有利于太空的工业化。[1] 我国现在发展载人航天也应该顺应当今的科技趋势，从航天飞机起步。

1986 年 11 月，中共中央和国务院批准和下发了《高技术研究发展计划纲要》（即"863"计划），国防科工委组建了"863"航天科技领域专家委员会，设立了"大型运载火箭和天地往返运输系统"和"载人空间站系统及其应用"两个主题项目。任新民受航空部领导的委托，遴选和举荐了委员会的首席专家和其他专家组的成员。

1990 年 12 月 14 日，航天部成立载人航天工程领导小组，由任新民担任首席顾问。领导小组从运载火箭技术研究院、空间技术研究院、上海航天局、710 所等单位抽调 19 名科技人员组成了联合论证组。

1991 年 1 月 30 日，由中国宇航学会理事长任新民和中国社会科学院副院长刘国光主持，以中国宇航学会、中国社会科学院、国务院发展研究中心的名义联合举办中国航天高技术报告会。会议重点探讨了航天技术在国家的战略地位与作用，提出了建立以航天科技为龙头的高新技术开发区的设想，希望尽快起步发展中国的载人航天技术，采取政策措施落实"科学技术是第一生产力"的原则。任新民在会上阐述了尽早发展中国载人航天技术的建议，提出"载人与不载人是中国航天技术质的飞跃，其政治、经济、社会效益与影响是现在难以预料的"。[2]

在关于载人航天技术方案的论证过程中，大家提出了各种不同的方案，仅仅就天地往返运输系统就提出了五种方案，其中四个是不同的航天飞机方案，只有一个是航天飞船方案，因为在很多人看来，航天飞船属于"老古董"，而航天飞机是最先进的航天技术。在争论中，任新民的思想也有了很大转变。通过查阅美国、德国、英国设计的航天飞机的大量资料，他认识到，对于当前我国这样一个飞机设计和生产基础落后、连大飞机都

---

[1] 张履谦访谈，2013 年 11 月 24 日，北京。资料存于采集工程数据库。
[2] 谭邦治：《任新民传》。北京：中国青年出版社，2016 年，第 258 页。

生产不了的国家，直接上马航天飞机显然不现实。通过反复思考，综合分析我国的经济现状、技术可行性、研制经费和研制进度等方面情况，他最后认同我国的载人航天技术要从载人飞船起步。

统一评审意见

1991年春节前夕，航天部向邓小平呈送了《关于开展载人飞船工程研制的请示》。邓小平审阅了这一请示，并同有关的中央领导交换意见。3月15日，任新民等人到中南海向李鹏等中央领导汇报载人飞船论证工作情况。他深知这次汇报关系到我国载人飞船工程的立项，责任重大。为此，他数次修改汇报提纲，反复琢磨如何在一个半小时内把汇报的问题讲清楚，还得给李鹏等领导人留些时间提问。

任新民在汇报的一开始就介绍了我国为什么要发展载人航天技术，然后详细介绍了载人航天的技术途径和载人飞船方案，并阐述技术经济的可行性。

我国已基本具备研制载人飞船及其运载火箭的技术基础和研制条件。比如，我们已经研制成功"长征二号E"火箭，突破了火箭的捆绑技术，在这一基础上采取实时监测技术、冗余技术、容错技术等措施，提高质量与可靠性，就可以满足发射载人飞船的要求。再如，飞船的控制系统已有各类导弹和卫星控制技术的基础；飞船的返回技术已有返回式遥感卫星返回技术的基础；防热材料已有研究成果和产品；航天员的培训及生命保障技术等已有20世纪70年代研制"曙光号"飞船时的基础和预研成果。

他指着汇报图片上的飞船逃逸系统，加重语气地说：

我们需要新研制的项目，主要是火箭上升段的应急救生技术，我们在固体火箭发动机和空气动力学技术方面是有基础的，完全可以攻克飞船逃逸系统的技术难关。

他还实事求是地汇报道：

载人与不载人是航天技术的一个质的飞跃。在工程研制实践中也会出现新的技术难题，必须付出艰苦的努力。但据目前的分析，还没有不可逾越的重大技术关键，我们会成功的。①

随后不久，中央领导先后做出重要批示，同意发展载人航天技术。自此，我国载人飞船工程的论证与立项工作开始启动。

1991年4月，任新民同与航空航天部科技委副主任庄逢甘商议后，由庄逢甘主持召开了载人飞船工程实施方案的讨论会。会议最后决定，由航空航天部一院和五院、上海航天局根据会议提出的技术指标及要求，开展深入的论证工作，完善各自的实施方案，以便招标择优。经过半年多紧张的工作，航空航天部一院和五院、上海航天局在11月分别提交了整套的《载人飞船工程可行性论证报告》，任新民等科技专家参加了三套方案的评审。在此基础上，航空航天部形成了《关于我国载人飞船工程立项的建议》。

1992年1月8日，李鹏主持召开中央专委第五次会议，专门研究发展我国载人航天技术问题。任新民代表航空航天部向中央专委做了汇报。经过讨论，中央专委认为发展我国载人航天技术是必要的、也是适时的，从载人飞船起步也是可行的。中央专委的这次会议对中国载人航天技术发展具有决定性的意义。会议决定由国防科工委负责，组织各方面的科技专家继续深入论证，提出载人飞船工程技术经济可行性论证报告，同时组织各类专业的科技专家组成评审组，对载人飞船工程技术经济可行性论证报告提出评审报告，届时将论证报告和评审报告一并交中央专委审批，由中央最后决定。

航天部随后组织了论证队伍和评审队伍，王永志担任论证组组长，任新民担任评审组组长。但是这个评审组组长并不好当。评审组成员对各类技术问题都有自己的见解，难以形成统一意见，有的评审专家甚至要求在评审意见中写明个人意见，自己签名，一起上报中央专委。对于这些不同

---

① 谭邦治：《任新民》。贵阳：贵州人民出版社，2005年，第146页。

意见，任新民都可以理解，但也心急如焚。他很清楚，载人航天是国家行为，需要大量经费，如果连研制单位都拿不出统一的意见，如何让中央批准立项？为此，他只能分头做评审专家的工作，希望达成共识。

在1992年夏天召开的评审会上，任新民指出，有不同意见是正常的，也是难能可贵的，但从大局着眼，只好舍弃一些个人意见。中国载人航天工程立项发展到今天，来之不易，希望珍惜：

如果载人航天工程能立项，这对中国航天今后的发展和前景将产生重大而深远的影响，今后30年或更长的时间，我们航天工作者都会英雄有用武之地。如果因为我们的论证工作和评审工作没做好、没做透，而影响工程的立项或拖延工作的进程，那我们就愧对中国航天、愧对中华民族，是误人子弟，说得严重些是千古罪人。同志们啊，责任重大，使命光荣。①

他在发言的最后指出没有十全十美的方案，但是总得选定一个。正是由于任新民的一系列艰苦而细致的工作，使我国载人飞船工程总体技术方案及其所包括的七个系统（载人飞船、运载火箭、航天员、测控通信、发射场、着陆场、飞船应用）技术方案的论证与评审工作得以顺利进行，按计划向中央专委提出了方案论证报告和相应的评审报告，为我国载人飞船工程适时地批准立项和开展研制工作作出了重要贡献。

8月25日，中央专委根据国防科工委和航天部提出的关于载人飞船工程论证报告和评审报告，向中央呈报《关于开展我国载人飞船工程研制的请示》。9月21日，中共中央政治局召开常委扩大会议，讨论发展载人航天工程问题。经讨论，会议一致同意中央专委的请示，决定要像当年发展"两弹一星"那样来发展载人航天工程，有事可直接上报中央。至此，中国的载人飞船工程正式批准立项，代号"921工程"。在这一工程的论证和立项过程中，任新民劳苦功高、贡献突出。

---

① 谭邦治：《任新民传》。北京：中国青年出版社，2016年，第265页。

载人飞船的三舱方案和三步走设想

在载人飞船工程的方案论证、评审和立项过程中，任新民一直倡导和坚持两项重大的建议：一是三舱设计方案，二是三步走设想。

三舱设计方案

首先是载人飞船的三舱设计方案。载人飞船的重量和体积很大，如果在太空中完成任务后整体返回，会增加技术难度。因此，为了减少飞船返回时的重量，飞船不做成一个整体，而是分舱段：返回的航天员和设备仪器集中在返回舱返回地面；继续在轨道上运行、完成特定任务的部分放在轨道舱内；过后不需要的部分放在设备舱内废弃。此外，飞船分舱段设计还可以避免飞船某个舱段发生故障时影响其他舱段的工作。

早期的飞船设计都是采用两舱设计，即只有返回舱和推进舱，例如苏联设计的"东方号""上升号"和美国的"水星号""双子星号"。但随着技术的发展和飞船飞行任务的日益复杂，两舱式设计已经不能满足航天员活动空间的要求。因此，美国的"阿波罗号"飞船和俄罗斯的"联盟号"飞船都改用三舱设计方案。

相比于两舱设计，三舱方案增加了一个轨道舱。在三舱结构中，轨道舱在最前面，返回舱在中间，推进舱在最下面。轨道舱是航天员在太空自由飞行时的生活舱和工作舱，航天员返回地面之前将轨道舱分离，以减小返回舱的尺寸和重量。三舱方案的优点在于可以搭载更多的人和物品，完成更复杂的航天任务；而两舱方案由于没有轨道舱，从发射阶段救生的角度来看，逃逸系统只需带走两舱，救生简单。

由于只有在技术较为成熟的条件下才能使用技术更为复杂的三舱设计并使飞船的安全性得到保障，我国载人飞船在论证阶段曾经在两舱方案和三舱方案之间、如何处理轨道舱的问题上进行了详细论证。有人认为，苏联的"联盟号"飞船的轨道舱没有留轨，而是当作垃圾留在太空，因为三舱的轨道舱留轨会带来很多技术难题，首先要解决轨道舱留轨时的电源和控制问题。任新民在研究苏联"联盟号"载人飞船的结构示意图时意识到，轨道舱如果作为垃圾留在太空太可惜了，只要解决供电和控制问题，就可以把轨道舱利用起来，既可以作为一颗传输型的对地观测卫星，又可以作为交汇对接中的目标飞行器，会提高飞船的经济效益。因此，他认为：

为什么苏联人没有留轨，我们就不能留轨呢？！那时对地观测传输技术还没有呢，现在对地观测传输技术已成熟。困难是有的，无非是要解决轨道舱的电源和控制问题，这类问题只要做工作是能够解决的。①

最终，我国载人飞船没有沿用苏联和美国载人航天发展的老路，而是实现技术跨越，选择了最能体现中国特色和科技进步的三舱方案，从而使后来的"神舟号"载人飞船与国际上最先进的第三代宇宙飞船并驾齐驱。载人航天工程立项后，航天专家经过不断地创新攻关，给轨道舱安装了两个太阳电池翼为轨道舱提供电能，使轨道舱具备180天的留轨能力。

"神舟号"飞船的轨道舱兼有航天员生活舱和留轨实验舱两种功能。②与返回舱分离后，轨道舱还将在轨道上停留半年，其功能相当于一个人造卫星，可以进行一系列科学实验，同时还能作为未来空间交会对接的一个飞行器。"神舟号"飞船轨道舱的这一功能突出体现了中国特色和技术创新的独特设计。

当航天任务完成，飞船返回舱返回地球后，留轨的轨道舱就成了一颗特殊的卫星，其轨道高度在350~400千米，而我国通信卫星的轨道高度在3600千米。返回式卫星轨道的高度虽然在180~400千米，但运行时间最长也就数月。神舟飞船轨道舱的低轨道、寿命较长的特点为我国开展各种空间科学实验提供了新的平台。例如，"神舟四号"轨道舱中留轨的8台空间环境探测仪在随轨道舱运行期间，对飞船运行轨道进行了更详细的监测，为研究和预报空间环境、改进飞船设计提供数据服务。

---

① 谭邦治：《任新民传》。北京：中国青年出版社，2016年，第268页。
② 轨道舱的主要用途包括：航天员在轨道飞行期间的生活舱；有效载荷试验时的试验舱；交会对接试验时的目标飞行器；航天员出舱活动时的气闸舱；以及作为天地往返运输器时的货舱。

轨道舱还可以用来做飞船交会对接试验。美国和俄罗斯的飞船对接试验的做法是每次发射两艘飞船在同一个轨道上进行对接试验。而我国的做法是发射一艘飞船与留轨的前一艘飞船的轨道舱进行对接试验，由此交替进行，大大减少了飞船发射数量，节约了上亿元的费用，效费比较高。

同时，轨道舱具备一个独立空间飞行器的全部功能，包括推进、导航控制、热控、测控、能源等分系统。这种设计方案大大延长了飞船执行空间科学试验和空间应用的工作寿命，有效提高了飞船的综合效益，成为"神舟号"载人飞船设计的一大创新，充分体现了我国国情。而美国的"水星号"飞船使用的是一次性电池，电能消耗完就失去了供电能力，轨道舱也就失去了动力，成为太空垃圾而被废弃。

由此可以看出，"神舟号"这种三舱式飞船只要稍加改造，就是一个天地往返的工具，可以直接向空间站过渡，不必再单独为解决载人飞船和空间飞行器的交会对接技术搞对接试验。轨道舱是"神舟号"载人飞船赶超美国和俄罗斯飞船的主要标志。我国著名空间技术专家、神舟飞船总设计师戚发轫院士曾说，神舟飞船的技术创新主要是功能上的创新，这体现在对轨道舱的使用上。这是从我国国情出发，避免资源浪费而采取的方案。神舟飞船虽然不是最先进的，但是却很"中国"。

三步走设想

任新民在载人飞船论证阶段极力主张的另一个建议是，如果只研制载人飞船，其作用和应用是有限的，必须着眼于未来的发展，也就是空间实验室和永久性空间站。他会同有关科技专家和科技人员，经过反复的研究和讨论，形成了我国载人航天工程的三步走设想。

第一步是研制和发射作为天地往返运输系统的多用途无人飞船和载人飞船，并进行空间应用实验；第二步是在实现载人飞船的成功发射和着陆后，突破太空交会对接技术和航天员出舱活动，利用研制载人飞船技术改装和发射8吨级太空实验室，并解决有一定规模、短期有人照料的太空实验室的应用问题；第三步是研制、发射和建造20吨级的太空站，解决有较大规模、长期有人照料的太空站的应用问题。

任新民所倡导并坚持的这两条建议在我国载人航天工程立项时都已被采纳，经过前四艘无人飞船和"神舟五号"载人飞船发射、飞行、着陆等实践的检验，证明这两条建议完全符合中国载人航天技术发展的实际。特别是轨道舱留轨一条已完全实现，完成了留轨任务，成为我国载人飞船具有中国特色的主要标志。

"921工程"研制工作正式开始后，任新民以工程研制为己任，无论是为解决重大技术难题召开的讨论会，还是各类评审会，直至神舟号飞船的一系列发射，他都亲临现场，而且直言不讳地发表个人意见与建议。2003年10月15日，"长征2号F"成功发射"神舟五号"载人飞船，飞船于16日清晨顺利在内蒙古中部地区着陆，将中国第一位航天员杨利伟送上太空。由此，我国成为世界上第三个能独立开展载人航天活动的国家。彼时，年近90岁高龄的任新民最后一次亲临发射现场，动情地说："我们虽然圆了中华飞天之梦，但载人航天工程后续的任务还很艰巨、困难还很多，现在还不是说更多话的时候。"

图 13-1　任新民（右）与杨利伟（左）合影（资料来源：航天档案馆）

结 语
实践、实践、再实践

云淡风轻

任新民曾担任"331工程"的总设计师,这个工程是我国20世纪80年代以前规模最大、涉及部门最多、技术最复杂、难度最高的大型航天系统工程,由运载火箭、通信卫星、地面测控通信系统、发射场、卫星通信地面系统五大系统组成。该工程的每个系统都有各自的总设计师,而任新民则是五个系统的总设计师,因此就有了"总总师"的称号。这个时期也可以看作任新民航天生涯的"巅峰时期"。

任新民在本书序言中说,从20世纪50年代从事火箭推进技术这个行业以来,他一直热爱这个行业。"我在各个时期,由于职务不同,工作或多或少,但事情是大家干的,论个人贡献,委实是微不足道。"这是任老总的谦虚。

任新民在回顾自己一生时也曾说过,"我的机遇好,我若在哈军工干下去,也只是做一个教授就到头了,恐怕也接触不到航天技术。所以不要宣传我这个人如何如何，把谁弄到这个总设计师的位置上来，由他牵头大的航空工程，国家领导重视，全国八方支援，谁都能搞出成果来。人家给我提供了舞台，我才能演这出戏，如果说所有成就，并不能说我这个人有什么特殊本事，我只是比较认真而已。"① 这还是任老总的谦虚。

此次采集工作启动时，我们曾请他授权去前中央大学、美国密歇根大学等处查找和收集他以前的相关资料，他却说，"现在过去那么多年了，还管它做什么"。② 任新民的性格特征是慎言，以前有人要给他写传记时，家里人很害怕，说这些事要是写成了书会犯错误的。对于他们这代人，他曾说，"我们这些人的对错是非，等我们百年之后，再让后人去评论吧。"③

这就像在采访中谈及抗战时期在重庆兵工厂工作时经常有日本军机轰炸，大家都跑到防空洞里，炸弹就落在洞口。当我们都在感叹当时的情况危机时，任老总却摆了摆手说道，"无所谓，那时候到处都这样"。对旁观者来说是惊心动魄，对经历过的人来说却是云淡风轻。

夯实基础

任新民的一生，跟他同时代的很多科学家一样，生于国力贫弱的时期，成长于外敌入侵之时，由此萌生了科技报国、科技强国的梦想。他们或者漂洋过海去留学，或者在国内艰苦的条件下完成学业。

任新民的夫人曾说，任家的人学习都很好。任新民在家乡读小学的时候就有了"宁国才子"的称号，虽然在宣城四中没有读完初中就去当了小学老师，但他靠自学完成了初中学业，并因为学习成绩优异，在钟英中学从试读生转为正式学生。

因为早年涉身政治活动受挫，反而让任新民心智早熟，明白祸从口出的道理，把更多时间放在学习上。任新民在国内读了两所大学，在中央大学读的是化学工程，在重庆学校读的是枪炮制造。重庆兵工学校利用部队

---

① 石磊，陈大亚：《一生奋飞丈天高——火箭专家任新民》。合肥：安徽科学技术出版社，2020年，第45页。

② 任新民访谈，2013年12月1日，北京。资料存于采集工程数据库。

③ 谭邦治访谈，2012年11月12日，北京。存地同上。

院校的优势，从附近的中央大学等名校聘请了大量名师讲课。由于是培养军工制造人才，所以该校更重视动手能力和实践，鼓励学生到兵工厂参观学习。这一时期的学习和实践以及毕业后在兵工署 21 厂工作的经历，对任新民后来从事导弹和火箭事业产生了至关重要的影响。之后，任新民被选派到美国辛辛那提磨床铣床厂实习，他全身心投入实习中，不仅学习到了先进的技术和机能，而且也了解了美国企业在经营和管理方面的运作机制，萌生了在美国继续深造、攻读学位的念头。他用四年多的时间就先后读完了硕士和博士。

任新民天资聪颖、勤奋好学，不仅有扎实的理论功底，学习到了当时最先进和最前沿的科技知识，而且有很强的实践经验和动手能力，这为他后来从事工程实践活动夯实了基础，也使他切身体会到了科学与工程、理论与实践的不同。

动 力 先 行

在华东军事科学研究室时期，任新民开始正式从事导弹和火箭技术的研究，而他和同事们从事的工作是我国首次开展的固体火箭研究。尽管在今天看来，他们当时研究的"用火箭发动机推动鱼雷"这项技术只能算是个雏形，有很大的危险性，而且最后也没有派上用场，但任新民却通过这项研究提升了自己。早先，他只是从事步枪和炮弹的研制和生产，后来"鸟枪换炮"，开始研制导弹和火箭了。在这个过程中，他不仅要学习理论知识，而且要学习如何找到原材料和加工手段，怎么把理论"变现"。

任新民在研究过程中读到了萨登的《火箭发动机》一书，并开始将此书翻译成中文。[①] 他很早就意识到这部著作的价值，这本书对他早期开展固体火箭研制也发挥了重要作用。更重要的是，他自此之后都牢记"动力先行"的原则。在导弹和火箭的研制中，发动机是最重要的，这就是为什么他刚加入国防部五院时就要求担任发动机室的主任，而不是总体室的主

---

① 这本书现在已经出到第九版，依然是这个领域中很重要的一部著作。

任。即使后来担任了一分院的副院长、七机部的副部长，但他仍一直兼任发动机研究所的所长。

单纯从技术贡献上来讲，任新民有三大功劳：第一是"东风三号"发动机抗震问题的解决；第二是"八年四弹"时期选用偏二甲肼作推进剂，从而加快了"两弹结合"的步伐；第三是"长征三号"火箭氢氧发动机的研制，使我国的火箭技术上了一个新的台阶。① 这三大功劳都是关于发动机的，这既是任新民的老本行，也是他的兴趣点，同时按照"动力先行"的原则，也是导弹和火箭最重要的部分。

任新民重视理论计算，也重视试验。在型号研制中，他会成立各种理论研究小组，如传热计算组、强度计算组、热气气动计算组。这些理论结果要核实，但不模拟试验，只有这些结果也没用。任新民曾说，"航天最主要的东西必须有试验保证，大的试车台也好、实验室也好，没有这个根本不行。"有人曾问他，"你认为航天最大的经验是什么？"任新民说，"一定要有实验室的保证"。在担任11所所长时，他对实验室建设抓得很紧，整个11所的实验室建得都非常好，如推进剂实验室、涡轮泵实验室、模拟实验室等。②

晚年时，有人曾问任新民对"两弹一星"精神怎么看。他说，"俩字——实践"。他大女儿就说，"北京精神还8个字呢，你就俩字？"任新民就说，"那就'实践、实践、再实践'"。一切都要通过实践，有问题，在实践中解决问题。③

靠 前 指 挥

任新民并不仅仅是一位纯粹的科研人员，他还是总师、"总总师"，同时还是副院长、副部长。从这个角度来讲，他的管理思想和战略思想更重要，这涉及的不是"一城一地"的得失，而且牵扯到整个战略布局和全局的胜利。

---

① 朱森元访谈，2012年11月14日，北京。资料存于采集工程数据库。
② 马作新访谈，2013年9月25日，北京。存地同上。
③ 谭邦治访谈，2012年11月12日，北京。存地同上。

任新民曾说，作为技术干部或技术部门的领导人，要有分析判断的能力。这种能力主要靠三个方面：一是基础知识，二是不断的实践，三是不断地从广大的设计人员和工人身上得到知识。[1] 任新民作为领导的工作特点是"靠前指挥"，也就是一定要有决定具体问题的"实权"，所以在他担任一分院副院长、七机部副部长时，还要兼着11所（发动机所）的所长。[2] 或者也可以说，他的领导工作方式是"短路式管理"，能够跨过几个级别直接出现在第一线。[3] 这都是为了从一线的研制人员和工人那里得到最具体的知识和反馈，从而更好和更快地解决问题。

高 瞻 远 瞩

任新民在技术和战略上的高瞻远瞩体现在他的整个航天人生中。

早在哈军工时期，任新民并没有把眼光仅仅局限在眼前的教学工作中，他有意识地搜集国外最新的导弹和火箭资料，尽管那时候懂得也不多，但是他有战略眼光，认为这些是军事装备和技术的发展方向，中国迟早也会发展这些技术。1955年，他与周曼殊、金家骏三人向中央提交的《对我国研制火箭武器和发展火箭技术的建议》，为国家献计献策，引起了国家的高度重视，也成了他人生的转折点。后来，他还参与制定《1956—1967年科学技术发展远景规划纲要（草案）》，将火箭、导弹和喷气技术纳入国家中长期科学技术规划，对推动我们国防科技和航天事业发展奠定了基础。

1985—1986年，我国打算购买外国通信卫星，并用外国的运载火箭发射。任新民当时正在主持我国第一颗实用型通信卫星"东方红二号甲"的发射工作，卫星发射成功后，他立即向中央递交报告《关于发展我国通信广播卫星事业的建议》，不建议购买外国的通信卫星和用法国的阿里安火箭发射。他在报告中指出："就通信卫星技术而言，我们与世界上航天技术比较发达的国家是有差距，但我们正通过研制的实践，也只有通过研制的实践才能不断提高技术水平，只要努力登攀，总会赶上的。中国是一个发

---

[1] 谭邦治访谈，2012年11月12日，北京。资料存于采集工程数据库。
[2] 同①。
[3] 马作新访谈，2013年10月20日，北京。存地同上。

展中的大国，通信卫星的市场总不能全部、永远地让给外国人。即使是购买外国通信卫星，也得要技贸结合，在购买卫星的同时引进通信卫星研制技术。就运载火箭技术而言，从总体上讲，中国的'长征三号'不比'阿里安'差，有些技术还超过了'阿里安'。中国研制的运载火箭不仅能够发射中国自己研制的通信卫星、发射中国购买的外国通信卫星，还可以承揽国际商业发射服务。"① 正是由于任新民的坚持，中央和有关部门经过重新审议，国务院批准了航天部"新三星一箭论证的规划"，中止购买外国通信卫星的协议，才有了后来我国航天和实用通信卫星及其对外承揽业务的大发展。

1989年，为了纪念我国国防科技工业四十年的发展，总结航天事业的发展经验和勾画未来的发展方向，任新民撰写了《顾既往，瞻前途——话我国航天事业》一文。他在文中指出，我国的航天和卫星事业要实现任务的连续性，使通信卫星的效益得到充分发挥。如果通信卫星管理得好，卫星上每个转发器的每一秒钟都应该有业务，这样可以收回部分经费用于下一颗卫星的研制。因此，他建议"在2000年左右重点发展应用，利用商业化手段，使航天事业以较少的投资为国民经济建设作出更大的贡献"。② 这再一次证明了任新民在战略上的高瞻远瞩，这些战略构想即使在今天依然意义重大。

在后来的氢氧发动机、"长征四号"、载人航天、大氢氧发动机、大运载火箭等问题上，都体现了任新民的战略眼光。他曾说过，除了国家安全、国际地位和经济效益，如果没有新的任务，航天科技队伍就无法完成新老交替，就会断档；而如果不断地有新的任务，在今后三十年或更长时间，航天工作者都会有用武之地。③

因此才有人说，任新民解决了中国导弹航天前三十年的问题、安排了后三十年的事情。这些事情虽然不是他一个人决定的，但是凭借他的威

---

① 谭邦治：《任新民传》。北京：中国青年出版社，2016年，第209-210页。

② 任新民：顾既往，瞻前途——话我国航天事业。见《回顾与展望》编委会编，《回顾与展望——新中国的国防科技工业》。北京：国防工业出版社，1989年，第265页。

③ 同①，第264-265页。

望、资历和各方面的关系促成了这些事。①

大将风度

钱学森在评价任新民时曾说，任新民是一位有大将风度的总设计师。

有人曾经统计过，航天系统中当选中科院和工程院院士的人中，从事发动机专业和试验卫星工程的人居多。言下之意是任新民举荐和提携过的部下太多。在与任新民共同研制发动机的同事中，先后有孙敬良、张贵田、朱森元、刘兴洲、邢球痕、崔国良等人当选院士。在从事与"331工程"有关工作的同事中，先后有谢光选、龙乐豪、余梦伦、曾广商、孙家栋、屠善澄、戚发轫、范本尧、陈芳允、张履谦、童铠等人当选院士。②这也体现了任新民注重队伍和梯队建设、实现航天事业持续发展的战略思想。

有了成绩，但不独享，像这类事情有很多。例如，在"长征三号"运载火箭申报国家科技进步奖特等奖确定主要完成人名单时，领导及各方面都一致同意任新民为第一完成人，但他却说，"第一完成人报老谢（谢光选），我只做第二完成人"。后来，谢光选作为第一完成人获得了"长征三号"运载火箭国家科技进步奖特等奖。③

我们课题组的成员也曾参与过其他航空专家的采集工作，对于这些航空专家，我们总会从被采访人那里听到不同的意见和评价，但是在谈到任新民时，我们没有听到一句负面评价。

---

① 马作新访谈，2013年9月25日，北京。资料存于采集工程数据库。
② 谭邦治：《任新民传》。北京：中国青年出版社，2016年，第252-253页。
③ 同②，第264-265页。

附录一　任新民年表

1915年

12月5日,出生于安徽省宁国县(现宁国市)。任新民是家中长子,后有一弟二妹。

1922年

进入宁国县宁阳小学读书。

1928年

考入安徽省宣城省立第四中学,在校期间学习成绩突出。

1929年

10月,秘密加入中国共产主义青年团,并积极从事革命宣传活动。

1930年

12月10日,中共地下党在宣城组织庙埠暴动。因病未直接参与,在父亲安排下躲在四都湾一所山区小学教书。

1931年

5月，祖父任国霖去世。

9月，进入南京钟英中学高中一年级试读。因成绩优异，一个月后转为正式学生。

1934年

9月，考入南京国立中央大学化学工程系。

入学后发现并不喜欢化工专业。但学习仍然十分努力，成绩优异，打下了良好的工程基础。

1935年

12月，在"一二·九运动"期间，多次参加南京地区大学生的游行和请愿活动。

1937年

7月12—16日，通过国民政府军政部兵工专门学校大学部造兵系科入学考试，主要学习枪炮制造。

1938年

1月，随军政部兵工专门学校迁至重庆，开始学业。

9月，在重庆兵工学校集体加入国民党。

1940年

5月，在重庆市江津县（今江津市）参加毕业实习，与虞霜琴相识。

6月，从军政部兵工学校（原国民政府兵工专门学校）毕业，被分配到国民政府兵工署21厂。

7月，在国民政府兵工署21厂被评为七级技术员。

在国民政府兵工署21厂工作期间，主要负责解决"中正式"步枪生产加工中的技术问题。

1941年

10月，与虞霜琴订婚。

1942年

3月，在国民政府兵工署21厂晋升为五级技术员。

12月，离开国民政府兵工署21厂，受聘到中央工业专科学校机械科任教，讲授机构学。

1943年

7月，任重庆兵工学校助教，后任讲师。

10月，进入国民政府中央政治学校高等科学习。

1944年

1月，从国民政府中央政治学校高等科结业。

7月，通过申请和考核，获得赴美国辛辛那提磨床铣床厂公费实习的机会。

8月10日，与虞霜琴结婚。

1945年

5月24日，儿子任光庆诞生。

5月24日，从重庆飞往印度，准备乘船赴美国实习。

9月，虞霜琴携儿子任光庆回到宁国老家。

1946年

3月，在辛辛那提磨床铣床厂实习结束后，考入密歇根大学研究生院机械工程专业攻读硕士研究生。

1947年

1月，获得密歇根大学工程硕士学位，并继续攻读工程力学博士学位。

3月，父亲任海青因患肺病去世。

7月，长子任光庆因患脑膜炎去世。

1948年

9月，被美国布法罗大学聘为讲师。

12月，完成博士论文《环形板的弯曲》。

1949年

1月，获得密歇根大学工程力学博士学位。

6月2日，从旧金山启程回国探亲。

8月2日，抵达天津。

8月，回到上海，申请并获准加入华东军政大学军事科学研究室（该室后来直属华东军区司令部）。

9月，携妻子虞霜琴到南京，向华东军区正式报到，成为华东军区军事科学研究室研究员。

1950年

与鲍廷钰等人一起研究"用火箭推动鱼雷"的方法，这是华东军区军事科学研究室的八个主要课题之一。此项工作持续近两年。

9月12日，儿子任之中出生。

1952年

2月2日，女儿任之翔出生。

6月，华东军区军事科学研究室并入新建的中国人民解放军军事工程学院。

8月，与张述祖、胡翔九、马明德、沈正功等来京协助陈赓组建中国人民解放军军事工程学院。

9月1日，中国人民解放军军事工程学院筹备委员会成立，任筹委会委员，与张述祖共同协助陈赓从全国各地招聘或商调高水平的教学与科研人才。

1953年

9月1日，中国人民解放军军事工程学院成立，任教务处副处长。

1954年

1月，虞霜琴携全家迁来哈尔滨。

7月22日，女儿任之弋出生。

10月，改任炮兵工程系教育副主任兼火箭武器教授会（教研室）主任。重新开始研究火箭技术，编写火箭技术教材，组建火箭实验室。

1955年

2月，任中国人民解放军军事工程学院炮兵工程系教育副主任。

5月，与周曼殊、金家骏共同起草《对我国研制火箭武器和发展火箭技术的建议》。后经学院讨论修改后，上报中央军委。

9月，被授予技术上校军衔。译著《火箭发动机》由中国人民解放军军事工程学院作为内部教材出版，是中国第一部液体火箭发动机教材。

11月25日，与钱学森在中国人民解放军军事工程学院炮兵工程系首次会面，介绍了炮兵工程系的火箭研究情况，受到钱学森的重视和赞赏。

1956年

2月17日，钱学森向国务院提交《关于建立我国国防航空工业的意见书》，提议组建导弹研究机构，并推荐任新民等21位专家。

3月，参加《1956—1967年科学技术发展远景规划纲要》的制定工作，与钱学森、沈元、王弼一同起草规划纲要中的第三十七项"喷气和火箭技术的建立"。

5月，航委会决定组建国防部导弹管理局（国防部第五局）和导弹研究院，即国防部第五研究院。

7月1日，儿子任之幸出生。

8月，调往北京，参加筹建国防部第五研究院。

10月8日，我国第一个导弹研究机构——国防部第五研究院正式成立，钱学森任院长。任新民参加了成立大会。

11月23日，国防部第五研究院建立10个研究室，任新民任总体研究室主任，后改任发动机室主任。

12月，秘密带队到满洲里接收苏联援助中国的两发用于教学的P-1导弹及其辅助设备。12月29日，代表中方在交接仪式上签字。

1957年

1—4月，与徐兰如、梁守槃、谢光选等人组织P-1导弹的拆装、测绘、材料鉴定等工作。

5月30日—8月10日，到苏联、波兰、捷克斯洛伐克考察军工技术院校情况。

10月15日，中国和苏联签订技术援助协定。根据协定，苏联将向中国提供导弹样品和相关技术资料，并向中国派遣专家，帮助中国仿制导弹。

11月，国防部第五研究院组建一分院和二分院，任一分院四室（液体火箭发动机研究室）主任。

1958年

1月，苏联专家到达后，带领研究人员向苏联专家对口学习。

4月，国防部第五研究院一分院四室改组为一分院第三设计部，任部主任。

5月17日,国防部第五研究院和一机部联合发布P-2导弹仿制任务分配表,并提出进度要求。一分院四室与沈阳四一〇厂等单位负责火箭发动机的仿制工作。

5月29日,任P-2导弹液体火箭发动机(型号5D52)总设计师(后称主任设计师)。

6月28日,第一批苏联P-2导弹武器系统图纸资料到达后,领导本室人员系统翻译、消化资料。

8月,组建火箭发动机试车台任务书编写组,任组长,布置王桁等人摸索编写试车台任务书。

1959年

1月,决定在国防部第五研究院一分院第三设计部成立预研小组,布置马作新、王之任等搜集有关新推进剂的资料,这是后来中程导弹"东风三号"预研的开始。

3月,经国防部第五研究院批准,我国第一个大型火箭发动机试车台(云岗101试验站2号试车台)开始设计施工。作为任务书的编写组长,多次深入工程设计与施工现场,协调处理相关技术问题。

12月,2号试车台土建和设备安装完成。

1960年

1月,任发动机试车台验收委员会主任。

3月3日,任"1059"导弹(苏联P-2导弹的仿制型号)总体副总设计师。

3月28日,组织实施我国自行建造的试车台的第一次点火试验,7秒点火取得成功。

5月20日,苏制P-2导弹液体火箭发动机在中国自行研制的试车台上首次实现了预定推力50秒持续运行。

6月，根据一院一部的要求，组织中程导弹发动机（YF-1、YF-2）的方案设计工作。

8月12日，在国防部第五研究院一分院帮助中国导弹仿制工作的最后一批苏联专家撤离，"1059"导弹的仿制工作面临巨大困难。

9月，中近程导弹（"东风二号"）设计委员会成立，任副主任委员和发动机（型号5D60）主任设计师。

10月17日，经过多次失败和改进后，中国仿制的发动机（型号5D52）终于通过90秒典型试车。

10月22日，带领本室人员第一次前往位于酒泉的导弹发射基地，为中国仿制的第一枚"1059"导弹做飞行试验前的准备工作。

11月5日，中国仿制的"1059"型近程导弹首次发射成功。

11月，加入中国共产党。

12月，领导本部研究人员反复试验和论证，完成了"东风二号"的初步设计，其发动机型号为5D60，方案包括数项重大改进设计。

1961年

1月25日，"东风二号"发动机5D60涡轮泵联动试验取得成功，为改进发动机喷嘴提供了依据。

3月2日，5D60发动机半管结构热试车首次成功。

9月15日，任国防部第五研究院一分院副院长。

11月28日，5D60发动机首次通过125秒长程试车。

1962年

2月20日，"东风二号"00批第一枚导弹总装测试完毕。

3月21日，我国自行设计制造的第一枚导弹"东风二号"在酒泉发射基地点火发射失败。此后一个多月，带领科技人员在现场搜集残骸、查找原因。

5月14日，确认发动机燃烧室结构强度是三个发射失败原因之一。"东风二号"试验队向国防部第五研究院党委报送《"东风二号"第一枚试验的初步总结》。

5月,国防部第五研究院一分院党委决定暂停中程导弹("东风三号")的设计工作,但保留燃烧室和推进剂等预研工作。

7月,多次组织"东风二号"修改设计项目及试验程序讨论会,明确了解决问题的主要途径。

1963年

从2月开始,组织人员研究可存储推进剂条件下发动机燃烧不稳定问题。这项工作持续到1964年6月,共尝试了70多种不同的方案,进行了100多次试车,终于通过"液相分区"和隔板等措施,初步摸索出解决高频不稳定燃烧问题的途径。

12月,用于导弹全面试验的4号试车台基本建成。

1964年

1月25日,国防工办重新将中程导弹"东风三号"列入国家计划。根据这一计划,着手组织"东风三号"液体火箭发动机(YF-1、YF-2)的研制工作。

4月17日,"东风二号"发动机(型号5D60)成功进行补偿性大推力检验性试车。为解决发动机的结构强度问题,在过去两年中,领导5D60研制人员共进行了82次热试车,采取了十几种局部增强方法,终于通过40.5吨推力的验收试车。

5月25日,"东风二号"01批第一枚导弹总装测试完毕。

6月29日,修改设计后的"东风二号"导弹飞行试验取得成功。这是我国自行改进研制的导弹首次飞行试验成功,为实现从仿制到自行设计的转变迈出了关键一步。

7月9日和11日,连续发射两发同类型导弹,均获得成功。

8月3日,参加国防部第五研究院和一分院召开的党委联席会议,会议确定"东风三号"的技术路径和总体设计方案。

11月23日，中共中央、国务院发出《关于成立第七机械工业部的通知》，决定以国防部第五研究院为基础组成第七机械工业部，统一管理导弹、火箭工业的科研、设计、试制、生产和基本建设工作。液体火箭发动机的研制部门将进一步扩大规模。

12月，当选第三届全国人民代表大会代表，参加第一次全体会议。

1965年

2月，中央专委决定将"东风二号"导弹射程提高到1200千米以上。根据中央专委会议精神，七机部和一分院决定提高发动机推力，并将这一改进型定名为"东风二号甲"。

2月，任七机部第一研究院副院长兼第十一研究所（液体火箭发动机研究所）所长。

3月11日，参与制定《地地导弹发展规划》（"八年四弹"规划），并领导了"四弹"中的四种液体火箭发动机研制。

3月，决定在液体火箭发动机研究所组建氢氧火箭发动机研究组。为解决偏二甲肼代替混胺后的不稳定燃烧问题，从3月一直到1966年2月，领导研究人员设计了30多种方案，进行了80多次试车，基本解决了"东风三号"高频不稳定燃烧的重大技术关键。

5月，中央专委批准中远程导弹"东风四号"的研制任务。

6月1日，随同原国防部第五研究院有军籍的人员集体转业。

7月13日和27日，领导"东风三号"火箭发动机研制人员先后进行了短程和长程四机并联试车，证明方案可行。

11月23日，在酒泉基地组织实施"东风二号甲"首次发射并取得成功。从11月至1966年1月，共进行了8次飞行试验，7次获得成功。

1966年

3月3日，领导研制的中远程导弹"东风四号"第二级高空发动机

YF-3 首次试车成功。

4—6月，"东风三号"液体火箭发动机第一级 YF-2（四机并联）通过推力为 106 吨、持续时间为 140 秒的验收试车。

10月8日，领导和组织了"东风四号"第二级发动机 YF-3 首次长程试车（推力为 22.8 吨、持续时间为 100 秒）并取得成功。

11月2日，组织 YF-3 发动机首次进行高空模拟试车并获成功，为中国研究多级运载火箭打下了重要的技术基础。

12月26日，在酒泉发射基地领导"东风三号"中程导弹 01 批首次飞行试验。试验基本成功，实弹发射证明四机并联方案可行，但发动机组 II 分机在 11.2 秒后发生故障，推力下降。

1967年

1月12日，领导"东风三号"01 批第二发飞行试验，主要目的是验证测控系统。

1月下旬，率领研究人员到沙漠地带的弹着区寻找"东风三号"发动机残骸，并依据残骸分析发动机故障原因。

1月，七机部第一研究院第十一研究所造反派宣布夺权。

3月，周恩来等国家领导人在中南海接见国防工业各部代表，宣布对国防工办和国防工业各部实行军事管制。随即，军队人员进驻七机部第一研究院，全面领导科研生产。

5月26日，"东风三号"进行第三次飞行试验，各系统工作正常，试验取得成功。

11月1日，任"长征一号"及其原型中远程导弹"东风四号"的总设计师。

1968年

5月，被造反派抄家。

6月8日，位于南苑的七机部第一研究院发生武斗，全家人在虞霜琴同事家中躲避了一周。

9月，参加制定"东风三号"02批飞行试验大纲。

12月18日，在华北导弹基地领导"东风三号"02批首次飞行试验并获成功。

1969年

5月19日，"东风四号"一、二级火箭地面试车取得成功。

6月14日，"东风五号"第一级四机并联发动机YF-21试验成功，为远程战略导弹和"长征二号"运载火箭的成功打下了重要基础。在"东风五号"研制中，任新民一直是技术方案的决策者。

8月27日，带队赴酒泉发射基地进行中远程导弹"东风四号"的飞行试验。

11月16日，"东风四号"运载火箭在首次飞行试验中，二级火箭点火失败。

1970年

1月30日，作为发射试验队队长，在现场指挥"东风四号"第二次飞行试验并获成功。

3月26日，用于发射"东方红一号"卫星的运载火箭"长征一号"出厂，随同运载火箭到酒泉发射基地领导发射准备工作。

4月2日，与钱学森、戚发轫、杨南生等在人民大会堂向周恩来总理汇报"东方红一号"卫星发射的准备工作。

4月14日，与钱学森、戚发轫、杨南生等在人民大会堂向周恩来、李先念、余秋里等党和国家领导人汇报"东方红一号"卫星发射的准备工作。当晚，按周恩来总理的要求，与卫星发射的主要负责人共同起草卫星发射准备情况的汇报文件，上报党中央。

4月24日21时35分，我国第一颗人造地球卫星"东方红一号"在酒泉卫星发射基地升空；21时48分，卫星准确入轨；21时50分，国家广播事业局宣布收到卫星播送的东方红乐曲。"东方红一号"的发射成功，使中国成为继苏、美、法、日之后，第五个进入航天领域的国家。

5月1日，参加"五一"劳动节联欢晚会，在天安门城楼上受到毛泽东等国家领导人的接见。

5月，任七机部生产领导小组副组长。

6月，根据国防科工委通知，与卢庆骏共同组织液体火箭发动机研究所和101实验站等单位启动氢氧发动机的预研工作。

1971年

1月16日，液氢液氧推力室首次挤压式热试车点火成功，推力近8千牛。

3月3日，与钱学森等共同领导了科学实验卫星"实践一号"的发射工作。"长征一号"运载火箭成功将"实践一号"送入预定轨道。

9月10日，"东风五号"导弹进行第一次低轨道飞行试验，基本成功，证明总体方案可行。但在飞行中，导弹姿态控制系统出现短时间振荡，防热结构和引爆系统没有得到考验。

9月23日，液氢液氧推力室挤压式热试车成功，推力为39千牛。

11月15日，中远程导弹"东风四号"长程试验取得成功。

1972年

11月，七机部第一研究院第十一研究所研制成功30升低温真空容器，为氢氧发动机试车打下重要基础。

12月26日，"东风五号"01批第二枚遥测弹进行第二次低弹道方案考核试验，因发动机启动活门未打开而未能点火，导弹自动紧急关机，发射中止。

1973年

4月8日，"东风五号"再次发射，由于控制系统突然断电，导弹自毁，试验失败。

10月，经周恩来总理批准，洲际导弹的研制、试验计划推迟进行。

1974年

4月15日，七机部第一研究院第十一研究所研制液氢泵半系统试车取得成功。

8月，国防科工委和七机部召开通信卫星火箭动力方案讨论会，会上力主卫星运载火箭第三级采用氢氧发动机，与主张常规推剂发动机的人员发生激烈争论。

11月5日，与马捷一起指挥"长征二号"运载火箭发射返回式卫星一号。火箭起飞17秒后爆炸，发射失败。

1975年

1月25日，第一台氢氧发动机成功进行整机热试车。

1月，当选第四届全国人民代表大会代表，参加第一次全体会议。

6月30日，任七机部副部长、党的核心小组成员，分管科研生产和型号研制工作。

11月26日，"长征二号"火箭携带返回式卫星"尖兵一号"点火发射成功，卫星被送入预定轨道，于29日返回地面。任新民于发射前三个月就到达发射基地指挥测试工作。

1976年

4月6日，与七机部其他部领导组织召开"331工程"工作会议，再次确定"长征三号"第三级用氢氧发动机的方案。

5月18日，正式被国防科工委任命为"331工程"五大系统（通信卫星、运载火箭、测控系统、发射场、地面站）的总设计师。

7月15日—8月12日，国防科工委在"331工程"总体协调会上，正式决定发射通信卫星的运载火箭的一、二级采用"东风五号"发动机并稍加修改，第三级发动机采用液氢液氧推进剂并采取二次点火的方案。

1977年

8月，参加中国共产党第十一次全国代表大会。

9月，参加国防科工委战略火箭和航天技术发展规划会议。

1978年

2月，当选第五届全国人民代表大会代表，并在第一次全体会议上当选全国人民代表大会常务委员会委员。

7月，作为代表团团长，率领中国宇航学会代表团访问日本。

7月，在北京京西宾馆召开的关于卫星通信工程的工作会议上，对氢氧发动机和常规的第三级方案进行了分析对比，将常规推进剂三级列为第一方案。

8月，在国防科工委力陈己见，重新促成将氢氧发动机方案列为第一方案。

12月，率中国宇航学会代表团访问美国航空和航天局。此次访问的任务是购买美国的通信卫星，经多次磋商，初步达成意向协议。

冬，调刘传儒（"东风二号"导弹发动机主任设计师）回京，以加强氢氧发动机的领导工作。

1979年

7月28日，上海航天局研制的"风暴一号"发动机首次进行"一箭三星"发射。因为二级火箭游动发动机故障，发射没有取得成功。作为七机部副部长，率领七名助手到现场指导工作，协调和决策发射中的重大问题。

9月，与国防科工委副主任马捷赴上海主持"风暴一号"发动机故障分析工作，确定改进途径。

9月，与钱学森、张震寰共同发起成立中国宇航学会。先后担任中国宇航学会第一届、第二届理事会理事长，第三届、第四届理事会名誉理事长。

10月,提出建议并经过有关部门协商,调张履谦任450办公室主任、总工程师,负责微波统一测控系统大型设备的研制工作。此后,与张履谦多次赴西安和闽南解决研制中的问题,协调各参研单位的关系。

12月27日,在702所组织召开POGO(纵向耦合振动)专题会议,决定成立POGO专题组。专题组由702所负责,上海航天局、一院总体部、十一所等单位参加。在第五次POGO会议上确定了抑止纵向耦合振动的措施,在第一级和第二级氧化剂管路上安装蓄压器。

1980年

3月30日,远程导弹"东风五号"被运往发射场。作为首区发射场的副总指挥,指挥发射前的一系列测试工作。

4月,氢氧发动机第一次上千秒长程试车,因涡轮轴承过热导致破坏。此后半年,与研究人员一起分析故障原因,与洛阳轴承研究所反复试验改进,终于研制出合格的轴承。

5月18日,中国向太平洋发射远程弹道火箭"东风五号",任发射场(首区)副总指挥,飞行试验圆满完成。

11月8日,当选中国科学院技术科学部科学委员。

1981年

9月20日,"风暴一号"Ⅲ状态火箭在酒泉卫星发射中心成功地将三颗"实践二号"卫星送入预定轨道。这是中国首次实现"一箭三星",是航天事业的重大进步。在"风暴一号"首发三星失败后的改进中,任新民不仅直接到上海指导工作,而且说服上海航天局同意采用067基地的火箭,增加了发射的成功率。

1982年

4月9日,第七机械工业部改名为航天工业部,任科学技术委员会主任。

7月30日,在"长征三号"三级氢氧发动机简易试车时,第一次启动出现了三次缩火现象。

9月,参加中国共产党第十二次全国代表大会。

12月,组织十一所和七〇二所的设计人员经过半年多的努力,解决了氢氧发动机涡轮泵"次步同共振"的重大关键技术。

12月13日,在氢氧发动机简易试车时,二次启动出现了严重的缩火现象。组织设计师系统的有关科技人员进行紧张的缩火原因分析,并进行必要的试验研究。

1983年

3月,领导组织上海航天局完成蓄压器的研制,标志着我国已基本掌握应对大型液体火箭"纵向偶合振动(POGO问题)"这一重大技术问题的有效手段。过去三年,任新民曾多次赴上海确定技术方案、协调各方关系、解决研究中的问题。

5月25日,氢氧发动机全系统试车,基本解决了缩火问题。这标志着中国已经初步掌握氢氧发动机技术,为进一步研制先进的大型运载火箭打下了坚实基础。

6月,当选第六届全国人民代表大会代表,并在第一次全体会议上当选全国人民代表大会常务委员会委员。

8月,"长征三号"运载火箭全系统试车成功,为发射地球静止轨道通信卫星创造了最重要的条件。

8月12—27日,参加中央军委副秘书长张爱萍主持的通信卫星工作会议,会议通过了《关于执行"东方红二号"卫星发射任务的报告》。

9—10月,"长征三号"运载火箭和"东方红二号"通信卫星分别从北京、上海等地运送到西昌卫星发射中心。此后三个多月中,在现场指挥发射准备工作,克服了一系列困难。

10月27日,在成都向张爱萍以及四川省和原成都军区负责人汇报"东方红二号"的准备工作。

1984年

1月29日晚8点24分,"长征三号"在西昌首次发射试验通信卫星。由于三子级二次启动后氢氧发动机熄火,卫星未能进入地球同步静止轨道。

2月22日,主持完成《"长征三号"运载火箭第一发飞行实验故障分析及采取措施的汇报提纲》后,回到北京向张爱萍等国防科工委和航空工业部领导汇报二次启动失败的原因以及准备采取的技术措施。这次汇报使国防科工委领导同意在4月进行第二次发射。

3月12日,经过前后方共同努力,改进后的发动机第一次试车成功。

3月22日,改装所需要的全部发动机组件运达发射场。

3月26日,第二发"长征三号"火箭在西昌全部改装完毕,测试合格。

4月8日晚7点20分,"东方红二号"再次发射,改进后的"长征三号"运载火箭第一次将试验通讯卫星送入预定轨道,发射取得圆满成功。

4月16日,我国第一颗试验通信卫星成功定点。

8月24日,任实用卫星通信工程("331甲",即"东方红二号甲")总设计师。

8月,任"风云一号"试验气象卫星工程总设计师。此后,作为技术总负责人,又指挥三颗实用通信广播卫星成功发射。

荣立航天部一等功。

1985年

3月,当选国际宇航科学院院士。

7月25—30日,组织并主持召开太空站问题研讨会。会后,建议编辑出版了《太空站讨论会文集》并亲自作序。

10月26日,中国政府正式向世界宣布我国自行研制的"长征二号""长征三号"运载火箭投入国际市场,承揽国外用户发射卫星业务。

10月，"风云一号"气象卫星被列为"七五"期间卫星型号发展的重点项目。

12月，作为主要完成人完成的"液体弹道导弹与运载火箭"（排名第一）和"长征三号运载火箭"（排名第二）项目获两项国家科学技术进步特等奖。

1986年

2月1日，成功主持了第一颗实用通信卫星"东方红二号甲"的发射。

5月3日，被任命为中容量通信卫星"东方红三号"工程的技术总顾问。

8月，《中国大百科全书·航空航天卷》出版发行，任该卷编辑委员会副主任。

11月21日，被任命为"八六七工程"（发射外国卫星工程）总设计师。

12月，以个人名义起草并上报《给张部长，李、刘副部长并报陈彬主任的报告》，坚决反对购买国外卫星。

1987年

9月，担任航天工业部高级技术顾问。

1988年

3月7日，在西昌卫星发射中心指挥实用通信卫星"东方红二号甲"的发射并获成功。

3月25日—4月13日，参加第五届全国人民代表大会第一次全体会议，并当选全国人民代表大会常务委员会委员。

6月，被聘为国务院学位委员会委员。

7月，任哈尔滨工业大学兼职教授。

9月7日，作为总设计师，在太原发射基地指挥"长征四号A"运载火箭发射"风云一号"气象卫星。

10月，被聘为国际宇航科学院理事会理事。

10月，以中国宇航学会名义发起和组织召开加速发展中国航天事业研讨会。

1989年

1月23日，被任命为"亚洲一号"卫星发射工程总设计师。

6月，荣获航空航天工业部通令嘉奖。

8月26日，以中国宇航学会名义组织召开应用卫星与卫星应用研讨会，并亲自担任会议领导小组组长。会上，与其他会议代表一同受到李鹏、宋健、刘华清、丁衡高等领导人的接见。

1990年

4月7日，"亚洲一号"卫星发射成功，作为总设计师亲临发射场、指挥发射。

4月24日，以中国宇航学会名义主持召开航天技术与国民经济建设研讨会暨纪念我国第一颗人造地球卫星成功发射20周年大会。

6月，作为代表团团长，率中国宇航代表团访问苏联。

9月3日，"长征四号"运载火箭成功发射第二颗"风云一号"气象卫星。亲赴太原卫星发射中心现场指挥发射。

10月，被批准为首批享受国务院政府特殊津贴的科技专家。

12月14日，任航空航天部载人航天工程领导小组首席顾问。

1991年

1月31日，以中国宇航学会理事长名义，与中国社会科学院副院长刘国光共同组织并主持了中国航天高技术报告会。

3月15日，与钱振业等一起到中南海向国务院总理李鹏汇报载人飞船的立项准备工作。

4月，参加载人飞船工程实施方案讨论会。

4—11月，参加航空航天部一院、五院、上海分别提交的载人航天实施方案的评审，最后形成《关于我国载人飞船立项的建议》。

1992年

1月8日，参加李鹏主持的中央专委第五次会议，并做载人飞船工程立项的建议汇报。在这次会议上，中央专委认为应当发展中国载人航天工程。

1月，任航空航天部载人航天工程论证评审组组长。

7月，被评为"航空航天工业部有突出贡献的老专家"。

9月21日，中共中央政治局常委会第195次扩大会议决定，立即启动中国载人航天工程（九二一工程）。

1993年

任载人飞船工程技术方案评审组组长。

任中国航天工业总公司高级技术顾问。

1994年

7月，荣获求是科技基金会颁发的"杰出科学家奖"。

9月，任中国航天工业总公司高级技术顾问。

11月30日，作为技术顾问，在西昌卫星发射中心指挥"东方红三号"通信卫星的发射工作。卫星在进入同步轨道后，因推进剂泄漏而定点失败。

1995年

被评为"全国先进工作者"。

1996年

8月，担任总师的发射新型返回式遥感卫星的"长征二号丁"运载火箭被运往发射场，因变换放大器故障推迟发射。

10月20日，"长征二号丁"在排除故障后发射成功。

1997年

5月12日，作为技术顾问，到西昌卫星发射中心指导"东方红三号"通信卫星的发射工作。改进后的"长征三号甲"将"东方红三号"卫星成功送上太空，并于5月20日定点于东经125°上空，投入正常工作。

6月10日，经过修改设计的"长征三号"运载火箭再次发射，成功将"风云二号A"气象卫星送入地球同步转移轨道。

10月，《火箭在发射：任新民传》由河南人民出版社出版。

1998年

"长征二号丙""长征三号乙"等火箭多次成功发射"摩托罗拉铱星"等卫星。

1999年

2月，向国防科工委和原总装备部等部门提交近万字的《关于抓好决策与规划问题的建议》，回顾归纳和总结了制定规划和实施决策的成功做法。

5月10日，"长征四号B"运载火箭托载着改进型"风云一号"02批卫星和"实践五号"科学技术卫星发射成功。

8月23日，任中国航天科技集团公司与中国航天科工集团公司高级技术顾问。

9月18日，获得中共中央、国务院、中央军委颁发的"两弹一星"功勋奖章。

9月，《天路：著名航天专家任新民》由解放军出版社出版。

11月20日，作为技术顾问，到酒泉发射场观看"神舟一号"首次发射。

2000年

7月30日，回访母校宣城四中。

7月，回访哈尔滨军事工程学院。

极力主张的液氧煤油发动机正式立项。

2001年

荣获国防科工委一等功。

2002年

5月5日，"长征四号乙"运载火箭将第二颗改进型的"风云一号"卫星（即"风云一号04"星）和我国第一颗海洋探测卫星"海洋一号"准确送入各自预定轨道。

8月17日，继极力主张的50吨级氢氧发动机正式立项后，500秒长程热试车取得圆满成功。

2003年

10月，在"神舟五号"第一次载人飞行前，到酒泉卫星发射场为杨立伟送行。

2004年

荣获人事部、原总装备部、国防科工委授予的"中国载人航天工程突出贡献者"奖章。

2005年

5月，传记《任新民》由贵州人民出版社出版。

为了使大运载火箭项目立项，四处奔走，向各级部门建言献策。

2006年

在纪念中国航天事业创建50周年之际，与钱学森、屠守锷、黄纬禄、梁守槃一起被授予"中国航天事业五十年最高荣誉奖"。

7月3日，极力主张的液氧煤油发动机首次长程试车获得成功。

10月，力主的大运载火箭项目正式立项，被命名为"长征五号"。

2007年

3月23日，在肿瘤医院接受结肠癌手术治疗。术后第8天发生心衰合并肺部感染，进而发生多脏器严重并发症。后转入航天中心医院，经过14天抢救，终于脱离生命危险。

2008年

首次飞行状态的液氧煤油发动机试车成功。

2009年

液氧煤油发动机第100次试车成功。

2010年

液氧煤油发动机双机并联试车三次，均获成功。

2012年

120吨级液氧煤油发动机专项研制通过验收。

4月28日，应"两弹一星"历史研究会邀请，题写"弘扬'两弹一星'精神，持续发展中国的航天事业。"

2013年

2月27日，应全国政协人员邀请，题写"持续发展我国的航天事业"。

6月,《情系太空——中国导弹、卫星、运载火箭和飞船的开拓者任新民》由人民出版社出版。

2014年

1月,《任新民院士传记》由中国宇航出版社出版。

2016年

2月,《任新民传》由中国青年出版社出版。

2017年

2月12日,去世。

附录二　任新民主要论著目录

［1］（美）G. P. 萨登著. 任新民译. 火箭发动机——基本理论和构造［M］. 北京：国防工业出版社，1958.

［2］《当代中国》丛书编辑委员会. 当代中国的航天事业［M］. 北京：中国社会科学出版社，1986.

［3］任新民. 美国航天运载系统发展动态［J］. 世界导弹与航天，1988（1）：4-5.

［4］任新民. 顾既往，瞻前途——话我国航天事业［C］//《回顾与展望》编委会. 回顾与展望——新中国的国防科技工业. 北京：国防工业出版社，1989.

［5］任新民. 太空、航天等名词规范化问题的讨论对宇航、航天、太空、空间等名词的商榷［J］. 科技术语研究，2001（1）：6-8.

［6］任新民. 任新民自述［C］//宁国文史资料（第六辑），2001年11月（内部资料）.

［7］任新民. 任新民谈航天事业［C］//宁国文史资料（第六辑），2001年11月（内部资料）.

［8］任新民. 中国航天事业迈出的第一步［J］. 航天岁月，2008（12）：1-8.

参考文献

[1] 谭邦治. 任新民传［M］. 北京：中国青年出版社，2016.

[2] 谭邦治. 任新民院士传记［M］. 北京：中国宇航出版社，2014.

[3] 谭邦治. 任新民［M］. 贵阳：贵州人民出版社，2005.

[4] 石磊，陈大亚. 一生奋飞丈天高——火箭专家任新民［M］. 合肥：安徽科学技术出版社，2020.

[5] 任捷. 箭在发射：任新民传［M］. 郑州：河南人民出版社，1997.

[6] 肖嵘. 天路：著名航天专家任新民［M］. 北京：解放军出版社，1999.

[7] 吴树利，朱钰华. 情系太空：中国导弹、卫星、运载火箭和飞船的开拓者任新民［M］. 北京：人民出版社，2013.

[8] 谭邦治. "两弹一星功勋奖章"获得者任新民［N］. 光明日报，2002-06-20.

[9] 郑晋鸣. 任新民："一辈子只干这一件事"［N］. 光明日报，2005-10-11.

[10] 洪波等. 任新民：筑通天路的人［N］. 安徽日报，2006-04-20.

[11] 中国第二历史档案馆，重庆市档案馆，中国兵器工业总公司西南兵工局. 中国近代兵器工业档案史料［M］. 北京：兵器工业出版社，1993.

[12] 李成智. 中国航天技术发展史稿（上中下）［M］. 济南：山东教育出版社，2006.

[13] 宋健. "两弹一星"元勋［M］. 北京：清华大学出版社，2001.

[14] 曾祥颖. 中国近代兵工史［M］. 重庆：重庆出版社，2008.

[15] 殷秀峰. 震天惊雷：倾听液体火箭发动机的轰鸣 [M]. 北京：中国宇航出版社，2007.

[16] 赵少奎. 导弹与航天技术概论 [M]. 北京：中国宇航出版社，2008.

[17] 卜雨亭. 谢光选 [M]. 北京：金城出版社，2008.

[18] 中国运载火箭技术研究院. 天穹神箭：长征火箭开辟通天之路 [M]. 北京：中国宇航出版社，2008.

[19] 陈闽康，茹家欣. 神箭凌霄：长征系列火箭的发展历程 [M]. 上海：上海科技教育出版社，2009.

[20] 马夫. 腾空万里——中国中远程"长征—1"号火箭发射成功 [M]. 吉林：吉林出版集团有限责任公司，2010.

[21] 韩厚健. 卫星从东方升起 [N]. 中国航空航天报，1990-04-19.

[22] 钱江. 走近共和国"两弹一星"元勋们 [J]. 党史博览，2003（5）：30-32.

[23] 刘念. 中国航天群英谱 [J]. 中国航天，2003（10）：53-60.

[24] 周武. 万里长程永不倒——中国航天商业发射服务20年传奇 [J]. 太空探索，2010（5）：10-13.

[25] 韩连庆. 抗战时期的军政部兵工学校大学部 [J]. 洛阳师范学院学报，2017（1）：23-29.

[26] 韩连庆. 组建初期的国防部第五研究院 [J]. 科学文化评论，2013（4）：39-52.

后 记

任新民院士学术成长资料采集工作的完成首先感谢采集小组成员的精诚合作与努力：中国运载火箭技术研究院的王桁帮助协调各方面关系，并提供专业技术方面的咨询；航天档案馆的李圣成协助完成了音视频及图像处理方面的工作；工信部协作配套中心的李曦帮助联系各方面相关人员、协调各种关系；北京航空航天大学力学系的邱志平教授提供了专业方面的咨询和帮助；北京航空航天大学人文学院的曹庆萍老师帮助协调各方面关系，负责课题的财务管理工作；章琰老师负责各类资料的整理和部分初稿的写作工作；北京航空航天大学人文学院的研究生郑洁从重庆档案馆查找到部分资料，并帮助整理部分访谈稿；研究生贾宁帮助搜集、整理各种资料，包括访谈稿和汇总表的整理工作；研究生樊珊姗、林潇潇帮助搜集了部分资料，并整理了部分访谈稿。

任新民院士和夫人虞霜琴女士、子女任之翔、任之中积极支持我们的采集工作，使我们得以多次前往任新民院士家里进行访谈。还要特别感谢航天科技集团高级顾问、卫星测控专家张履谦院士，航天科技集团第十一研究所液体火箭发动机专家朱森元院士，上海航天局"风云一号"气象卫星总设计师孟执中院士，上海航天局"长征四号"运载火箭总设计师孙敬良院士和陕西067基地副主任、液体火箭发动机专家张贵田院士，他们先后接受了采集小组的访谈，提供了珍贵的口述资料。

"东风三号"液体火箭发动机主任设计师、航天科技集团第十九研究所所长马作新，"长征三号"运载火箭副总设计师王之任、王桁，"东风五号"液体火箭发动机主任设计师李伯勇等任新民的同事，为我们提供了大量帮助和珍贵的口述资料。此外，哈尔滨工程大学的万俊华，任新民的秘书谭邦治、邱明煜，任新民的妹妹任新慧等人，都非常支持访谈工作。

在采集过程中，中国科协调宣部、中国科协发展研究中心、北京科协科技咨询中心和采集工程办公室作为项目管理单位，对我们的采集工作提供了指导和帮助，在此也对他们的工作表示感谢。

2014 年 2 月 25 日

按照采集小组负责人田大山最初的想法，任新民非常值得研究，从他的一生可以带出整个中国的航天史，值得花费十年时间来仔细研究。可是事与愿违，前几年田大山老师退休，随后又不断生病，导致传记迟迟未能完成。现在经过各方面协调和努力，最后由韩连庆补充和修改完成。吉松帮助做了一些技术工作。在此，对相关单位和人员的宽容和帮助再次表示感谢。

2021 年 8 月 1 日补记

老科学家学术成长资料采集工程丛书
已出版（139种）

《卷舒开合任天真：何泽慧传》　　　　《此生情怀寄树草：张宏达传》
《从红壤到黄土：朱显谟传》　　　　　《梦里麦田是金黄：庄巧生传》
《山水人生：陈梦熊传》　　　　　　　《大音希声：应崇福传》
《做一辈子研究生：林为干传》　　　　《寻找地层深处的光：田在艺传》
《剑指苍穹：陈士橹传》　　　　　　　《举重若重：徐光宪传》

《情系山河：张光斗传》　　　　　　　《魂牵心系原子梦：钱三强传》
《金霉素·牛棚·生物固氮：沈善炯传》《往事皆烟：朱尊权传》
《胸怀大气：陶诗言传》　　　　　　　《智者乐水：林秉南传》
《本然化成：谢毓元传》　　　　　　　《远望情怀：许学彦传》
《一个共产党员的数学人生：谷超豪传》《没有盲区的天空：王越传》

《含章可贞：秦含章传》　　　　　　　《行有则　知无涯：罗沛霖传》
《精业济群：彭司勋传》　　　　　　　《为了孩子的明天：张金哲传》
《肝胆相照：吴孟超传》　　　　　　　《梦想成真：张树政传》
《新青胜蓝惟所盼：陆婉珍传》　　　　《情系梁菽：卢良恕传》
《核动力道路上的垦荒牛：彭士禄传》　《笺草释木六十年：王文采传》

《探赜索隐　止于至善：蔡启瑞传》　　《妙手生花：张涤生传》
《碧空丹心：李敏华传》　　　　　　　《硅芯筑梦：王守武传》
《仁术宏愿：盛志勇传》　　　　　　　《云卷云舒：黄士松传》
《踏遍青山矿业新：裴荣富传》　　　　《让核技术接地气：陈子元传》
《求索军事医学之路：程天民传》　　　《论文写在大地上：徐锦堂传》

《一心向学：陈清如传》　　　　　　　《钤记：张兴钤传》
《许身为国最难忘：陈能宽传》　　　　《寻找沃土：赵其国传》

《钢锁苍龙　霸贯九州：方秦汉传》　《虚怀若谷：黄维垣传》
《一丝一世界：郁铭芳传》　《乐在图书山水间：常印佛传》
《宏才大略　科学人生：严东生传》　《碧水丹心：刘建康传》

《我的气象生涯：陈学溶百岁自述》　《我的教育人生：申泮文百岁自述》
《赤子丹心　中华之光：王大珩传》　《阡陌舞者：曾德超传》
《根深方叶茂：唐有祺传》　《妙手握奇珠：张丽珠传》
《大爱化作田间行：余松烈传》　《追求卓越：郭慕孙传》
《格致桃李半公卿：沈克琦传》　《走向奥维耶多：谢学锦传》
《躬行出真知：王守觉传》　《绚丽多彩的光谱人生：黄本立传》
《草原之子：李博传》

《此生只为麦穗忙：刘大钧传》　《探究河口　巡研海岸：陈吉余传》
《航空报国　杏坛追梦：范绪箕传》　《胰岛素探秘者：张友尚传》
《聚变情怀终不改：李正武传》　《一个人与一个系科：于同隐传》
《真善合美：蒋锡夔传》　《究脑穷源探细胞：陈宜张传》
《治水殆与禹同功：文伏波传》　《星剑光芒射斗牛：赵伊君传》
《用生命谱写蓝色梦想：张炳炎传》　《蓝天事业的垦荒人：屠基达传》
《远古生命的守望者：李星学传》

《善度事理的世纪师者：袁文伯传》　《化作春泥：吴浩青传》
《"齿"生无悔：王翰章传》　《低温王国拓荒人：洪朝生传》
《慢病毒疫苗的开拓者：沈荣显传》　《苍穹大业赤子心：梁思礼传》
《殚思求火种　深情寄木铎：黄祖洽传》　《仁者医心：陈灏珠传》
《合成之美：戴立信传》　《神乎其经：池志强传》
《誓言无声铸重器：黄旭华传》　《种质资源总是情：董玉琛传》
《水运人生：刘济舟传》　《当油气遇见光明：翟光明传》
《在断了Ａ弦的琴上奏出多复变　《微纳世界中国芯：李志坚传》
　　最强音：陆启铿传》　《至纯至强之光：高伯龙传》

《弄潮儿向涛头立：张乾二传》
《一爆惊世建荣功：王方定传》
《轮轨丹心：沈志云传》
《继承与创新：五二三任务与青蒿素研发》

《淡泊致远　求真务实：郑维敏传》
《情系化学　返璞归真：徐晓白传》
《经纬乾坤：叶叔华传》
《山石磊落自成岩：王德滋传》
《但求深精新：陆熙炎传》
《聚焦星空：潘君骅传》

《逐梦"中国牌"心理学：周先庚传》
《情系花粉育株：胡含传》
《情系生态：孙儒泳传》
《此生惟愿济众生：韩济生传》
《谦以自牧：经福谦传》

《世事如棋　真心依旧：王世真传》
《大地情怀：刘更另传》
《一儒：石元春自传》
《玻璃丝通信终成真：赵梓森传》
《碧海青山：董海山传》

《追光：薛鸣球传》
《愿天下无甲肝：毛江森传》
《以澄净的心灵与远古对话：吴新智传》
《景行如人：徐如人传》

《材料人生：涂铭旌传》
《寻梦衣被天下：梅自强传》
《海潮逐浪　镜水周回：童秉纲口述人生》

《采数学之美为吾美：周毓麟传》
《神经药理学王国的"夸父"：金国章传》
《情系生物膜：杨福愉传》
《敬事而信：熊远著传》

《恬淡人生：夏培肃传》
《我的配角人生：钟世镇自述》
《大气人生：王文兴传》
《历尽磨难的闪光人生：傅依备传》
《思地虑粮六十载：朱兆良传》

《心瓣探微：康振黄传》
《寄情水际砂石间：李庆忠传》
《美玉如斯　沉积人生：刘宝珺传》
《铸核控核两相宜：宋家树传》
《驯火育英才　调土绿神州：徐旭常传》

《通信科教　乐在其中：李乐民传》
《力学笃行：钱令希传》
《与肿瘤相识　与衰老同行：童坦君传》

《没有勋章的功臣：杨承宗传》　　《科学人文总相宜：杨叔子传》